Obra Aberta

Coleção Debates
Dirigida por J. Guinsburg

EDIÇÃO REVISTA E AMPLIADA

Equipe de Realização – Tradução: Giovanni Cutolo; Tradução de trechos
adicionais: Newton Cunha, Pérola de Carvalho e Iracema A. de Oliveira;
Edição de texto: Marcio Honorio de Godoy; Revisão: Pérola de Carvalho e
Évia Yasumaru; Produção: Ricardo W. Neves, Sergio Kon, Elen Durando e
Luiz Henrique Soares.

umberto eco
OBRA ABERTA
**FORMA E INDETERMINAÇÃO
NAS POÉTICAS CONTEMPORÂNEAS**

 PERSPECTIVA

Título do original em italiano
Opera Aperta
Copyright © Casa Editrice Valentino Bompiani & C. Milano

CIP-Brasil. Catalogação na Publicação
Sindicato Nacional dos Editores de Livros, RJ

E220

Eco, Umberto, 1932-
  Obra aberta : formas e indeterminação nas poéticas
contemporâneas / Umberto Eco ; tradução Giovanni Cutolo
... [et al.]. – 10. ed. – São Paulo : Perspectiva, 2015.
  352 p. ; 22 cm.   (Debates ; 4)

  Tradução de: Opera aperta
  ISBN 978-85-273-1028-4

  1. Semântica (Filosofia). 2. Poesia. 3. Teoria da informação.
I. Título. II. Série.

15-20655   CDD: 149.946
                                          CDU: 800.1

05/03/2015   06/03/2015

10ª EDIÇÃO REVISTA E AMPLIADA
[PPD]

Direitos reservados em língua portuguesa à

EDITORA PERSPECTIVA LTDA.

Av. Brigadeiro Luís Antônio, 3025
01401-000 São Paulo SP Brasil
Telefax: (11) 3885-8388
www.editoraperspectiva.com.br

2019

SUMÁRIO

A Abertura de *Obra Aberta – Giovanni Cutolo* 9

Introdução à Edição Brasileira 17

Introdução à Segunda Edição 23

Obra Aberta: O Tempo, a Sociedade 41

    Da Parte do Autor: 41

    Da Parte da Crítica: Texto da Redação 46

    As Reações no Estrangeiro 60

    Depois da Segunda Edição (1967) 62

A POÉTICA DA OBRA ABERTA 65

ANÁLISE DA LINGUAGEM POÉTICA 97

    Croce e Dewey 98

    Análise de Três Proposições 104

    O Estímulo Estético 114

    O Valor Estético e as Duas "Aberturas" 121

ABERTURA, INFORMAÇÃO, COMUNICAÇÃO 127

A Teoria da Informação 128

Discurso Poético e Informação 147

Informação e Transação Psicológica 162

A OBRA ABERTA NAS ARTES VISUAIS 183

A Obra como Metáfora Epistemológica 189

Abertura e Informação 197

Forma e Abertura 207

ENREDO E CASUALIDADE 215

A Experiência da Televisão e a Estética 215

Estruturas Estéticas da Transmissão Direta 216

Liberdade dos Eventos e Determinismos
do Hábito 228

ZEN E OCIDENTE 241

DO MODO DE FORMAR COMO
COMPROMISSO COM A REALIDADE 267

GERAÇÃO DE MENSAGENS ESTÉTICAS NUMA
LINGUAGEM EDÊNICA 323

Premissa 323

Unidades Semânticas e Sequências Significantes
no Éden 325

A Formulação do Primeiro Juízo Fatual Com
Consequências Semióticas 329

Desenha-se a Contradição no Universo
Semântico Edênico 331

Geração de Mensagens Estéticas 332

A Reformulação do Conteúdo 339

ENTREVISTA COM UMBERTO ECO –
Augusto de Campos 343

A ABERTURA DE *OBRA ABERTA*

O pensamento de Umberto Eco caracteriza bastante bem o momento de desprovincianização da cultura italiana, e se tem configurado nestes últimos anos como a expressão do interlocutor talvez mais autorizado – sem dúvida aquele de maior capacidade formulativa e maior ressonância – no sentido da retomada de um discurso cultural interrompido por mais de vinte anos de ditadura. Com exceção do caso especialíssimo de Benedetto Croce, não se teve na Itália, por um tão longo período, nenhum traço da batalha de ideias que animava proficuamente o debate intelectual de muitos outros países. Além de bloquear o desenvolvimento da cultura, o fascismo conseguiu esterilizar, por absorção, o que de mais vital se produzira nos anos que precederam imediatamente ao seu surgimento. Assistiu-se assim, entre outras coisas, à redução a termos grotescamente nacionalistas de um movimento que se caracterizara, desde suas primeiras manifestações, por um insopitável impulso supranacional e cosmopolita: o futurismo, cuja violenta carga destrutiva foi encapsulada e transformada em instrumento exatamente por aquelas forças contra as quais se tinha levantado. Com o que se verificou o absurdo do abandono ou deformação de todas as inúmeras instigações de que fora rico o futurismo, e isso justamente no país que as vira eclodir. Entrementes, fora da Itália – e o Brasil é um dos mais notáveis exemplos desse processo – tais instigações eram recolhidas e frutificavam, influenciando profundamente inteiras culturas nacionais através de muitos contributos de alto nível – aqui, nesta distante América, num Brasil asfixiado pelos Machado Penumbra, explodia a Semana de Arte Moderna de 1922, com o seu mentor poético, Oswald de Andrade, o antropófago.

Hoje, com a nova geração de intelectuais à qual pertence Umberto Eco, a Itália reata finalmente um diálogo de nível europeu e internacional, e vai recuperando com rapidez o tempo perdido, trabalhando em diversas direções. Uma das constantes dessa atividade é representada pela corajosa retomada de temas aparentemente exauridos, temas que são repropostos a uma leitura nova, depois de terem sido objeto de uma recuperação crítica – uma quase restituição à sua perdida virgindade.

É nesse sentido que *Obra Aberta* repropõe os conceitos de comunicação, informação, abertura, alienação e outros, e é a partir de tal empresa de recuperação que se iniciam e fundam as contribuições mais originais de Umberto Eco para a formulação de uma poética sobre *a abertura da obra*.

Dentro de um campo de interesse claramente circunscrito – a poesia –, encontramos no Brasil certas postulações análogas e mesmo anteriores. No âmbito das pesquisas levadas a efeito pelo Movimento Concreto de São Paulo, e a fim de definir a problemática fundamental de um trabalho poético em curso, Haroldo de Campos publicava em 1955 o artigo intitulado "A Obra de Arte Aberta"[1]. Nesse texto, o poeta pau-

---

1. *Teoria da Poesia Concreta*, São Paulo: Invenção, 1965, p. 28-31; veja-se também a elaboração do tema no estudo A Arte no Horizonte do Provável, *Invenção*, São Paulo, ano 3, n. 4, dez. 1964, p. 5-16 (Republicado em *Arte no Horizonte do Provável e Outros Ensaios*, São Paulo: Perspectiva, 1969, p. 15-32).

lista procurava delinear "o campo vetorial da arte de nosso tempo", com base na conjunção de obras como *Un Coup de Dés* de Mallarmé, o *Finnegans Wake* de James Joyce, os *Cantos* de Ezra Pound, os poemas espaciais de e.e.cummings, a música de Webern e seus seguidores e os "móbiles" de Calder. À maneira de conclusão, o articulista se reportava a um diálogo entre Pierre Boulez e Décio Pignatari, durante o qual o compositor francês manifestara seu desinteresse por uma obra de arte "perfeita", "clássica", "tipo diamante", declarando-se por outro lado a favor de uma *obra aberta*, como um *barroco moderno*, mais apta a interpretar as necessidades de expressão e de comunicação da arte contemporânea.

O conceito de *abertura* que nos propõe Umberto Eco é de maior amplitude, na medida mesma em que é mais variado e diferenciado o campo de aplicações por ele submetido à indagação, além, obviamente, da diversa possibilidade de desenvolvimento das ideias que oferece um livro em relação a um simples artigo. Fica evidente, no entanto, a coincidência de alguns pontos de vista fundamentais: os concretistas, por exemplo, expressam o seu desinteresse por uma atividade poética voltada para a criação de obras de arte "tipo diamante" (essa posição, aliás, é bem característica da fase inicial, dita "orgânica" ou "fenomenológica", da poesia concreta brasileira); Umberto Eco recusa-se a exercitar o seu mister de crítico na análise de obras de arte como um "cristal", ganhando assim a excomunhão, em termos polidamente polêmicos, de Claude Lévi-Strauss, à luz da "ortodoxia" estruturalista. Eco, na realidade, sustenta um "modelo teórico" de obra aberta, que não reproduza uma presumida estrutura objetiva de certas obras, mas represente antes *a estrutura de uma relação fruitiva*, isto independentemente da existência prática, fatual, de obras caracterizáveis como "abertas". Ele não nos oferece o "modelo" de um dado grupo de obras, mas sim de um grupo de *relações* de fruição entre estas e seus receptores. Trata-se, portanto da tentativa de estatuir uma nova ordem de valores que extraia os seus próprios elementos de juízo e os seus próprios parâmetros da análise do contexto no qual a obra de arte se coloca, movendo-se em suas indagações para antes e depois dela, a fim de individuar aquilo que na verdade interessa: não a *obra-definição*, mas o mundo de *relações* de que esta se origina; não *a obra-resultado*, mas *o processo* que preside a sua formação; não a *obra-evento*, mas as características do *campo de probabilidades* que a compreende. Este segundo Eco é um dos aspectos fundamentais do discurso aberto, que é típico da arte, e da arte de vanguarda em particular. O outro é constituído pela *ambiguidade*, dado que a abertura elide a univocidade. Ambas as coisas, no fundo, estão em íntima correlação: uma vez que o fulcro de nossa atenção se põe na análise e no estudo das estruturas, e que se admite que estas são governadas pelas leis de probabilidade, a ambiguidade então não é mais do que um corolário derivado dessa assunção de base. A *obra-evento*, portanto, é a manifestação *ambígua* de uma arte cujos limites são fixados por leis matemáticas, as leis que regem a teoria da probabilidade.

A perícia e a extrema desenvoltura com que Umberto Eco enfrenta tais problemas, propondo e experimentando diversas aplicações a diferentes campos artísticos de um lado, de outro, a evolução do homem moderno no sentido da globalização de todos os problemas, no empenho de chegar a uma visão totalizante que o permita superar as angústias da especialização, da setorização à qual é impelido pelos grupos conservadores que estão no poder, burgueses ou não, nos levam a pensar na possibilidade de extrapolação de alguns postulados fundamentais de *Obra Aberta*, para outros domínios que não apenas os da arte.

Parece-nos possível e lícita a tentação de, por exemplo, compreender e valorizar prospectivamente o fermento que agita as universidades e fábricas de todo o mundo e que, ao menos por enquanto, encontrou suas mais violentas e completas manifestações na França, à luz dos instrumentos interpretativos fornecidos por Eco. Não estaremos diante das primeiras escaramuças de uma *obra aberta* na esfera da organização social e política?

As grandes mudanças que o homem impõe à ordem filosófica que está na base do ser, da sua presença na terra, parecem responder todas a um desenvolvimento peculiar, a uma espécie de reação em cadeia que se processa no sentido ciência-arte-organização coletiva, social e política. Descobertas e revoluções no mundo da ciência sempre determinaram profundas modificações na esfera da arte, para a seguir serem transpostas, através de um labor de mediações e de penetração em nível intelectivo, ao terreno da organização da sociedade como grupo. Enquanto nós, como observa Eco, continuamos a dizer que "o sol se levanta" ou "se põe", a revolução copernicana perfez inteiramente o seu ciclo, a sua reação em cadeia, havendo dado curso a uma profunda renovação seja nos outros ramos da ciência, seja no mundo da cultura e das artes, renovação que se traduz, com a Revolução Francesa, numa ordem nova, em nova organização adequada ao homem novo emerso da derrocada do velho edifício ptolomaico-feudal. Por volta de 1930, o mundo da física clássica, baseado na noção de certeza, foi sacudido pelos enunciados da teoria quântica, baseada na noção de probabilidade. Descobriu-se que não era exato afirmar que "no instante x o elétron a se encontrará no ponto b", mas que o correto seria dizer "no instante x haverá uma certa probabilidade de que o elétron a se encontre no ponto b".

A música, a pintura, a escultura, a poesia, as artes em geral foram profundamente influenciadas nestes quase quarenta anos pela aplicação de conceitos direta ou indiretamente transpostos dessa descoberta. E as violentas manifestações de inquietação da juventude de hoje poderão talvez explicar-se com o fato de que se iniciou e está em curso uma outra transferência desses princípios, do campo da arte para o da estrutura social. Por que não se estenderiam também à organização social as características de mutabilidade e flexibilidade típicas de uma estrutura não univocamente definida, mas que se define, com maior ou menor variabilidade, dentro de um "campo de prováveis"? No fundo da rebelião dos jovens parece haver um poderoso e irreversível impulso no sentido de colocar a problemática social, econômica e política em contato com a riqueza da moderna capacidade criativa e imaginativa, com o objetivo de efetuar a reestruturação dessa problemática em termos de "obra aberta". A arte moderna, contestando os valores "clássicos" de "acabado" e "definido", propõe uma obra indefinida e plurívoca, aberta, verdadeira rosa de resultados possíveis, regida e governada pelas leis que regem e governam o mundo físico no qual estamos inseridos. Propõe e procura uma alternativa "aberta", que se vem configurando como um feixe de possibilidades móveis e intercambiáveis mais adaptadas às condições nas quais o homem moderno desenvolve suas ações. Algo que substitua e suplante o conceito de "ordem", rigorosa e univocamente entendido como neutra codificação de comportamentos estereotipados, engastados num remanso a-dialético. E não importa a etiqueta sob a qual a ordem canonizada se apresenta: para um jovem de hoje, o mais angustiante é o pensamento de que deva limitar-se a assistir impotente à substituição da decrépita estrutura burguesa pela "nova" ordem de um socialismo já senil, que se comporta desde agora como um herdeiro testamentário e legal, voltado à definição e defesa de uma "ortodoxia" que cheira a museu, mesmo que se trate de museu marxista.

Alguns aspectos da arte moderna, ainda que não exaustivos, podem ajudar a exemplificar este tipo de preocupação. Nos espetáculos de música ou de teatro, o público é cada vez mais frequentemente convidado a intervir na criação mesma da obra remontando-se assim, talvez, a uma antiquíssima prática de participação, da qual o "coro" do teatro grego clássico não será mais do que uma codificação, uma das tantas que desde a civilização grega até hoje deram ao nosso mundo o perfil que ele tem. Nas artes plásticas, o fruidor se deparará cada vez mais com muitas obras em uma, passando a ter a possibilidade de estabelecer um feixe de relações, no momento em que aceita o convite que o próprio autor lhe faz de "operar" e "manobrar" a obra.

O modo de resolver os problemas artísticos, e mais ainda o modo de colocá-los, tem por trás de si todo um conjunto de relações cuja origem se prende a uma determinada visão do mundo e a uma certa maneira de ser. Por isso mesmo os ensaios contidos em *Obra Aberta* – em especial o último deles – se apresentam como muito mais do que simples ensaios de "estética teórica", ou ainda ensaios sobre a "história da cultura" ou sobre a "história das poéticas", como os define o próprio Eco. Para um leitor atento, transformar-se-ão em utilíssimo instrumento de compreensão da obra de arte mediante um singular processo expositivo cuja meta fundamental é a compreensão global e totalizante do mundo em que vivemos.

Giovanni Cutolo
São Paulo, junho de 1968

INTRODUÇÃO À EDIÇÃO BRASILEIRA

Se alguma vez houve livro fiel a seu próprio título, esse é o caso de *Obra Aberta*. Desde 1958, quando redigi o primeiro ensaio, nunca mais parei de reescrevê-lo. A edição francesa não é como a italiana, a espanhola é diferente da francesa, as várias traduções em andamento (alemã, romena, holandesa, tchecoslovaca) diferem todas entre si e a segunda edição italiana, sobre a qual foi feita a presente, é diferente de todas. E, na verdade, mesmo a edição brasileira não é exatamente igual à italiana.

Poderíamos dizer que, confiando imodestamente na sobrevivência de meus escritos, diverti-me em oferecer aos estudiosos do futuro farto material de pesquisa filológica (colações, edições críticas, quebra-cabeças para teses universitárias): mas se continuo a reescrever este livro é justamente porque não pretendo que ele sobreviva. Ele foi e permanece a tentativa de explicar algo que vem acontecendo sob nossos olhos, e muda continuamente: quando não muda o objeto da indagação, mudam os métodos para interpretá-lo. Se este livro, que não deverá sobreviver para dar lições aos pósteros, pode, no entanto, servir de lição a alguém, deverá então ensinar que vivemos num período de evolução acelerada: e a única palavra que a cultura deve proferir para poder defini-lo será uma palavra de recusa das definições estáveis e catedráticas. Enquanto escrevo, os estudantes de meu país estão colocando em crise, definitivamente, as estruturas de um poder cultural professoral, dogmático, administrador de verdades incontrovertíveis, e estão substituindo a "lição" pela "discussão". Assim, no discurso que neste livro dirijo a mim mesmo, resolvi, faz tempo, jamais acreditar no que dissera na vez anterior.

Já pelo modo como o livro nasceu (e os vários ensaios como que trazem as marcas geológicas disso) se vê a tentativa de justapor a um único fenômeno pontos de vista diversos, técnicas de indagação variáveis. A variedade e a incerteza eram talvez excessivas, e hoje voltaria a escrevê-lo de um único ponto de vista, pois o trabalho destes últimos anos levou-me a aperfeiçoar os instrumentos de indagação semiológica, como aparece em minha obra *A Estrutura Ausente: Introdução à Pesquisa Semiológica**. E foi à luz dessas minhas recentes pesquisas que modifiquei a maior parte do capítulo sobre a teoria da informação. Mas a decisão de adotar uma técnica unitária não contradiz o que escrevi acima, isto é, não me isenta do dever e do direito à revisão e à contradição: pois a pesquisa semiológica, pelo menos como a entendo, não visa a definir um sistema de comunicação baseado em estruturas imutáveis do Espírito Humano (como quer certo estruturalismo ontológico), e sim tentar continuamente dar formas cada vez mais abrangentes e operativas às modalidades pelas quais os homens se comunicam no curso da história e através de modelos socioculturais diferentes. Modifiquei o capítulo sobre informação, dizia eu, pois ao escrever *Obra Aberta* pareceu-me que a teoria

---

* Trad. bras., São Paulo: Perspectiva, 1972. (N. da E.)

da informação propunha uma chave boa para todos os usos, também no campo das ciências humanas; hoje acho (como aparece em parte do capítulo em questão) que ela precisa ser integrada numa perspectiva semiológica mais ampla. Em todo caso, o leitor que tiver dúvidas ao ler este livro saiba que procurei em seguida tornar mais rigoroso um discurso que aqui se apresenta ainda como uma aventura explorativa, de resultados incertos.

Quis frisar esses pontos, pois sei o quanto a cultura brasileira é sensível a esses problemas. A nova escola crítica de São Paulo debate, há tempos, o problema da aplicação dos métodos informacionais à obra de arte, e as contribuições de muitos críticos e estudiosos brasileiros foram-me úteis nestes últimos anos para levar adiante minhas pesquisas. É mesmo curioso que, alguns anos antes de eu escrever *Obra Aberta*, Haroldo de Campos, num pequeno artigo, lhe antecipasse os temas de modo assombroso, como se ele tivesse resenhado o livro que eu ainda não tinha escrito, e que iria escrever sem ter lido seu artigo. Mas isso significa que certos problemas se manifestam de maneira imperiosa num dado momento histórico, deduzem-se quase que automaticamente do estado das pesquisas em curso. Em todo caso, estou feliz em saber que *Obra Aberta* é agora acessível a um ambiente cultural que foi dos mais sensíveis na comparticipação e antecipação de sua problemática.

Ao publicar esta nova edição do meu livro uma dúvida me assalta, dúvida que assalta qualquer estudioso que se dispõe a tratar problemas teóricos e empreender análises que requerem, para suas verificações, longos decursos de tempo. Vêm acontecendo hoje no mundo fenômenos que parecem pôr em crise a própria existência de uma cultura de reflexão, como se a praxe, em sua violenta urgência, tornasse inútil e culpada toda reflexão teórica. Terá sentido empreender uma pesquisa crítico-filosófica sobre a arte contemporânea quando os jovens de todos os países afirmam, e com razão, a primazia do compromisso político, da ação direta, da reorganização radical de todas as relações, procurando estabelecer, não novos modos de ver, representar ou estudar a vida, mas novos modos de vida, mais justos e mais livres?

Nestes dias, em que me entrego a uma apaixonante experiência de novas modalidades de gestão coletiva com os estudantes de minha universidade, já não sei se escreveria ainda um livro sobre os problemas da arte contemporânea. Aplicaria, como faço, o conhecimento dos processos de comunicação que adquiri na reflexão semiológica, para estudar possibilidades de intervenção no universo das comunicações, de intervenção a curto prazo, intervenção política, intervenção desmistificadora de todas as manipulações do consenso e das próprias mistificações estéticas, mediante as quais os vários Poderes substituem as livres escolhas pelas opiniões pré-fabricadas. Mas há um ponto pelo qual me alegro por ter feito um discurso como o de *Obra Aberta*.

É que a visão de novas possibilidades de relação, tais como hoje se vêm afirmando, foi antecipada justamente pelas formas artísticas que este livro estuda, as quais se propunham o explícito projeto de educar o homem contemporâneo para a contestação das Ordens estabelecidas, em favor de uma maior plasticidade intelectual e de comportamento. Se está nascendo uma sociedade diferente, essa sociedade foi antecipada, em suas possíveis estruturas, pela arte de vanguarda, mesmo quando esta se inseria – por força das contingências – no circuito mercantil dos consumos culturais. Reduzida a mercadoria como objeto, a arte de vanguarda, como proposta duma nova forma das coisas, não era suscetível dessa redução. A nova forma era experimentada no objeto estético: começa hoje a perfilar-se como uma possível forma nova de vida. Se a arte reflete a realidade, é fato que a reflete com muita antecipação. E não há antecipaçao – ou vaticínio – que não contribua de algum modo a provocar o que anuncia.

Pode ser que num momento histórico estabelecido ninguém mais tenha o direito, ao menos por um certo tempo, de trabalhar numa *série* musical para alterar as hierarquias fixas e sagradas do sistema tonal; ou de trabalhar no sentido da destruição das ordens presumidamente naturais da perspectiva renascentista, para criar um espaço diferente; ou quebrar as leis secretas da linguagem para pôr em crise com elas as ideologias que refletiam: e que deva abandonar a ação artística para empreender outras formas de intervenção sobre a realidade. Mas é certo que, para chegar a este momento, o trabalho de quem trabalhou sobre as formas artísticas não foi vão – nem irrelevante.

Umberto Eco
Milão, agosto de 1968

INTRODUÇÃO À SEGUNDA EDIÇÃO

Se Ingres deu ordem à quietude, eu desejaria
dar ordem ao movimento.
KLEE

As relações formais dentro de uma obra e entre
as várias obras constituem uma ordem, uma
metáfora do universo.
FOCILLON

Os ensaios contidos neste livro nasceram de uma comunicação (*O Problema da Obra Aberta*) apresentada no XII Congresso Internacional de Filosofia, em 1958. Apareceram depois com o título de *Obra Aberta* em 1962. Naquela edição, completava-os um longo estudo dedicado ao desenvolvimento da poética de Joyce, primeira tentativa pessoal de acompanhar o desenvolvimento de um artista no qual o projeto de uma *obra aberta* manifesta em transparência, ao nível da pesquisa das estruturas operacionais, toda uma aventura cultural, a solução de um problema ideológico, a morte e o nascimento de dois universos morais e filosóficos. Esse estudo encontra-se agora editado separadamente, com o título *Le poetiche di Joyce**; assim, o presente volume reúne apenas a discussão teórica, por si só autônoma, dos problemas mencionados. Acrescentamos entretanto um longo ensaio, "Do Modo de Formar como Compromisso com a Realidade", que apareceu no *Menabò* n. 5, poucos meses após a publicação de *Obra Aberta* e, portanto, escrito dentro do mesmo clima de discussão e pesquisa. Ensaio que, consequentemente, encontra em *Obra Aberta* a colocação apropriada, porque, tal como os ensaios desta coletânea, despertou na Itália oposições e polêmicas que hoje pareceriam desprovidas de sentido; e não somente por terem estes ensaios envelhecido, mas também porque a cultura italiana rejuvenesceu.

Se devêssemos sintetizar o objeto das presentes pesquisas, valer-nos-íamos de uma noção já adotada por muitas estéticas contemporâneas: a obra de arte é uma mensagem fundamentalmente ambígua, uma pluralidade de significados que convivem num só significante. Que essa condição constitui característica de toda obra de arte, é o que procuramos demonstrar no segundo ensaio, "Análise da Linguagem Poética"; mas o tema do primeiro, e dos ensaios seguintes, é que tal ambiguidade se torna – nas poéticas contemporâneas – uma das finalidades explícitas da obra, um valor a se realizar de preferência a outros, conforme modalidades para cuja caracterização nos pareceu oportuno aproveitar instrumentos fornecidos pela teoria da informação.

Visando à ambiguidade como valor, os artistas contemporâneos voltam-se consequentemente e amiúde para os ideais de informalidade, desordem, casualidade, indeterminação dos resultados; daí por que se tentou também imposto o problema de uma dialética entre "forma" e "abertura": isto é, definir os limites dentro dos quais uma obra

---

* Milano: Bompiani, 1966. Coleção Delfini Cultura, n. 29. (N. da T.)

pode lograr o máximo de ambiguidade e depender da intervenção ativa do consumidor sem, contudo, deixar de ser "obra". Entendendo-se por "obra" um objeto dotado de propriedades estruturais definidas, que permitam, mas também coordenem, o revezamento das interpretações, o deslocar--se das perspectivas.

Porém, justamente por quererem compreender a natureza da ambiguidade almejada pelas poéticas contemporâneas, tiveram estes ensaios de enfrentar uma segunda perspectiva de pesquisa, que assumiu, sob certos aspectos, uma função primordial: isto é, procuramos verificar as analogias apresentadas pelos programas operacionais dos artistas em face dos programas operacionais elaborados no âmbito da pesquisa científica contemporânea. Em outras palavras, procuramos verificar como uma concepção de obra nasce em concomitância ou em explícita relação com determinadas impostações das metodologias científicas, da psicologia ou da lógica contemporâneas.

Ao apresentarmos a primeira edição deste livro, afigurava-se-nos oportuno sintetizar o referido problema através de um conjunto de formulações nitidamente metafóricas. Dissemos:

O tema comum a essas pesquisas é a reação da arte e dos artistas (das estruturas formais e dos programas poéticos que a elas presidem) ante a provocação do Acaso, do Indeterminado, do Provável, do Ambíguo, do Polivalente. Enfim, propusemo-nos a pesquisar os vários momentos em que a arte contemporânea se vê às voltas com a Desordem; que não é a desordem cega e incurável, a derrota de toda possibilidade ordenadora, mas a desordem fecunda, cuja positividade nos foi evidenciada pela cultura moderna: a ruptura de uma Ordem tradicional, que o homem ocidental acreditava imutável e identificava com a estrutura objetiva do mundo. Ora, desde que essa noção se dissolveu, através de um desenvolvimento problemático secular, na dúvida metódica, na instauração das dialéticas historicistas, nas hipóteses da indeterminação, da probabilidade estatística, dos modelos explicativos provisórios e variáveis, a arte não tem feito outra coisa senão aceitar essa situação e tentar – como é sua vocação – *dar-lhe forma*.

Mas é preciso admitir que, em assunto tão delicado de relações entre diferentes universos disciplinares, de "analogias" entre maneiras de operar, um discurso metafórico, apesar das cautelas, corre o risco de ser entendido como discurso metafísico. Portanto acreditamos seja útil definir com maior profundidade e rigor: 1. qual o âmbito de nossa pesquisa; 2. qual o valor da noção de *obra aberta*; 3. o que significa falar de "estrutura de uma obra aberta" e comparar essa estrutura com a de outros fenômenos culturais; 4. enfim, se uma pesquisa desse gênero deve encontrar um fim em si mesma, ou preludiar correlações subsequentes.

1. Antes de mais nada, estes não são apenas ensaios de estética teórica (não elaboram, antes pressupõem uma série de definições sobre arte e valores estéticos): são de preferência ensaios de história da cultura – e, mais precisamente, de história das poéticas. Tentam iluminar um momento da história da cultura ocidental (o atual), escolhendo como ponto de vista e via de acesso (como *approach*) as poéticas da obra aberta. O que se entende por "poética"? O filão que desde os formalistas russos vai até os atuais descendentes dos estruturalistas de Praga entende por "poética" o estudo das estruturas linguísticas de uma obra literária. Valéry, na *Première Leçon du Cours de Poétique* (Primeira Lição do Curso de Poética), ampliando a acepção do termo a todos os gêneros artísticos, falava de um estudo do *fazer* artístico, aquele *poïein* "qui s'achève en quelque oeuvre", "l'action qui fait", as modalidades do ato de *produção* que visa a constituir um objeto em vista de um ato de *consumação*.

Entendemos "poética" num sentido mais ligado à acepção clássica: não como sistema de regras coercitivas (a Ars Poetica como norma absoluta), mas como programa operacional que o artista se propõe a cada vez, como projeto de obra a se realizar tal como é entendido, explícita ou implicitamente, pelo artista. Explícita ou implicitamente: de fato, uma pesquisa sobre as poéticas (e uma história das poéticas; e, portanto, uma história da cultura vista através do prisma das poéticas) baseia-se seja nas declarações expressas dos artistas (um exemplo: a *Art poétique*, de Verlain, ou o prefácio a *Pierre et Jean* de Maupassant), seja na análise das estruturas da obra, de sorte que da maneira como a obra está feita se possa deduzir o modo pelo qual ela queria ser feita. Está claro portanto que, na nossa acepção, a noção de "poética" como projeto de formação ou estruturação da obra acaba abrangendo também o primeiro sentido mencionado: a pesquisa em torno do projeto originário aperfeiçoa-se através da análise das estruturas finais do objeto artístico, vistas como documentos de uma intenção operacional, indícios de uma intenção. O fato de ser impossível, em tal pesquisa, deixar de perceber as disparidades entre projeto e resultado (uma obra é ao mesmo tempo o esboço do que pretendia ser e do que é de fato, ainda que os dois valores não coincidam), faz com que seja recuperado também o significado dado ao termo por Valéry.

Por outro lado, aqui não nos interessa o estudo das poéticas com a finalidade de verificar se as várias obras cumpriram ou não o projeto inicial: essa é tarefa do juízo crítico. O que nos interessa é esclarecer os projetos de poética para iluminarmos através deles (inclusive quando dão lugar a obras malogradas ou discutíveis do ponto de vista estético) uma fase da história da cultura – embora, na maioria dos casos, seja sem dúvida mais fácil individuar uma poética mediante a referência a obras que, a nosso ver, atingiram seus propósitos.

2. A noção de "obra aberta" não apresenta relevância axiológica. O espírito destes ensaios não é (alguém assim os entendeu, e depois sustentou virtuosamente a inaceitabilidade da tese) dividir as obras de arte em obras válidas (abertas) e obras não válidas, obsoletas, feias (fechadas); acreditamos ter afirmado suficientemente que a abertura, entendida como ambiguidade fundamental da mensagem artística, é uma constante de qualquer obra em qualquer tempo. E, a alguns pintores ou romancistas que, ao lerem este livro, nos apresentavam seus trabalhos perguntando-nos se eram

"obras abertas", fomos obrigados a responder, com uma rigidez evidentemente polêmica, que jamais havíamos visto uma "obra aberta" e que ela provavelmente não existe na realidade. Era esse um modo de dizer, por meio de um paradoxo, que a noção de "obra aberta" não é uma categoria crítica, *mas representa um modelo hipotético*, embora elaborado com a ajuda de numerosas análises concretas, utilíssimo para indicar, numa fórmula de manuseio prático, uma direção da arte contemporânea.

Poderíamos, em outras palavras, indicar o fenômeno da obra aberta como aquilo que Riegl chamava *Kunstwollen* e que Erwin Panofsky define melhor (despojando-o de certas suspeitas de idealismo) como "um sentido derradeiro e definitivo, encontrável em fenômenos artísticos diferentes, independentemente das próprias decisões conscientes e aptidões psicológicas do autor"; acrescentando que tal noção indica não propriamente como são *resolvidos* os problemas artísticos, mas como são *propostos*. Em sentido mais empírico, diríamos tratar-se de uma categoria explicativa, elaborada para exemplificar uma tendência das várias poéticas. Portanto, visto tratar-se de uma tendência operacional, poderá ser encontrada em maneiras diferentes, incorporada a multíplices contextos ideológicos, realizada de modo mais ou menos explícito; tanto que, para torná-la explícita, foi necessário petrificá-la numa abstração que, como tal, não é encontrada concretamente em parte alguma. É essa abstração justamente *o modelo da obra aberta*.

Ao dizermos "modelo", já estamos implicando uma linha de discurso e uma decisão metodológica. Retomando uma resposta de Lévi-Strauss a Gurvitch, diremos que só nos referimos a um modelo na medida em que este possa ser manobrado: é um processo artesanal e operatório. Elabora-se um modelo para indicar uma *forma comum* a diversos fenômenos. O fato de se pensar na obra aberta como um modelo significa que se acreditou poder individuar em diversos modos de operação uma tendência operativa comum, a tendência a produzir obras que, do ponto de vista da relação de consumação, apresentassem similaridades estruturais. Justamente porque abstrato, esse modelo parece aplicável a diversas obras que, em outros planos (no nível da ideologia, das matérias usadas, do "gênero" artístico realizado, do tipo de apelo dirigido ao consumidor), são extremamente diferentes. Houve quem ficasse escandalizado com o fato de sugerir-se a aplicação do modelo fruitivo da obra aberta, tanto a um quadro informal quanto a um drama de Brecht. Pareceu impossível que um simples apelo a desfrutar as relações entre eventos matéricos apresentasse similaridades de qualquer tipo com o apelo engajado a uma discussão racional de problemas políticos. Nesse caso não se compreendeu que – por exemplo – a análise de um quadro informal a nada mais visava senão iluminar certo tipo de relação entre obra e fruidor, o momento de uma dialética entre a estrutura do objeto, como sistema fixo de relações, e a resposta do consumidor como livre inserção e ativa recapitulação daquele mesmo sistema. E ao redigir essas observações conforta-nos reler uma entrevista dada por Roland Barthes à *Tel Quel*, na qual a presença dessa típica relação em Brecht é lucidamente individualizada:

> No momento mesmo em que ligava este teatro da significação a um pensamento político, Brecht, se o podemos dizer, afirmava o sentido, mas não o completava. Certamente, seu teatro é mais francamente ideológico do que muitos outros: toma posição quanto à natureza, ao trabalho, ao racismo, ao fascismo, à história, à guerra, à alienação; entretanto, é um teatro da consciência não da ação, do problema, não da resposta; como toda linguagem literária, serve para formular, não para fazer; todas as peças de Brecht terminam implicitamente por um *Procure a solução* endereçado ao espectador em nome dessa decifração a que a materialidade do espetáculo deve conduzir [...] o papel do sistema, aqui, não é transmitir uma mensagem positiva (não é um teatro dos significados), mas fazer compreender que o mundo é um objeto que deve ser decifrado (é um teatro dos significantes).

O fato de que neste livro se elabora um modelo de obra aberta inspirado, mais do que em obras do tipo de

Brecht, em obras nas quais a pesquisa formal das estruturas de finalidade autônoma é mais explícita e decidida, decorre do fato de que nessas obras o modelo parece mais fácil de se individuar. E decorre do fato de que o exemplo de Brecht permanece ainda exemplo bastante isolado de obra aberta resolvida num apelo ideológico concreto; ou melhor, o único exemplo claro de apelo ideológico resolvido em obra aberta e, portanto, capaz de traduzir uma nova visão do mundo, não só na ordem dos conteúdos; mas na das estruturas comunicativas.

3. Foi possível adiantar a hipótese de um modelo constante, porque nos pareceu observar que a relação produção-obra-fruição, em casos diferentes, apresentava uma estrutura similar. Talvez valha a pena esclarecer melhor o sentido que queremos dar à noção de "estrutura de uma obra aberta", pois o termo "estrutura" presta-se a numerosos equívocos e vem sendo usado (inclusive neste mesmo livro) em acepções não completamente unívocas. Falaremos da obra como de uma "forma": isto é, como de um todo orgânico que nasce da fusão de diversos níveis de experiência anterior (ideias, emoções, predisposições a operar, matérias, módulos de organização, temas, argumentos, estilemas prefixados e atos de invenção). Uma forma é uma obra realizada, ponto de chegada de uma produção e ponto de partida de uma consumação que – articulando-se – volta a dar vida, sempre e de novo, à forma inicial, através de perspectivas diversas.

Usaremos, porém, vez por outra, como sinônimo de forma, também o termo "estrutura": mas uma estrutura é uma forma, não enquanto objeto concreto e sim enquanto sistema de relações, relações entre seus diversos níveis (semântico, sintático, físico, emotivo; nível dos temas e nível dos conteúdos ideológicos; nível das relações estruturais e da resposta estruturada do receptor etc.). Falar-se-á assim de estrutura em lugar de forma quando se quiser pôr em foco, no objeto, não sua consistência física individual, mas sim sua analisabilidade, sua possibilidade de ser decomposto em relações, de maneira a poder-se isolar, dentre elas, o tipo de relação fruitiva exemplificado no modelo abstrato de uma obra aberta.

Mas é justamente para pôr em foco a generalidade e transponibilidade desse sistema de relações que se reduz uma forma a um sistema de relações: justamente para mostrar no objeto isolado a presença de uma "estrutura" que o aparenta com outros objetos. Temos como que um desossamento progressivo do objeto, primeiro para reduzi-lo a um esqueleto estrutural, e depois para escolher, nesse esqueleto, aquelas relações que são comuns a outros esqueletos. Em última análise, portanto, a "estrutura" propriamente dita de uma obra é o que ela tem em comum com outras obras, aquilo que em definitivo é posto à luz por um *modelo*. Assim, a "estrutura de uma obra aberta" não será a estrutura isolada das várias obras, mas o modelo geral (sobre o qual já se discutiu) que descreve não apenas um grupo de obras, mas *um grupo de obras enquanto postas numa determinada relação fruitiva com seus receptores*.

Concluindo, cumpre-nos lembrar dois pontos:

a. o modelo de uma obra aberta não reproduz uma suposta estrutura objetiva das obras, mas a estrutura de uma relação fruitiva; uma forma só é descritível enquanto gera a ordem de suas próprias interpretações, e é bastante claro que, assim fazendo, nosso proceder se afasta do aparente rigor objetivista de certo estruturalismo ortodoxo que pretende analisar formas significantes abstraindo do jogo mutável dos significados que a história faz para elas convergir. Se o estruturalismo julga poder analisar e descrever a obra de arte como um "cristal", pura estrutura significante, aquém da história de suas interpretações – então Lévi-Strauss tem razão ao polemizar com *Obra Aberta* (como fez na entrevista dada a Paolo Caruso para Paese Sera-Libri, 20/1/1967): nossa pesquisa nada tem a ver com o estruturalismo.

Mas é possível tão decididamente o abstraimento de nossa situação de intérpretes, situados historicamente, para vermos a obra como um cristal? Quando Lévi-Strauss e Jakobson analisam *Les Chats* (Os Gatos) de Baudelaire, focalizam uma estrutura que está *aquém* de suas leituras possíveis, ou, pelo contrário, nos dão dela uma execução, possível somente hoje, à luz das aquisições culturais de nosso século? Nessa suspeita baseia-se toda a *Obra Aberta*.

b. o modelo de obra aberta assim obtido é um modelo absolutamente teórico e independente da existência fatual de obras definíveis como "abertas".

Formuladas essas premissas, resta ainda repetir que falar em similaridade de estrutura entre diversas obras (no nosso caso: similaridade do ponto de vista das modalidades estruturais que permitem uma consumação plurívoca) não significa, para nós, dizer que existem fatos objetivos que apresentam caracteres semelhantes. Significa dizer que, perante uma multiplicidade de mensagens, parece possível e útil definir cada uma delas utilizando os mesmos instrumentos e reduzindo-as, portanto, a parâmetros semelhantes. Essa especificação é feita para esclarecer um segundo ponto. Tal como falamos da estrutura de um objeto (no caso, a obra de arte), também já falamos da estrutura de uma operação e de um procedimento: quer se trate da operação produtiva de uma obra (e do projeto de poética que a define), quer se trate da operação de pesquisa do cientista, que conduz a definições, objetos hipotéticos, realidades aceitas, pelo menos provisoriamente, como definidas e estáveis. Nesse sentido é que falamos da obra aberta como metáfora epistemológica (usando naturalmente outra metáfora): as poéticas da obra aberta apresentam caracteres estruturais semelhantes aos de outras operações culturais que visam a definir fenômenos naturais ou processos lógicos. Para focalizar tais similaridades estruturais, reduz-se a operação de poética a um modelo (o projeto de obra aberta) a fim de apurar se este apresenta caracteres semelhantes a outros modelos de pesquisa, a modelos de organização lógica, a modelos de processos perceptivos. Estabelecer, portanto, que o artista contemporâneo, ao dar vida a uma obra, prevê entre esta, ele próprio e o consumidor uma relação de não univocidade – igual à que o cientista prevê entre o fato que descreve e a descrição que dele oferece, ou entre sua imagem do universo e as perspectivas que são possíveis traçar sobre esse universo – tudo isso não significa absolutamente o desejo de procurar, a qualquer preço, uma unidade profunda e substancial entre as pressupostas formas da arte e a pressuposta forma do real. Significa querer estabelecer se, para definir ambas as relações (se ao definir ambos os objetos que derivam dessas relações), é possível recorrer a instrumentos definitórios similares. E se, ainda que instintivamente ou com consciência confusa, isso já não terá acontecido de fato. O resultado não é uma revelação acerca da natureza das coisas: é uma clarificação acerca de uma situação cultural em processo na qual se desenham conexões a serem aprofundadas entre os vários ramos do saber e as várias atividades humanas.

Seja como for, cabe frisar que os ensaios deste livro não alimentam absolutamente a pretensão de fornecer modelos definitivos que permitam realizar tal pesquisa de modo rigoroso (diversamente do que se fez em outros lugares, confrontando, por exemplo, as estruturas sociais com as linguísticas). Em certa medida, enquanto os ensaios estavam sendo escritos, não tínhamos presentes todas as possibilidades e implicações metodológicas que ora fomos expondo. Mas julgamos que estes ensaios possam indicar um caminho ao longo do qual prosseguir, nós ou outros, semelhante operação. E é ao longo dessa diretriz que pensamos possam ser refutadas certas objeções, segundo as quais todo confronto feito entre procedimentos da arte e procedimentos da ciência constituiria uma analogia gratuita.

Aproveitaram-se frequentemente categorias elaboradas pela ciência, traduzindo-as desenvoltamente para outros contextos (moral, estético, metafísico etc.). E bem fizeram os cientistas, advertindo que tais categorias eram simples instrumentos empíricos, válidos apenas dentro de seu reduzidíssimo âmbito. Mas, uma vez levado em conta esse fato, pensamos que seria muito estéril desistir de perguntar se não existiria porventura, entre diversas atitudes culturais, uma unidade de comportamento. Estabelecer essa unidade significa, por um lado, esclarecer até que ponto uma cultura é homogênea, e, por outro, procurar realizar em base interdisciplinar, ao nível dos comportamentos culturais, aquela unidade do saber que, ao nível metafísico, resultou ilusória, mas que ainda assim deve ser tentada de alguma maneira, para tornar homogêneos e traduzíveis nossos discursos a respeito do mundo. Através da individuação de estruturas universais ou através da elaboração de uma metalinguagem? A resposta a esse problema, embora não seja estranha à nossa pesquisa, certamente vai além dela. Empreendem-se pesquisas desse gênero justamente para, um dia, reunir elementos úteis a uma resposta.

4. Último problema, o que concerne aos limites de nosso discurso. Elaborar uma noção de obra aberta responderia a todas as indagações acerca da natureza e da função da arte contemporânea ou da arte em geral? Certamente que não. Mas orientar esse discurso para a peculiaríssima relação de fruição ativa não reduziria a problemática da arte a um discurso estéril sobre as estruturas formais, obliterando suas relações com a história, a situação concreta, os valores que mais nos preocupam? Parece impossível, mas essa objeção foi julgada fundamental. Parece impossível, porque ninguém repreenderia um entomologista por demorar-se na análise das modalidades do voo de uma abelha sem estudar logo sua ontogênese, filogênese e aptidão para produzir mel, bem como o papel que a produção do mel representa na economia mundial. Por outro lado, é bem verdade que uma obra de arte não é um inseto, suas relações com o mundo da história não são acessórias ou casuais, mas participam de sua constituição de tal maneira que parece arriscado reduzi-la a um jogo abstrato de estruturas comunicativas e de equilíbrios relacionais, em que significados, referências

históricas, eficácia pragmática entrem exclusivamente como elementos da relação, siglas entre siglas, incógnitas de uma equação. Trata-se mais uma vez da disputa sobre a legitimidade de uma pesquisa sincrônica que preceda a pesquisa diacrônica e dela abstraia.

Muitos não ficaram satisfeitos com a resposta de que uma descrição das estruturas comunicativas não pode constituir senão o primeiro passo indispensável em toda pesquisa que pretenda em seguida pô-las em relação com o mais amplo *background* da obra como fato inserido na história. E, no entanto, ao fim de contas, depois de haver tentado todas as integrações viáveis, não parece possível sustentar nenhuma outra tese, sob pena de cair na improvisação, no desejo generoso de esclarecer tudo depressa, e mal.

A oposição entre processo e estrutura constitui um problema bastante debatido: no estudo dos grupos humanos, observa Lévi-Strauss, "foi preciso esperar os antropólogos para descobrir-se que os fenômenos sociais obedeciam a ordens estruturais. A razão é simples: é que as estruturas não aparecem a não ser a uma observação de fora para dentro".

Em estética, diremos nós, essa constatação é bem mais antiga, pois a relação entre intérprete e obra foi sempre uma relação de alteridade. Ninguém duvida de que a arte seja um modo de estruturar certo material (entendendo-se por material a própria personalidade do artista, a história, uma linguagem, uma tradição, um tema específico, uma hipótese formal, um mundo ideológico): o que sempre foi dito, mas se tem sempre posto em dúvida, é, ao invés, que a arte pode dirigir seu discurso sobre o mundo e reagir à história da qual nasce, interpretá-la, julgá-la, fazer projetos com ela, unicamente através desse modo de formar, ao mesmo tempo que, somente pelo exame da obra como modo de formar (tornado modo de ser formada, graças ao modo como nós, interpretando-a, a formamos), podemos reencontrar através de sua fisionomia específica a história da qual nasce.

O mundo ideológico de Brecht é comum ao de muitas outras pessoas às quais podem ligar-nos iguais hipóteses políticas, análogos projetos de ação: mas torna-se o universo Brecht tão logo se articula como um tipo de comunicação teatral, que assume caracteres próprios, dotados de peculiares características estruturais. Só assim se torna algo mais que aquele mundo ideológico originário, torna-se um modo de julgá-lo e de representá-lo como exemplar, permite fazê-lo compreensível também a quem dele não compartilhe, mostra suas possibilidades e riquezas que o discurso do doutrinador deixava encobertas; ainda mais, justamente graças à estrutura que assume, convida-nos a uma colaboração que o enriquece. Sublimando-se em modo de formar e considerado como tal, não nos oculta o resto: fornece-nos uma chave de acesso a ele, quer sob forma de adesão emotiva, quer de pesquisa crítica. Mas é preciso passar através da ordem dos valores estruturais. Como frisavam Jakobson e Tynianov, reagindo contra certos enrijecimentos tecnicistas do primeiro formalismo russo, "a história literária está intimamente ligada a outras 'séries' históricas. Cada uma dessas séries é caracterizada por leis estruturais próprias. Fora do estudo dessas leis é impossível estabelecer conexões entre a série literária e os outros conjuntos de fenômenos culturais. Estudar o sistema dos sistemas, ignorando as leis internas de cada sistema individual, seria cometer grave erro metodológico".

Está claro que de uma posição desse gênero deriva uma dialética: indagar as obras de arte à luz de suas leis estruturais específicas não significa renunciar à elaboração de um "sistema dos sistemas"; pelo que poderíamos dizer que a referência às estruturas das obras, a uma comparação de modelos estruturais entre vários campos do saber, constitui o primeiro apelo responsável a uma pesquisa de caráter histórico mais complexo.

Os vários universos culturais nascem, sem dúvida, de um contexto histórico-econômico e tornar-se-ia bastante difícil compreender a fundo os primeiros sem os relacionar com o segundo: dentre as lições do marxismo, uma das mais fecundas é o apelo à relação entre base e superestruturas, entendida obviamente como relação dialética e não como relação determinista de sentido único. Mas uma obra de arte, como um projeto metodológico científico e um sistema filosófico, não se refere de imediato ao contexto histórico – a menos que recorramos a deploráveis interferências biográficas (tal artista nasce em tal grupo, ou vive às custas deste outro grupo, sua arte, portanto, exprime tal ou qual grupo). Uma obra de arte, ou um sistema de pensamento, nasce de uma rede complexa de influências, a maioria das quais se desenvolve ao nível específico da obra ou sistema de que faz parte; o mundo interior de um poeta é influenciado e formado pela tradição estilística dos poetas que o precederam, tanto e talvez mais do que pelas ocasiões históricas em que se inspira sua ideologia; e através das influências estilísticas ele assimilou, sob a espécie de modo de formar, um modo de ver o mundo. A obra que irá produzir poderá ter fraquíssimas conexões com seu próprio momento histórico, poderá expressar uma fase subsequente do desenvolvimento geral do contexto, ou poderá expressar, da fase em que ele vive, níveis profundos, que ainda não aparecem muito claros a seus contemporâneos. Mas para que se possam reencontrar, através daquele modo de elaborar estruturas, todas as ligações entre a obra e seu tempo, o tempo pretérito ou o vindouro, a indagação histórica imediata só poderá proporcionar resultados aproximados. Unicamente comparando aquele *modus operandi* com outras atitudes culturais da época (ou de épocas diversas, numa relação de defasagem, que, em termos marxistas, é possível indicar como "disparidades de desenvolvimento"), unicamente identificando entre essas atitudes elementos comuns, redutíveis às mesmas categorias descritivas, perfilar-se-á a direção ao longo da qual uma pesquisa histórica subsequente deverá individuar as conexões mais profundas e articuladas que se encontram debaixo das similaridades apuradas anteriormente. Com mais razão, quando – como em nosso caso – o âmbito do discurso é o período do qual nós próprios somos ao mesmo tempo juízes e produto, o jogo das relações entre fenômenos culturais e contexto histórico torna-se muito mais intrincado. Cada vez que, por polêmica ou dogmatismo, procuramos estabelecer uma relação imediata, mistificamos uma realidade histórica que é sempre mais rica e sutil do que do modo como a propomos. Por isso, a simplificação produzida por uma descrição em termos de modelos estruturais não significa ocultar a realidade: representa o primeiro passo rumo à sua compreensão. Estabelece-se então aqui, em nível mais empírico, a relação ainda problemática entre lógica formal e lógica dialética (e tal, em última análise, nos parece ser o sentido de muitas das atuais discussões entre metodologias diacrônicas e sincrônicas). Nossa convicção é de que os dois universos são recuperáveis. Que em certa medida, embora à revelia, a consciência da história já age em toda pesquisa sobre as configurações formais dos fenômenos; e poderá continuar aí agindo quando, introduzidos os modelos formais elaborados no circuito de um discurso histórico mais amplo, a série das verificações puder também levar-nos à reelaboração do mesmo modelo inicial.

Fixar portanto a atenção, como temos feito, sobre a relação fruitiva obra-consumidor, como se configura nas poéticas da obra aberta, não significa reduzir nossa relação com a arte aos termos de um puro jogo tecnicista, como muitos gostariam. É, pelo contrário, um modo entre muitos, aquele que nos é permitido por nossa específica vocação para a pesquisa, de reunir e coordenar os elementos necessários a um discurso sobre o momento histórico em que vivemos.

Uma primeira indicação dessas possibilidades de desenvolvimento é dada pelo último ensaio deste volume, "Do Modo de Formar como Compromisso com a Realidade", em que o discurso conduzido pelas formas linguísticas da obra é encarado como reflexo de um discurso ideológico mais amplo, que passa através das formas da linguagem e que não poderia ser compreendido se não fossem antes analisadas as formas da linguagem enquanto tais, como "série" autônoma.

Finalizando, desejo lembrar que as pesquisas sobre a obra aberta tiveram início quando acompanhava as experiências musicais de Luciano Berio e discutia os problemas da música nova com ele, Henri Pousseur e André Boucourechliev; que os apelos à teoria da informação foram possíveis graças à assistência de G.B. Zorzoli, que fiscalizou meus movimentos em território tão especializado; e que François Wahl – que me ajudou, estimulou e aconselhou na revisão da tradução francesa – influenciou grandemente a reformulação de muitas páginas, que tornam a segunda edição parcialmente diferente da primeira.

A propósito de "Do Modo de Formar" devo recordar que este ensaio nasceu sob o impulso (como sempre, feito de coparticipações discordantes, de animada e fraternal oposição) de Elio Vittorini, que estava justamente abrindo, com o n. 5 de *Menabà*, uma nova fase de sua discussão cultural.

Enfim, das citações e das referências indiretas, o leitor depreenderá a dívida que contraí com a teoria da formatividade de Luigi Pareyson; eu não teria chegado ao conceito de "obra aberta" sem a análise que ele fez do conceito de interpretação, embora o quadro filosófico, em que depois inseri tais contribuições, seja de minha inteira responsabilidade.

OBRA ABERTA: O TEMPO, A SOCIEDADE*

Da Parte do Autor:

Entre 1958 e 1959, eu trabalhava na RAI de Milão. Dois andares acima do meu escritório estava o estúdio de fonologia musical, então dirigido por Luciano Berio. Por ali transitavam Maderna, Boulez, Pousseur, Stockhausen, era todo um sibilar de frequências, um ruído de ondas quadrifônicas e de sons brancos. Naquele tempo, estava trabalhando sobre Joyce e passava a tarde em casa de Berio, comíamos a culinária armênia de Cathy Berberian e se lia Joyce. E dali nasceu um experimento sonoro cujo título original era *Omaggio a Joyce*, uma espécie de transmissão radiofônica de quarenta minutos, cujo início se dava com a leitura do capítulo 11 de *Ulisses* (aquele chamado Sereia, uma orgia de onomatopeias e de aliterações) em três línguas, na inglesa, na versão

---

* Introdução à edição italiana de 1976. (N. da E.)

francesa e na italiana; mas depois, considerando que o próprio Joyce havia dito que a estrutura do capítulo era a *fuga per canonem*, Berio começava a sobrepor os textos à moda de fuga, primeiramente o inglês sobre o inglês, depois o inglês sobre o francês, e assim por diante, uma espécie de "Fra Martino Campanaro"* polilíngue e rabelaisiano, com grande efeito orquestral (mas era sempre e só voz humana) e, enfim, Berio trabalhava apenas sobre o texto inglês (dito por Cathy Berberian), filtrando certos fonemas, até que saísse uma composição musical verdadeira e apropriada, aquela que circula em disco sob o mesmo título, *Omaggio a Joyce*, mas que não tem mais nada a ver com a transmissão, que, ao invés, era crítico-didascálica e comentava as operações passo a passo. Bem, nessa atmosfera eu percebia que as experiências dos músicos eletrônicos e da Neue Musik em geral representavam o modelo mais acabado de uma tendência comum a várias artes, e descobria a afinidade com procedimentos da ciência contemporânea. De modo breve, quando em 1959 Berio me pediu um artigo para sua revista *Incontri Musicali* (quatro números no total, mas históricos), retomei uma comunicação que havia feito no Congresso Internacional de Filosofia, em 1958, e comecei a escrever o primeiro ensaio de *Obra Aberta*, depois o segundo mais uma série de notas polêmicas (foi uma violenta e apaixonante discussão com Fedele D'Amico**). Com tudo isso, ainda não pensava no livro. Nele pensou Italo Calvino ao ler o ensaio de *Incontri Musicali*, e me perguntou se queria retirar alguma coisa para a Einaudi. Disse que sim, que havia refletido sobre isso, e daí então comecei a planejar um livro muito complexo, uma espécie de *summa* sistemática sobre o conceito de abertura, e nesse tempo publicava outro ensaio na *Verri*, na *Rivista di Estetica* etc. Iniciei em 1959 e, em 1962, ainda estava em alto mar. Naquele

* Trata-se da música infantil francesa "Frère Jacques", em versão italiana. (N. da T.)

** Conhecido musicólogo e crítico de música italiano (1912-1990). (N. da T.)

ano, Valentino Bompiani, com quem trabalhava, me disse que teria publicado com prazer alguns daqueles ensaios que havia lido e eu pensei que, à espera do livro "verdadeiro", poderia começar conjuntamente um livro explorativo. Queria intitulá-lo "Forma e Indeterminação na Poética Comtemporânea", mas Bompiani, que sempre teve faro para títulos, abrindo uma página quase ao acaso disse que devia se chamar *Obra Aberta*. Eu disse que não, que caso se devesse chamar *A Obra Aberta* que o nome fosse reservado para um livro mais completo. Ele disse que quando houvesse feito um livro mais completo teria encontrado um outro título, mas, no momento, o título acertado era *Obra Aberta*, sem artigo. Então me pus a completar o ensaio sobre Joyce, que tomou depois uma metade do livro, a unificar os escritos precedentes, a fazer o prefácio. Em resumo, o livro saiu e me dei conta de que não teria escrito outro, porque o assunto não permitia um tratado, mas precisamente um livro de ensaios de propostas. O título tornou-se *slogan*. E tenho nas caixinhas centenas de fichas para aquele livro que nunca mais escrevi.

Mesmo porque, quando *Obra Aberta* saiu, encontrava-me envolvido em um trabalho de ataque e defesa que se prolongou por alguns anos. De um lado, os amigos da *Verri*, o núcleo do futuro Grupo 63, reconhecido em muitas das minhas posições teóricas; de outro lado, os outros. Nunca vi tanta gente ofendida assim. Parecia haver insultado suas mães. Diziam que não era assim que se fala de arte. Cobriram-me de contumélias. Foram anos muito divertidos.

Esta edição italiana não traz toda a segunda metade de *Obra Aberta* original, isto é, o longo ensaio sobre Joyce, que em seguida tomou a forma de um volume próprio. Em compensação, recolhe o longo ensaio "Do Modo de Formar como Compromisso com a Realidade", que saíra em fins de 1962 no número 5 do *Menabò*. Esse ensaio tem uma longa e aventuresca história. Vittorini tinha feito o número 4 de *Menabò* dedicando-o à "indústria e literatura", mas no sentido de que narradores não experimentais contavam histórias da vida industrial. Depois Vittorini decidiu enfrentar o problema de um outro lado: como a situação industrial influía sobre o próprio modo da escrita, ou, caso se queira, o problema do experimentalismo, ou seja, literatura e alienação, ou ainda como a linguagem reage à realidade capitalista. Em suma, um bom cruzamento de problemas enfrentados de um modo que, naquele tempo, não agradava à esquerda "oficial", ainda crociana e neorrealista (como anotação marginal, quase toda tarde se via Vittorini, na livraria Aldrovandi, tendo nos braços a fonologia de Trubetskoi: vagas impressões estruturalistas no ar...). Bem, de um lado estava pondo Vittorini em contato com alguns dos colaboradores do futuro número de *Menabò* (Sanguineti, Filippini, Colombo, para cujo texto havia escrito breves introduções) e, de outro, preparava a minha intervenção, passavelmente *monstre*. Não foi uma operação fácil, não digo para mim; mas para Vittorini foi um ato de coragem e todos os velhos amigos o acusavam de traição; antes devesse escrever algumas páginas de introdução ao número em que metera as mãos (não me lembro se ele ou Calvino falaram depois, rindo, de "cordão sanitário", indispensável). Mesmo aí houve uma grande polêmica, depois debates em Roma onde os amigos "experimentais", escritores e pintores, intervinham, decididos a brigar, mas não como no tempo dos futuristas, e sim em defesa, porque éramos muito mal olhados. Recordo-me que Vittorio Saltini, julgando minha intervenção no *Menabò*, no *Espresso* (o *Espresso* era então o bastião do antiexperimentalismo), cutucou-me por uma frase com a qual apreciava um verso de Cendras, no qual se cotejavam as mulheres amadas a semáforos sob a chuva, e quase fazia a observação de que eu era o tipo que conseguia realizações eróticas apenas embaixo de faróis, com o que, no debate, lhe respondi que, com uma crítica assim, só se podia objetar convidando-o a enviar-me sua irmã. Isso para falar do clima.

Nesse meio tempo, desde 1960, André Boucourechliev havia traduzido para a *Nouvelle Revue Française* os ensaios de *Incontri Musicali*. Leram aqueles de *Tel Quel*, que estava

44

nascendo naquele ano, e olhavam com muito interesse a vanguarda italiana; tínhamos, assim, os primeiros relacionamentos. Em 1962, *Tel Quel* publicava em dois capítulos uma condensação daquilo que viria a se tornar o ensaio sobre Joyce em *Obra Aberta*. Dos artigos na NRF nasce também o interesse de François Wahl, das Éditions du Seuil, que me pediu para traduzir o livro antes mesmo que aparecesse na Itália. Assim, a tradução foi logo iniciada, mas levou três anos e foi refeita três vezes, com Wahl a seguindo linha por linha, e assim, a cada linha me mandava uma carta de três páginas, densas de perguntas, ou então ia a Paris para discutir e assim foi adiante até 1965. Foi uma experiência preciosa em vários sentidos.

E me recordo que Wahl me dizia ser curioso que os problemas que eu desenvolvia, partindo da teoria da informação e da semântica norte-americana (Morris, Richards), eram os mesmos que interessavam aos linguistas franceses e aos estruturalistas, e me perguntou se eu conhecia Lévi-Strauss. Nunca o tinha lido e até mesmo Saussure o havia folheado por curiosidade (aliás, interessava mais a Berio pelos seus problemas de fonologia musical – e creio que a cópia do *Cours* que ainda tenho na biblioteca seja aquela que nunca mais lhe restituí). Bem, por solicitação de Wahl, me pus a estudar esses estruturalistas (naturalmente já conhecia Barthes, como amigo e autor, mas o Barthes semiólogo e estruturalista aparece definitivamente em 1964, no número 4 de *Communications*) e tive três choques, todos mais ou menos por volta de 1963: o *Pensée sauvage**, de Lévi-Strauss, o ensaio de Jakobson publicado pela Minuit e os formalistas russos (não havia ainda a tradução de Todorov, só o livro clássico de Erlich que Bompiani mandara traduzir). E assim, a edição francesa de 1965 inseria em notas várias referências aos problemas linguísticos estruturais. Mas *Obra Aberta*, e isso se vê mesmo se na revisão escrevi algumas vezes "significante e significado", nascia em um

---

* Trad. bras., *O Pensamento Selvagem*, Campinas: Papirus, 1989. (N. da T.)

âmbito diferente. Considero-a um trabalho pré-semiótico: e de fato ocupa-se de problemas de que só agora estou me aproximando, lentamente, após ter acabado o banho teórico na semiótica geral. E enquanto sou reconhecido ao Barthes dos *Elements de sémiologie**, não me entusiasmo pelo Barthes de *Le Plaisir du text*** (naturalmente com uma escrita magistral); enquanto acredita superar a temática semiótica, a conduz ao ponto do qual eu havia partido (e no qual ele mesmo se movia naquele tempo): belo esforço dizer que um texto é uma máquina de prazer (é como dizer que é uma obra aberta); o problema é desmontar a máquina. E eu, em *Obra Aberta*, não o fazia suficientemente. Apenas dizia que era necessário.

Agora, naturalmente, qualquer um poderia perguntar-me se já estaria em condições de reescrevê-la à luz das minhas experiências semióticas, mostrando, finalmente, como funciona a máquina. Sobre isso serei muito impudente e decidido. Já o fiz. Trata-se do ensaio "Geração de Mensagens Estéticas Numa Língua Edênica", que está no meu livro *As Formas do Conteúdo****, de 1971. São apenas dez páginas, mas não creio que haja outra coisa a dizer.

Umberto Eco

Da Parte da Crítica: Texto da Redação

Obra Aberta saiu em junho de 1962. Ao se folhearem os recortes de imprensa, vê-se que, descartando-se as notícias sobre os livros editados e as reproduções dos comunicados editoriais, as primeiras recensões substanciosas apareceram entre julho e agosto: Eugenio Montale, Eugenio Battisti, Angelo Guglielmi e Elio Pagliarani. Na reabertura

---

* Trad. bras., *Elementos de Semiologia*, São Paulo: Cultrix, 1993. (N. da T.)

** Trad. bras., *O Prazer do Texto*, 6. ed., São Paulo: Perspectiva, 2013. (N. da T.).

*** Trad. bras., 3. ed., São Paulo: Perspectiva, 1999, p. 109-123. (N. da T.)

de outono, foram seguidos por Emilio Garroni, Renato Barilli, Gianfranco Corsini, Lamberto Pignotti, Paolo Milano, Bruno Zevi etc. Considerando que no início dos anos de 1960 os cotidianos não dedicavam ainda aos livros a atenção que agora dedicam (o único suplemento semanal era aquele do *Paese Sera*), julgando que então a notoriedade do autor estava limitada à roda dos leitores de revistas especializadas, essa rapidez de intervenções críticas demonstra que o livro estava tocando em algum ponto nevrálgico. Se subdividirmos as primeiras intervenções críticas em três categorias (o reconhecimento positivo, a repulsa violenta e as discussões inspiradas por uma inquieta dialética), deveremos reconhecer que nos três casos *Obra Aberta* se impôs como início de um debate que teria acometido a sociedade cultural italiana dos anos de 1960 e teria encontrado seus momentos mais quentes na saída do *Menabò* 5 e nas primeiras surtidas do Grupo 63. Nas breves notas que se seguem não se poderá abranger todas as intervenções e discusssões sobre *Obra Aberta*, que formam um dossiê de ao menos uma centena de artigos; nos limitaremos, portanto, a escolher alguns, tomados como posições exemplares.

Os consensos. O recorde de tempestividade cabe a Eugenio Battisti que, com "Pittura e informazione" (*Il Mondo*, 17/2/1962) anuncia "um dos volumes mais abrasadores como diretriz dos últimos anos". Ele adverte que na vida cultural, por uma espécie de compensação interna, "os problemas que não estejam suficientemente tratados em uma sede (neste caso, os institutos de história da arte), suscitam discussões em outras partes". Nesse caso, é a estética que joga uma nova luz sobre fenômenos da arte contemporânea. Battisti completa, com algumas agudas observações, as noções de Eco, e uma das características das primeiras intervenções de consenso é propriamente esta: parte-se do livro como estímulo para se alargar o discurso. Típico, nesse sentido, é o longo artigo de Angelo Guglielmi ("L'arte oggi come opera aperta", *Tempo Presente*, julho, 1962) que inicia:

Se tivéssemos tido a fortuna, como teríamos desejado, de escrever este livro (isto é, se nós tivéssemos podido abordar com a mesma competência e riqueza de informações os assuntos do volume tratado) teríamos inferido que o objeto deste ensaio são [...] aqueles fenômenos [...] em que mais claramente transparece, por meio da estrutura da obra, a sugestão da *improbabilidade* de uma estrutura do mundo.

A palavra em itálico estava interpolada por Guglielmi no texto de Eco; e o artigo continuava pondo em evidência como se a posição de *Obra Aberta* fosse ainda racionalista e classicista, e ainda tentasse recuperar, por meio da leitura das obras de arte da vanguarda, uma "visão" do universo, lá onde a característica da cultura contemporânea, tal como se exprime através da arte de vanguarda, é a ausência de qualquer "visão" estruturada, um não modo de ser, a recusa de qualquer código ou regra. Não se trata neste momento de examinar todos os argumentos postos em cena por Guglielmi: mas valerá a pena notar como a sua leitura de *Obra Aberta* se coloca no polo extremo de outros que veem no livro uma tomada de posição irracionalista, a renúncia a qualquer juízo e ordem, a oposição radical entre arte de vanguarda (boa) e arte tradicional (feia e fechada). Contra essas simplificações iradas, Guglielmi – ainda que apenas em negativo – compreende o nexo de continuidade que o livro se esforçava em estabelecer entre os vários modos, elaborados no curso dos séculos, de entender a obra de arte como mensagem aberta a diferentes interpretações, mas sempre regida por leis estruturais que, de algum modo, punham vínculos e direções à leitura. O problema é entendido também por Elio Pagliarani ("Davanti all'*Opera aperta* il lettore diventa coautore", *Il Giorno*, 1º/8/1962), que logo observa como "dar uma forma à desordem, isto é, 'uniformizar' o caos, é sempre a máxima função do intelecto", ainda que "a obra ordenadora que daí resulta seja obviamente um produto histórico". Este é o tema de um livro que pode ser discutível, mas o é "programaticamente, provocativamente". Que o livro provocará discussões logo advertem Filiberto Menna (*Film Selezione*, setembro, 1962), Giorgio De Maria

(*Il Caffé*, outubro, 1962: "Antes que Bompiani publicasse *Obra Aberta*, de Umberto Eco, o discurso sobre a arte de vanguarda era então um discurso em parte nebuloso [...] mas agora que se tem *Obra Aberta* [...] será difícil para o artista fechar-se no seu particularismo e dizer: eu não entro aí"), Emilio Servadio (*Annali di Neuropsichiatria e Psicoanalisi*, I, 1963), Walter Mauro (*Momento Sera*, agosto, 1962: "é um livro destinado, sob certos aspectos, a fazer época e a revolucionar uma boa parte das poéticas contemporâneas"), Giuseppe Tarozzi (*Cinema Domani*, novembro, 1962: "e se os Sólons da filosofia de nossa terra torcerem o nariz para certas aproximações, para certas profanações, para certos *mélanges* (quanto, para exemplificar, o da matemática quântica e da estética), bom para eles"), Bruno Zevi (*L'Architettura*, outubro, 1962) etc.

Um grupo de estudiosos individualiza, enfim, o ponto nodal, isto é, a novidade da diretriz metodológica. Emilio Garroni (Paese Sera-Libri, 16/10/1962) nota que o livro fala de estética em termos insólitos, ampliando o discurso da arte para outras disciplinas e aplicando um método "linguístico-comunicativo". Garroni polemiza, entretanto, com a utilização de certos aspectos da teoria da informação, tema que retomará de maneira mais argumentada, em 1964, em *La crisi semantica delle arti*, induzindo Eco a introduzir, nas edições sucessivas de *Obra Aberta*, observações que levem em conta essas críticas. À intervenção de Garroni responde, sempre em Paese Sera-Libri (6/11), G.B. Zorzoli, que, do ponto de vista de cientista, defende a legitimidade do uso de conceitos informacionais no campo estético. No mesmo período, em *Fiera Letteraria* (16/9/1962), Glauco Cambon, retomando a vasta recensão dedicada a *Obra Aberta*, no mesmo jornal de Gaetano Salveti (29/7/1962), insiste em que o núcleo metodológico de *Obra Aberta* deve identificar-se na dialética de forma e abertura, ordem e aventura, forma clássica e forma ambígua, vista não como forma historicamente sucessiva, mas dialeticamente oposta no interior de cada obra contemporânea: "a tensão da exigência arquitetônica ou 'clássica' e daquela dissolvente ou 'informal' está no próprio centro da obra de Joyce, e reconhecendo um paradigma exemplar na situação em que se encontra a arte contemporânea de alguns decênios até hoje, Umberto Eco simplesmente apontou uma verdade clara".

Na conclusão dessa primeira fase da discussão sobre *Obra Aberta*, interveio Renato Barilli com seu ensaio na *Verri* (4/1962), notando que Eco "se prende a uma diretriz metodológica que já foi a da melhor cultura europeia deste meio século passado, o que a cultura italiana do pós-guerra ignorou injustamente. É a diretriz que traz todo o seu interesse sobre a forma, sobre o modo de organizar uma matéria, de estruturá-la, de dar-lhe uma ordem", ao contrário da atenção dada à forma pelo idealismo, ocupado com o problema do individual, do irrepetível, do *unicum*, com o qual não se pode fazer história. Enquanto que, na nova perspectiva, "por forma se entende uma postura geral, intersubjetiva [...] uma espécie de instituição comum a um tempo, a um ambiente, da qual se pode e se deve fazer a história [...] Em suma, Eco entende oferecer as bases, como ele mesmo adverte, de uma 'história dos modelos culturais'".

A crítica de Barilli trazia à luz alguns aspectos de método que se reencontrarão depois no trabalho sucessivo de Eco: atenção aos fenômenos de instituição socializada, utilizações de instrumentos da cultura europeia não idealista, temática da estrutura, interesse pela arte não como milagre criativo, mas como organização da matéria. Vendo-se bem, foram provavelmente esses aspectos que desencadearam reações viscerais de rejeição da outra parte. *Obra Aberta* opunha-se à tradição crociana que continuava a nutrir o comportamento crítico e filosófico do idealista italiano que se ignora.

As rejeiçoes. A crônica de rejeição a *Obra Aberta* tem momentos saborosos. Para encontrar um livro que naquele ano havia acumulado tanta crítica, é preciso pensar em *Capriccio Italiano*, de Sanguineti. No *Paese Sera*, Aldo Rosi anotava: "me vem à mente o que declarou, mais ou menos, um importante poeta: dizei àquele jovem ensaísta que abre e fecha as obras (como se fossem portas, jogos de cartas ou governos de esquerda) que terminará como catedrático e que seus alunos, aprendendo a manter-se informados sobre uma dezena de revistas, em breve se tornarão bastante capazes para querer tomar o seu lugar" (29/3/1963). Em *Il Punto* (23/6/1962, algumas semanas após o aparecimento do livro), um breve artigo anônimo falava de um "Enzo Paci dei piccoli" e anotava que "a escolha do título *Obra Aberta* foi uma inciativa propiciatória, uma tentativa, da parte do autor, de passar o carro à frente dos bois. Devia espoucar-lhe a suspeita (que lhe auguramos venha desmentida pelos fatos) de que, ao abrir o volume um pouco confuso, em realidade seriam poucos os que estariam de acordo". No mesmo *Punto* (15/12/1962), Giovanni Urbani retomava a polêmica e no artigo "La causa della causa", observava como, a partir de agora, a "presença" da obra de arte é substituída pela tentativa de fazê-la ciência, explicando como a obra quer dizer sempre alguma coisa diferente, assim que parece "que a eventualidade de um juízo unânime signifique [...] a prova irrefutável da não artisticidade da obra posta sob exame". Preocupado com essa perspectiva, Urbani admitia sarcasticamente que ela tinha suas próprias vantagens, primeiro de tudo a de tornar inútil a crítica, pois cada um estava autorizado a dizer uma coisa diferente de outro:

> De desvantagem, por agora, só há uma, mas de pouquíssima importância. Trata-se de um livro [...] que galvanizou as mais obtusas inteligências críticas italianas, confortando-lhes com a tese de que se todos os juízos sobre uma obra de arte estão errados, a causa disto deve remontar à própria obra de arte, e não a um defeito de funcionamento das cabecinhas que são incapazes de raciocinar. Em suma, sendo a obra de arte *causa* em si (das tolices que se digam a seu respeito), é inútil procurar outra razão de ser.

Em uma entrevista sobre a situação da poesia, Velso Mucci (*L'Unità*, 17/10/1962) afirmava que a poesia se encontra em uma época de transição, de uma poesia fechada a uma poesia "aberta", mas "não no sentido decadentista que Eco dá ao termo". No *Osservatore Romano* (13/6/1962), Fortunato Pasqualino (sob o título de "Letteratura e scientismo") escrevia que

uma vez abandonada a própria e justa relação com a realidade, os escritores se metem na submata da cultura científica e filosófica e se dedicam a dilemas absurdos e a exercícios extraestéticos. Sua razão não é mais aquela da obra poética ou artisticamente realizada, mas a que satisfaça as exigências do "mundo moderno", o da ciência, o da técnica; ou o da obra aberta.

Interpretando o livro como texto no qual se condenassem como "fechadas" as obras de Rafael ("ao menos segundo o julgamento expresso do nosso crítico de arte Argan, quando da apresentação do livro de Eco"), o comentarista admitia, no entanto, que Eco havia procurado teorizar "uma obra de arte que possuía a mesma abertura perene da realidade", mas revelava que essa intuição tinha sido tratada a partir "do critério gnoseológico da adequação da inteligência às coisas segundo outras fontes tomísticas, no que (o nosso ensaísta) atinge, sub-repticiamente, o seu melhor pensamento, ainda que repudiando o significado teológico e metafísico que uma vez compartilhou".

Do mesmo Pasqualino houve uma resenha crítica mais longa em *Leggere* (agosto-setembro, 1962) em que, todavia, a raiz do discurso sobre as relações entre obra aberta e realidade não remonta mais a são Tomás, pois o conceito "se reconduz àquele marxista da arte como *espelhamento*". De fato, nesse texto toda a interpretação da arte medieval, que aparece no primeiro ensaio de *Obra Aberta*, vem atribuída a "velhos esquemas historiográficos marxistas" (Eco "chega a sustentar uma *abertura* como *pedagogia revolucionária*, coisas que se compreenderiam melhor no contexto de um discurso e de uma sociedade marxista"). A *Obra Aberta* vem negada, mas também uma ortodoxia marxista, pois introduz a noção de "ambiguidade", e a análise continua a contestar no livro uma série contínua de contradições, lamentando que os mesmos conceitos sejam usados tanto para explicar a pintura informal quanto a *Divina Comédia*. Depois, o acusa de criptotomismo e à (acusação) de criptomarxista se segue a de problematicismo à maneira de Ugo Spirito*. Acusando enfim o autor de "obstinado antimetafísico", Pasqualino revela que, na parte dedicada a Joyce, "não é difícil encontrar uma autobiografia espiritual do autor de *Obra Aberta*". E o ensaio conclui que "neste traço autobiográfico está, provavelmente, o aspecto mais significativo e convincente da obra de Eco: este procurar a si mesmo em Joyce; e, consigo mesmo, também os demais e o sentido das coisas".

A suspeita (fundamentada, no entanto) de uma autobiografia espiritual conduzida por meio de Joyce ou, antes, de uma crônica mediada por uma apostasia, foi o que mais feriu os resenhadores da parte católica: uma nota análoga se encontra no artigo "La poetica dell'opera d'arte", de Virgilio Fagone, presente em *La Civiltà Cattolica* (Roma, I, Quaderno 2701, 1963). Mas esse artigo fica melhor classificado nas contribuições inspiradas em um aprofundado e respeitoso confronto, que serão vistos no parágrafo seguinte.

A peça acusatória mais furiosa contra o livro é a de Elio Mercuri na revista *Filmcritica* (março, 1963), da qual Armando Plebe era então influente colaborador. Mercuri, no artigo "Opera aperta come opera assurda", dava-lhe início trazendo alguns versos de Hölderlin com o desejo de retornar ao Informe, e os dedicava "ao Eco cansado de volúpia metafísica e de não menos loucos extravios aos quais, através de *Obra Aberta*, se chega". A esta "bela alma do neocapitalismo milanês" dedicava também as palavras de Goethe: "Louco aquele que entreabre os olhos para olhar ao longe, imaginando, além das nuvens, algo de semelhante a si", e observava que "estas simples verdades, que no entanto constituem a força do homem, nunca vieram armadas de insídias como o são hoje". Buscando citações de apoio em Malcolm Lowry, Kafka, Pascal, Kierkegaard,

---

* Filósofo italiano (1896-1979) comprometido com o pensamento político fascista. (N. da T.).

Mercuri acusava o livro de se propor como aceitação passiva do Caos, da Desordem: "a prosa banal de Eco [...] nos aconselha que só a moralidade do homem único consiste em aceitar esta situação, esta irracionalidade fundamental".

O ensaio sobre o zen, que, além disso, termina indicando a diferença entre comportamento racionalista ocidental e comportamento orientalizante, é compreendido como um apelo à nova doutrina; as utilizações de Husserl ou das teorias científicas vêm definidas como "insensatas" e o conceito de abertura se identifica com "a hereditariedade tediosa do misticismo estético"; Eco é acusado de dar "valor de lei estética objetiva a algumas poéticas romântico-decadentistas, que na qualidade de poéticas não possuem mais valor a não ser pelo fato de que quem a formulou em feliz contradição consigo próprio conseguiu traduzi-la em poesia"; de outro lado, "convencidos como estamos de que *Finnegans Wake* seja uma falência artística, nos basta dizer que a ideia que Joyce ali exprime já não nos pertence mais". Quando, por fim, o ensaio de *Menabò* 5 deu seguimento a *Obra Aberta*, a síndrome de recusa se fez mais intensa. Vittorio Sattini (*Espresso* 11/11/1962), acenando para as estéticas "motorizadas" da vanguarda, cita Machado, para quem, "mesmo as mais potentes perversões do gosto terão sempre advogados sutis que defendam suas maiores extravagâncias". Assinalando uma "progressividade de *teddy boys*", Saltini diz que Eco defende em *Obra Aberta* os últimos achados da vanguarda, sem outro argumento a não ser a justificação formalística de tudo. Para Eco,

a arte não é um modo de conhecimento, é um complemento do mundo, uma forma autônoma, isto é, um diversivo. Eco, comentando os versos de Cendrars, *Toutes les femmes que j'ai rencontrées se dressent aux horizons / avec les gestes piteux et les regards tristes des sémaphores sous la pluie**, observa que o "uso poético do semáforo é tão legítimo quanto o do escudo de Aquiles", do qual Homero

---

* Todas as mulheres que encontrei se elevam aos horizontes / com os gestos lastimáveis e os olhares tristes dos semáforos sob a chuva. (N. da T.).

descreve até mesmo o processo de produção. E Eco se confessa incapaz de amar sem pensar nos semáforos. Não sei.

A culminância da recusa é alcançada, enfim, por Carlo Levi em um panfleto publicado em *Rinascita* (23.2.1963) com o título "San Babila, Babilonia", em que o espírito de *Obra Aberta* está identificado com o do neocapitalismo milanês:

> Como te amo, jovem milanês (como vos amo, tantos, iguais). Como vos amo, ternamente, saídos de casa logo cedo pela manhã, com a névoa que sai do nariz (diretamente para o teto), a fumaça que sai da boca, a névoa que envolve... Como te amo, Eco, meu eco milanês, com os problemas que tu queres que sejam, como todos os outros, medíocres, presunçosamente medíocres, como é belo ser B, ser menos do que A, porque os C e os D, as zonas subdesenvolvidas, mas Rocco não dá, é muito melodrama... O motor faz barulho, o escritório é perto; o que diz Eco? Instalados em uma linguagem que já deu o que falar [...] (instalados, fechados na estrebaria, no esterco muito ledo, letificante e consolador das palavras e dos nomes), nos encontramos alienados das situações... Mas o eco quer mais, quer que o espelho (o espelho retrovisor, o espelho das ilusões*) colocado ante situações dissociadas e inorgânicas, sem nexos, nos dê uma imagem "orgânica" com todas as suas conexões estruturais. Para fazer este salto (que todos sempre fizeram antes diante do espelho), para fazer este salto com o espelho e para além dele, nos é necessária a Graça, a Graça de Deus... Como te amo, jovem milanês, a tua névoa, o teu arranha-céu, o teu empenho em chegar no horário, os teus problemas, a tua alienação, os teus espelhos, os teus ecos, os teus labirintos. Tu bateste o ponto e eu estou em minha cama aquecida... E tu também bates à porta com teu fascículo, velho jovem milanês, e me acorda para dizer-me que amor não rima com dor, mas com horror, professor, furor, inventor, condutor, tradutor, indutor, terror, malfeitor, conservador, cultivador, treinador, or, or, or. E até, enfim, com confessor. É a rima que buscas.

As inquietações. Na revista oficial do PCI o livro tornou-se objeto de um interesse aberto e logo deu lugar a uma série de intervenções. Não são mais os anos do fronte "realista" e,

---

* No original, "specchio per le allodole", literalmente, "espelho para as cotovias", expressão que designa adulações feitas para se obter a estima de alguém, ou ainda quimeras e esperanças ilusórias. (N. da T.).

no entanto, a suspeita de formalismo e a desconfiança natural face às experiências de vanguarda ou às novas metodologias não historicistas ainda são muito fortes. Quando Luigi Pestalozza escreve em *Rinascita* (22.9.1962) um longo artigo que toma como ponto de partida *Obra Aberta* para atacar a prática e a teoria da música contemporânea (com saliente motivos críticos no confronto com Eco), a redação o intitula "L'opera aperta musicale e i sofisme di Umberto Eco". Giansiro Ferrata volta ao assunto ("Romanzi, non romanzi e ancora novo a l'Opera aperta", 6.10.1962), referindo-se dessa vez à literatura e, em particular, aos experimentalismos de Max Saporta, que havia composto uma obra de páginas móveis; mediando a passagem com um discurso sobre o mais apreciado Claude Simon, Ferrara discute, entre interessado e desconfiado, a noção de obra aberta, lamentando que o livro de Eco não considere o discurso sobre a literatura realista.

Será depois do aparecimento de *Menabò* 5 (lá onde Vittorini parece introduzir os fermentos da vanguarda e das novas metodologias críticas na cidadela da crítica marxista) que o discurso se fará mais abrasado. Michele Rago (*L'Unità*, 1º.8.1962, com o título "La frenesia del neologismo") contesta o valor estético da maior parte das provas literárias oferecidas por *Menabò* (crepuscularismo, nível anedótico, prosa artística) e observa como (com respeito às intervenções teóricas de Calvino, Fortini e Forti) "na direção da vanguarda geométrica ou visceral situam-se outras posições como as de Eco e Leonetti, as quais, também se movendo por exigências de 'liberdade', apontam para 'projeções', para formas unilateralmente 'abertas', aquelas que nos dizemos de engenharia literária".

No Paese Sera-Libri (7.8.1962), condena-se anonimamente e em bloco o projeto (textos pobres, desconfiança para com a temática da "linguagem", analogia perigosa entre o projeto da música e das artes figurativas e aquele da literatura). No *Avanti!* , Walter Pedullà, no artigo "Avanguardia ad ogni costo" (10.8.1962) procura mostrar como Eco "sustenta uns poucos jovens inexperientes e modestíssimos romancistas de vanguarda" (Sanguineti, Filippini, Colombo, Di Marco), buscando impor aos escritores não enfrentar temas políticos ou sociais, fixar regras normativas, substituir o materialismo histórico pela fenomenologia de Husserl, de navegar a velas estendidas em direção ao formalismo, concluindo: "consideraremos o caráter progressista de um escritor não por sua postura ideológica, mas por sua técnica expressiva?"

Alberto Asor Rosa (*Mondo Nuovo*, 11/11/1962) reprova em Eco uma metafísica da alienação permanente e o fato de confundir a alienação específica operária com as muitas outras possíveis; e se pergunta se o projeto artístico que evidencia a alienação não deve ser precedido de uma tomada de consciência da sociedade.

A polêmica se reacenderá em fins de 1963, quando Eco publicar, em *Rinascita*, dois longos artigos ("Per una indagine sulla situazione culturale" e "Modeli descrittivi e interpretazione storica"), nos quais, sobre a própria base da discussão em torno de *Obra Aberta* e de *Menabò*, imputará à cultura de esquerda de estar ainda ancorada em instrumentos de pesquisa croceana, e quebrará lanças em favor das novas metodologias estruturais, de uma mais atenta consideração das ciências humanas e de uma atenção científica para com os problemas de uma sociedade de comunicação de massa. Os artigos serão seguidos por uma série de intervenções polêmicas (Rossanda, Gruppi, Scabia, Pini, Vené, De Maria e outros), entre os quais se distinguirá um ensaio em dois capítulos de uma jovem e pouco conhecido marxista francês, que dirá, sem meios termos, que pretender pôr junto estruturalismo e marxismo é um plano reacionário, uma armadilha neocapitalista. O nome desse estudioso era Louis Althusser. Mas a polêmica (e o relevo que lhe foi dado) já é indício de uma abertura diferente do PCI nos confrontos de tais problemas. Referindo-se àqueles anos na sua recente "La cultura" (tomo II do volume IV da *Storia d'Italia*, Einaudi, 1975, p. 1636), Asor Rosa observa que o sentido dessa mudança de horizonte, que traz novos problemas ao movimento operário, sobretudo o de encontrar a gestão de uma realidade cultural mais complexa, mas também mais rica, pode ser recolhido numa ampla intervenção de Umberto Eco, um dos jovens protagonistas dessa transformação (*Obra Aberta, Apocalípticos e Integrados*), apresentada na *Rinascita* de 1963, na qual procura demonstrar a legitimidade do uso de novas técnicas. Isso implica, porém, a superação de certas opiniões inveteradas – um certo racionalismo eurocêntrico, o historicismo aristocrático, o vício humanístico – e a vontade de fazer investigação, ao menos inicialmente, em um nível rigorosamente avaliado.

Ao lado dessas inquietações de caráter mais político, outras réplicas põem diversas questões a *Obra Aberta*. Citaremos a apreciação de Gilberto Finzi em *Il Ponte* (6/1963), a intervenção em *Nuove Dimensioni* de Spartaco Gamberini (9/10/1962) e as observações bem pensadas da parte católica de Stefano Trovati (*Letture*, 12/1962). Entre os exemplos de inquieta leitura merece um lugar à parte o artigo escrito por Eugenio Montale no *Corriere della Sera* (29/7/1972), "Opere aperte", no qual o poeta oscila entre o interesse pelos novos fenômenos comunicativos e a desconfiança em um mundo que pressente, no final das contas, estranho. É um artigo honesto e, por essa razão, não privado de ambiguidade. Montale se faz algumas perguntas (se certos conteúdos devem, necessariamente, corresponder a certas formas técnicas, se uma obra aberta a todos os significados pode ser chamada de esteticamente intencionada) e rejeita o alinhamento da literatura com as aventuras experimentais das outras artes, mas em nome de uma qualidade antecipadora que a literatura teria em qualquer caso: um grande artista deve saber renovar as velhas formas desde dentro, sem que se deva tudo zerar. Tem receio de uma geração de jovens "mais ou menos marxistas, ou, antes, peço desculpa, marxianos, que olham com plena confiança o advento de uma sociedade na qual ciência e indústria, unidas, criem valores novos e destruam para sempre o arcádico vulto da natureza".

De todas as manifestações de "inquietação", de todas as contestações da parte marxista, de todo o corpo a corpo problemático com *Obra Aberta*, o mais aprofundado e fecundo talvez seja, provavelmente, o de Giovanni Scalia, "Apertura e progetto", surgido originalmente no *Cratilo* (2/1963) e depois em *Critica, letteratura, ideologia* (Marsilio, 1968). O andamento do ensaio de Scalia é irônico-dialético. Tem início com um falso elogio:

> Não há dúvida. *Obra Aberta* de Eco oferece dificuldades para aqueles que, de uma parte, têm na obra de literatura um *prius*, originalidade originária, objetividade e subjetividade "sublimes"; e de outra, àqueles para quem a obra é *posterius*, derivação secundária, superestrutura dialética. Ela levou a consequências extremas um discurso que, nas condições da cultura italiana, parece constrangido por uma série de "complexos" mentais e interesses constituídos, acadêmicos, partidários, empresariais [...] e conduziu ao limite do malogro, com tenacidade conceitual e evidência disdacálica, a autonomia e a heteronomia da literatura. Talvez se conclua nesta *summa* o período de obsessão dos curtos-circuitos escritores-realidade, literatura-sociedade, literatura-cultura. Abre-se (se nos é lícito semelhante trocadilho) o período das "obras abertas", no qual a realidade, a sociedade, a cultura etc., não são distintas e opostas a um círculo dialético, mas sim a componentes, estratos e padrões da própria obra; que não nega nenhuma relação com o *outro*, porque é ela mesma, perpetuamente, o *outro*.

Claramente, a perspectiva não agrada a Scalia. Nem lhe agrada o fato de que "Eco, de modo explícito, não quer propor uma estética; não pensa bater-se por uma poética; não se faz de moralista 'reacionário' ou de desesperado pelo marxismo que possa vir (com sua literatura). É o obreiro, o usuário da vida *presente* da literatura; ou seja, de todas aquelas formas que são *modos de formar o informe*". Com respeito a certas acusações de irracionalismo, Scalia vira de ponta cabeça a perspectiva: em *Obra Aberta* há um excesso de racionalismo otimista. Salvo que, nesse ponto, o reclamo de Scalia não é ao historicismo abstrato, à realidade ou aos bons sentimentos; a reprovação que move contra *Obra Aberta* é aquela que o autor moverá contra si mesmo nos anos seguintes: em *Obra Aberta* não há uma linguística, uma semântica estrutural, não há uma semiologia, não há a perspectiva estruturalista, que poderia dar consistência às teses que o livro avança. Só nesse caminho Scalia vê a possibilidade de avançar a exigência de uma "responsabilidade semântica".

As Reações no Estrangeiro

Obra Aberta foi traduzida em francês, alemão, espanhol, português, servo-croata, romeno, polaco e, parcialmente, em inglês. Em vários países suscitou reações e interesses diferentes, conforme as situações culturais localizadas. Em alguns países de situação política efervescente, como no Brasil de 1968, a exigência de uma abertura foi lida num sentido muito ampliado, como alegoria transparente de um projeto revolucionário (ver o prefácio de Giovanni Cutolo à edição brasileira do livro):

> Parece-nos possível e lícita a tentação de, por exemplo, compreender e valorizar prospectivamente o fermento que agita as universidades e fábricas de todo o mundo e que, ao menos por enquanto, encontrou suas mais violentas e completas manifestações na França, à luz dos instrumentos interpretativos fornecidos por Eco. Não estaremos diante das primeiras escaramuças de uma *obra aberta* na esfera da organização social e política?*

Como país guia, valerá a pena considerar a França, onde o livro aparece em fins de 1965, suscitando um vivíssimo interesse.

Dentre as primeiras intervenções dignas de nota, aquela de Michel Zeraffa no *Nouvel Observateur* (1º/12/1965), para quem Eco "é mais profundo e convincente do que certos esteticistas que poderiam ser chamados de *operacionais e combinatórios* [...] porque o senhor Eco considera

---

* Ver supra, p. 12-13. (N. da T.).

o problema da *Obras Aberta* em seu conjunto e historicamente, quer dizer, como um fenômeno próprio da nossa civilização ocidental". Alain Jouffroy, no *Express* de 17/1/1966, acentua "neste ensaio cintilante de ideias e perspectivas fascinantes" o aspecto da abertura infinita da obra, mas sem perder de vista a natureza dialética do processo: frente à obra aberta, "estamos, ao mesmo tempo e contraditoriamente, em seu pensamento e no nosso". Bernard Pingaud, na *Quinzaine Littéraire* (16/5/1966), põe-se de um ponto de vista sartriano e reprova no trabalho não levar em conta a relação entre forma artística e as coisas com respeito às quais há transparência; de mover-se no nível dos processos de produção, dando por descontado, sem análise, o momento da experiência vivida que se reverbera na obra. No *Le Monde* (5/3/1966), Raymond Jean indica a obra como importante para a compreensão da arte de nosso tempo. G.B.M., na *Gazette de Lausanne* (15/1/1966), começa dizendo que "poucas obras críticas exibem tantos argumentos de reflexão, esteja-se ou não de acordo com as teses sustentadas, quanto este livro". Jean-Paul Bier (*La Gauche*, 23/4/1966) fala de "obra difícil, mas importante, que é, de nosso conhecimento, uma das primeiras tentativas de análise global da arte contemporânea em seus projetos e métodos", onde se demonstra, "com justeza e clareza, o papel profundamente progressita da arte de nosso tempo". A única voz de desdenhosa dissensão é a de Roger Judrin na *Nouvelle Revue Française* (1º/6/1966) que, no entanto, havia publicado, antes do aparecimento da edição francesa, um longo capítulo do livro: "que álgebra pedante para acender candeias inúteis. A grande arte não é fechada nem aberta. Ela completa o sorriso cujo apanágio é ser imperfeito, pois une a metade de riso a uma metade de indiferença". Em todo caso, a apreciação mais entusiástica vem da Bélgica, no ensaio de François van Laere na *Revue de Langues Vivants* (janeiro, 1967): "nos grandes cruzamentos do pensamento crítico encontra-se às vezes um analista mais contemporâneo da própria época e dos próprios contemporâneos, que quando tenta defini-la descobre, por meio de sua intuição generosa, os inícios de uma crítica futura. Um Lessing desempenhou esse papel. Umberto Eco o fará por nós?".

Destino (abril, 1966) acolhe a edição espanhola afirmando que *Obra Aberta* "abre um novo humanismo a partir da ciência e da estética contemporânea". A revista joyciana *A Wake Newsletter* (junho, 1967), a cargo de Jean Schoonbroodt, detendo-se na parte dedicada a Joyce, afirma que "não se pode senão realegrar-se com esse importante contributo à exegese joyceana do filósofo Eco, cujas visões dão prova de uma estupefaciente profundidade e de uma vastidão de horizonte pouco habitual".

As edições sucessivas da obra em outras línguas ampliaram estas súmulas de julgamentos, obviamente nem sempre consensuais.

Mas nesse ponto se pode dizer que o livro faz parte de um repertório de citações obrigatórias, e que tem sido relido ainda sob as luzes de sucessivas contribuições do autor no campo da semiótica.

Depois da Segunda Edição (1967)

Quando, enfim, o livro reaparecer na Itália, em 1967, numa edição de bolso, o panorama terá sido profundamente mudado. Os resenhistas que "releem" *Obra Aberta* a veem em relação com as polêmicas culturais ocorridas no arco dos anos de 1960. Já em 1966, Andrea Barbato, fazendo uma crônica das origens do Grupo 63 ("Appunti per una storia della neo-avanguardia italiana", em AAVV., *Avanguardia e neo-avanguardia*, Sugar), após haver fixado a origem do movimento com o nascimento da *Verri* e a aparição dos *Novissimi*, escrevia:

Em 1962, ocorreram dois fatos importantes. O primeiro foi a saída de um número do *Menabò*, aberto aos testemunhos dos experimentalistas... O segundo fato foi a saída de *Obra Aberta*, de

Umberto Eco, que não só fornece à vanguarda uma série de instrumentos críticos indispensáveis, mas ainda a põe finalmente em contato com experiências análogas que se desenrolam na época, no resto do mundo.

Uma coluna anônima no *Espresso* (Enzo Golino?) revela que "à distância de cinco anos da primeira edição, não se pode deixar de reconhecer nas ideias de Eco uma segura função precursora das mais vivas tendências culturais que se sucederam na Itália nos anos de 1960". Referindo-se a uma entrevista dada por Lévi-Strauss a Paolo Caruso (Paese Sera-Libri, 20/1/1967), na qual o etnólogo francês defendia a possibilidade de considerar a obra em sua absoluta mineralógica objetividade de "cristal", a nota salienta "como nova instância e futuro programa de trabalho avançado na introdução a esta segunda edição, revista e ampliada, a autonomia que Eco demonstra com respeito ao dogmatismo estruturalista, para o qual suas pesquisas podiam dirigir-se sistematicamente, desde tempos não suspeitos".

Obra Aberta pode ser lida de muitos modos, e com referência a discursos sucessivos. Mas talvez uma das mais estimulantes seja ainda aquela que a reconduza ao fundo cultural no qual nasceu. Quando, antes que se falasse de imaginação no poder, de leitura trasnsversal e de prazer dos textos, de subversão da escrita e de uso não autoritário e não repressivo dos objetos estéticos, verificou-se com este livro uma agitação que Nello Ajello assim descreve, pitorescamente, em seu *Lo scritore e il potere* (Laterza, 1974):

> Quando apareceu na livraria a primeira edição de *Obra Aberta* [...] os mais fatalistas entre os notáveis da cultura extraíam de todos os discursos daquele volume uma conclusão não agradável, mas sintética; que se tratasse de uma tentativa, presumivelmente destinada ao sucesso, de fazer desaparecer nos literatos das futuras gerações qualquer esfumatura de juízo estético – digamos – d'*O Infinito* de Leopardi a um álbum do Mandrake... Veladas acusações de sacrilégio, percursos táticos nos despenhadeiros sob as asas protetoras de um Croce, com frequência pouco lido ou mal digerido – obscuros prognósticos expressos em voz baixa sobre os destinos do

Espírito, algumas raras exortações confiantes na eficácia terapêutica do Tempo e na proverbial deterioração das modas... Mas, brevemente, o que estava escrito nesta *Obra Aberta*? A cena que mais marcava o espectador médio era a de ser "promovido ao campo". Beneficiário desta promoção é o leitor... O seu lugar não é mais o da plateia; de agora em diante, ele se torna assunto, antes requisitado, ao lado do artista... Nem mesmo a Ciência – termo capaz de incutir um certo desânimo no literato "puro" e desejoso de se conservar como tal – pode se manter fora do jogo, pois entre pesquisas científicas e projetos de arte foram lançadas pontes por meio da "teoria da informação". E aqui um dilúvio de personagens sobre cujas vidas e obras parece aconselhável atualizar-se, já que representam outras tantas pilastras no canteiro do estruturalismo, da semântica e da teoria da informação... De todos esses nomes, alguns já tinham sido vislumbrados. Agora, seria sacrilégio ignorá-los. Nesse ponto, no intervalo entre um "uis" menmônico e outro, os escritores da geração precedente perguntam: o que fazer?

A POÉTICA DA OBRA ABERTA

Entre as recentes produções de música instrumental podemos notar algumas composições assinaladas por uma característica comum: a peculiar autonomia executiva concedida ao intérprete, o qual não só dispõe da liberdade de interpretar as indicações do compositor conforme sua sensibilidade pessoal (como se dá no caso da música tradicional), mas também deve intervir na forma da composição, não raro estabelecendo a duração das notas ou a sucessão dos sons, num ato de improvisação criadora. Citemos alguns exemplos dentre os mais conhecidos: 1. No *Klavierstück xi*, de Karlheinz Stockhausen, o autor propõe ao executante, numa grande e única folha, uma série de grupos entre os quais deverá escolher primeiramente o grupo com o qual iniciar, e depois, um de cada vez, os que devem ser unidos ao anterior; nessa execução, a liberdade do intérprete baseia-se na estrutura "combinatória" da peça, "montando" autonomamente a sucessão das frases musicais; 2. Na *Sequenza per flauto solo*, de Luciano Berio, o intérprete acha-se diante de uma partitura que lhe propõe uma textura musical em que são dadas a sucessão dos sons e sua intensidade, enquanto a duração de cada nota depende do valor que o executante deseje conferir-lhe no contexto das constantes quantidades de espaço, correspondentes a constantes pulsações de metrônomo; 3. A propósito de sua composição *Trocas*, assim escreve Henri Pousseur:

> *Trocas*, mais do que uma peça, constituem um *campo de possibilidades*, um convite à escolha. Consta de dezesseis seções. Cada uma delas pode ser concatenada com outras *duas*, sem que fique prejudicada a continuidade lógica do devir sonoro: duas seções, com efeito, são introduzidas por caracteres semelhantes (a partir dos quais evoluem sucessivamente de forma divergente), duas outras podem, ao contrário, convergir para o mesmo ponto. O fato de se poder começar e acabar com qualquer uma das seções torna possível grande variedade de resultados cronológicos. Finalmente, as duas seções iniciadas no mesmo ponto podem ser sincronizadas, dando lugar a uma polifonia estrutural mais complexa. Nada proíbe imaginar que tais propostas formais, gravadas em fita magnética, sejam desse modo mesmo colocadas à venda. Dispondo de uma instalação acústica relativamente dispendiosa, o próprio público poderia então, graças a elas e em sua própria casa, exercitar uma imaginação musical inédita, uma nova sensibilidade coletiva do material sonoro e do tempo.

4. Na *Terceira Sonata para Piano*, Pierre Boulez prevê uma primeira parte (*Antiphonie, Formant 1*), constituída por dez seções, em dez folhas separadas, combináveis como fichas (embora não sejam permitidas todas as combinações); a segunda parte (*Formant 2, Thrope*) compõe-se de quatro seções de estrutura circular, podendo-se começar por uma qualquer e ligá-la às outras até se fechar o círculo. Não há possibilidade de grandes variações interpretativas no interior das seções, mas uma delas, por exemplo, *Parenthèse*, inicia-se por um compasso de tempo especificado e prossegue com amplos parênteses dentro dos quais o tempo é livre. Uma espécie de regra é estabelecida pelas indicações de ligação entre um e outro trecho (por exemplo, *sans retenir, enchaîner sans interruption* etc.).

Em todos esses casos (e trata-se de quatro apenas, entre os muitos possíveis), impressiona-nos de pronto a diferença macroscópica entre tais gêneros de comunicação musical e aqueles a que a tradição clássica nos havia acostumado. Em termos elementares, essa diferença pode ser assim formulada: uma obra musical clássica, uma fuga de Bach, a *Aída*, ou *Le Sacre du Printemps*, consistiam num conjunto de realidades sonoras que o autor organizava de forma definida e acabada, oferecendo-o ao ouvinte, ou então traduzia em sinais convencionais capazes de guiar o executante de maneira que este pudesse reproduzir substancialmente a forma imaginada pelo compositor; as novas obras musicais, ao contrário, não consistem numa mensagem acabada e definida, numa forma univocamente organizada, mas sim numa possibilidade de várias organizações confiadas à iniciativa do intérprete, apresentando-se, portanto, não como obras concluídas, que pedem para ser revividas e compreendidas numa direção estrutural dada, mas como obras "abertas", que serão finalizadas pelo intérprete no momento em que as fruir esteticamente[1].

Para não se incorrer em equívocos terminológicos, é preciso observar que a definição de "aberta" dada a essas obras, ainda que sirva magistralmente para delinear uma nova dialética entre obra e intérprete, deve ser tomada aqui em virtude

---

1. Aqui é preciso eliminar desde já a possibilidade de equívoco: evidentemente, a operação prática do intérprete enquanto "executante" (o instrumentista que executa uma peça musical ou o ator que declama um texto) difere da de um intérprete enquanto fruidor (quem olha para um quadro ou lê em silêncio uma poesia, ou, ainda, ouve uma peça musical executada por outrem). Contudo, para os propósitos da análise estética, cumpre encarar ambos os casos como manifestações diversas de uma mesma atitude interpretativa: cada "leitura", "contemplação", "gozo" de uma obra de arte representam uma forma, ainda que calada e particular, de "execução". A noção de *processo interpretativo* abrange todas essas atitudes. Retomamos aqui o pensamento de Luigi Pareyson, *Estetica: Teoria della formatività*, Torino: Edizioni di Filosofia, 1954 (2. ed., Bologna: Zanichelli, 1960. De ora em diante nos referiremos a esta edição). Naturalmente poderá dar-se o caso de obras que se apresentam "abertas" ao executante (instrumentista, ator) e são restituídas ao público como resultado já unívoco de uma seleção definitiva; em outros casos, apesar da escolha do executante, pode permanecer a possibilidade de uma escolha subsequente a que o público é convidado.

de uma convenção que nos permita fazer abstração de outros significados possíveis e legítimos da mesma expressão. Tem-se discutido, de fato, em estética, sobre a "definitude" e a "abertura" de uma obra de arte: e esses dois termos referem-se a uma situação fruitiva que todos nós experimentamos e que frequentemente somos levados a definir, isto é, uma obra de arte é um objeto produzido por um autor que organiza uma seção de efeitos comunicativos de modo que cada possível fruidor possa recompreender (através do jogo de respostas à configuração de efeitos sentida como estímulo pela sensibilidade e pela inteligência) a mencionada obra, a forma originária imaginada pelo autor. Nesse sentido, o autor produz uma forma acabada em si, desejando que a forma em questão seja compreendida e fruída tal como a produziu; todavia, no ato de reação à teia dos estímulos e de compreensão de suas relações, cada fruidor traz uma situação existencial concreta, uma sensibilidade particularmente condicionada, uma determinada cultura, gostos, tendências, preconceitos pessoais, de modo que a compreensão da forma originária se verifica segundo uma determinada perspectiva individual. No fundo, a forma torna-se esteticamente válida na medida em que pode ser vista e compreendida segundo multíplices perspectivas, manifestando riqueza de aspectos e ressonâncias, sem jamais deixar de ser ela própria (um sinal de trânsito, ao invés, só pode ser encarado de maneira única e inequívoca, e se for transfigurado por alguma interpretação fantasiosa deixa de ser *aquele* sinal com aquele significado específico). Nesse sentido, portanto, uma obra de arte, forma acabada e *fechada* em sua perfeição de organismo perfeitamente calibrado, é também *aberta*, isto é, passível de mil interpretações diferentes, sem que isso redunde em alteração de sua irreproduzível singularidade. Cada fruição é, assim, uma *interpretação* e uma *execução*, pois em cada fruição a obra revive dentro de uma perspectiva original[2].

2. Para essa noção de interpretação, ver Luigi Pareyson (op. cit., em especial, capítulos v e vi); com respeito à "disponibilidade" da obra, levada às últimas consequências, ver Roland Barthes: "Essa disponibilidade não é uma virtude menor; trata-se pelo contrário do próprio ser da literatura, levado ao seu paroxismo. Escrever significa fazer estremecer o ▶

Mas é claro que obras como as de Berio ou de Stockhausen são "abertas" numa acepção menos metafórica e bem mais palpável; dito vulgarmente, trata-se de obras "inacabadas", que o autor, aparentemente desinteressado de como irão terminar as coisas, entrega ao intérprete mais ou menos como as peças soltas de um brinquedo de armar. Essa interpretação dos fatos é paradoxal e inexata, porém o aspecto mais superficial dessas experiências musicais dá azo, efetivamente, a um equívoco do gênero; equívoco aliás produtivo, pois o lado desconcertante de tais experiências deve levar-nos a indagar *por que*, hoje em dia, o artista sente necessidade de trabalhar nessa direção; como resultado de que evolução histórica da sensibilidade estética; em concomitância com que fatores culturais de nosso tempo; e como é mister encarar tais experiências à luz de uma estética teórica.

A poética da obra "aberta" tende, como diz Pousseur[3], a promover no intérprete "atos de liberdade consciente", polo como centro ativo de uma rede de relações inesgotáveis, entre as quais ele instaura sua própria forma, sem ser determinado por uma *necessidade* que lhe prescreva os modos definitivos de organização da obra fruída; mas (apoiando-nos naquele significado mais amplo do termo "abertura" que mencionamos antes) poder-se-ia objetar que qualquer obra de arte, embora não se entregue materialmente inacabada,

▷ sentido do mundo, colocar uma pergunta *indireta* à qual o escritor, numa derradeira indeterminação, se abstém de responder. A resposta quem dá é cada um de nós, que lhe traz a sua história, sua linguagem, sua liberdade; mas como história, linguagem e liberdade variam infinitamente, a resposta do mundo ao escritor é infinita: não cessa jamais de responder ao que está escrito para além de qualquer resposta; afirmados, contraditos depois, por fim substituídos, os significados passam e a pergunta permanece. Mas, para que o jogo se complete [...] deve-se respeitar algumas regras: é preciso, de um lado, que a obra seja verdadeiramente uma forma, que ela indique um sentido duvidoso, não um sentido fechado...". ("Avant-propos", *Sur Racine*, Paris: Seuil, 1963). Nesse sentido, por conseguinte, a literatura (diríamos: toda mensagem artística) *designaria de modo certo um objeto incerto*.
3. La nuova sensibilità musicale, *Incontri Musicali*, n. 2, maio 1958, p. 25.

exige uma resposta livre e inventiva, mesmo porque não poderá ser realmente compreendida se o intérprete não a reinventar num ato de congenialidade com o autor. Acontece, porém, que essa observação constitui um reconhecimento a que a estética contemporânea só chegou depois de ter alcançado madura consciência crítica do que seja a relação interpretativa, e o artista dos séculos passados decerto estava bem longe de ser criticamente consciente dessa realidade; hoje tal consciência existe, principalmente no artista que, em lugar de sujeitar-se à "abertura" como fator inevitável, erige-a em programa produtivo e até propõe a obra de modo a promover a maior abertura possível.

O peso da quota subjetiva na relação de fruição (o fato de que a fruição implica uma relação interatuante entre o sujeito que "vê" e a obra enquanto dado objetivo) não passou absolutamente despercebido aos Antigos, mormente em suas dissertações sobre artes figurativas. Platão, no *Sofista*, observa, por exemplo, que os pintores pintam as proporções, não segundo uma conveniência objetiva, mas em relação ao ângulo do qual as figuras são vistas pelo observador; Vitrúvio distingue entre *simetria* e *eurritmia*, entendendo esta última como adequação das proporções objetivas às exigências subjetivas da visão; os desenvolvimentos de uma ciência e da prática da perspectiva testemunham o amadurecimento de uma consciência da função da subjetividade interpretante em face da obra. Contudo, é outrossim ponto pacífico que tais convicções levavam a agir justamente em oposição à *abertura* e a favor do *fechamento da obra*: os vários artifícios de perspectiva representavam exatamente outras tantas concessões feitas às exigências da situacionalidade do observador para levarem-no a ver a figura *no único modo certo possível*, aquele para o qual o autor (arquitetando artifícios visuais) procurava fazer convergir a consciência do fruidor.

Tomemos outro exemplo: no medievo desenvolveu-se uma teoria do alegorismo que prevê a possibilidade de se ler a Sagrada Escritura (e mais tarde também a poesia e as artes figurativas) não só em seu sentido literal, mas em três outros sentidos, o alegórico, o moral e o anagógico. Tal teoria tornou-se-nos familiar graças a Dante, mas vamos encontrar suas raízes em São Paulo (*videmus nunc per speculum in aenigmate, tunc autem facie ad faciem*), e foi desenvolvida por São Jerônimo, Agostinho, Beda, Escoto Erígeno, Hugo e Ricardo de São Vítor, Alain de Lille, Boaventura, Tomás e outros, a ponto de constituir o eixo da poética medieval. Uma obra assim entendida é, sem dúvida, uma obra dotada de certa "abertura"; o leitor do texto sabe que cada frase, cada figura, se abre para uma multiformidade de significados que ele deverá descobrir; inclusive, conforme seu estado de ânimo, ele escolherá a chave de leitura que julgar exemplar, e *usará* a obra na significação desejada (fazendo-a reviver, de certo modo, diversa de como possivelmente ela se lhe apresentara numa leitura anterior). Mas nesse caso "abertura" não significa absolutamente "indefinição" da comunicação, "infinitas" possibilidades da forma, liberdade da fruição; há somente um feixe de resultados fruitivos rigidamente prefixados e condicionados, de maneira que a reação interpretativa do leitor não escape jamais ao controle do autor. Eis como se exprime Dante na décima terceira *Epístola*:

> Esta maneira de tratamento, para que seja mais clara, pode ser vista nos versos: *In exitu Israel de Egypto, domus Jacob de populo barbaro, facta est Judea santificatio ejus, Israel potestas ejus*. De fato, se os considerarmos ao pé da letra, significam a saída dos filhos de Israel do Egito, ao tempo de Moisés; se considerarmos sua alegoria, significam nossa redenção por obra de Cristo; se considerarmos seu sentido moral, significam a conversão da alma, do luto e da miséria do pecado ao estado de graça; se considerarmos seu sentido anagógico, significam a saída da alma santa da servidão desta corrupção para a liberdade da glória eterna.

Está claro que não há outras leituras possíveis: o intérprete pode orientar-se mais para um sentido do que para outro, no âmbito dessa frase de quatro estratos, mas sempre segundo regras de univocidade necessária e preestabelecida. O significado das figuras alegóricas e dos emblemas que o medieval encontrará em suas leituras está fixado pelas enciclopédias, pelos bestiários e pelos lapidários da época; a simbólica é objetiva e institucional[4]. A essa poética do unívoco e do necessário subordina-se um cosmo ordenado, uma hierarquia de entes e leis que o discurso poético pode aclarar em mais níveis, mas que cada qual deve entender da única maneira possível, que é a instituída pelo *logos* criador. A ordem da obra de arte é a mesma de uma sociedade imperial e teocrática; as regras de leitura são regras de um governo autoritário, que guiam o homem em cada um de seus atos, prescrevendo-lhe os fins e oferecendo-lhe os meios para realizá-los.

Não que as *quatro* possibilidades do discurso alegórico sejam quantitativamente mais limitadas do que as *muitas* possibilidades oferecidas por uma obra "aberta" contemporânea: tal como tentaremos mostrar, essas experiências diferentes subentendem uma diferente visão do mundo.

Num rápido escorço histórico encontramos um aspecto evidente de "abertura" (na moderna acepção do termo) na "forma aberta" barroca. Nesta, nega-se justamente a definitude estática e inequívoca da forma clássica renascentista, do espaço desenvolvido em torno de um eixo central, delimitado por linhas simétricas e ângulos fechados, convergentes para o centro, de modo a sugerir mais uma ideia de eternidade "essencial" do que de movimento. A forma barroca, pelo contrário, é dinâmica, tende a uma indeterminação de efeito (em seu jogo de cheios e vazios, de luz e sombra, com suas

---

4. Paul Ricoeur, em "Structure et Herméneutique", *Esprit*, de novembro de 1963, sugere que a polissemia do símbolo medieval (que pode referir-se indiferentemente a realidades opostas – veja-se um catálogo dessas oscilações em Réau, *Iconographie de l'art chrétien,* Paris, 1953) não é interpretável com base num repertório abstrato (exatamente bestiário ou lapidário), mas sim no sistema de relações, na *ordo* de um texto (de um contexto) relacionada ao Livro Sagrado, que orientaria a procura das chaves de leitura. Daí a atividade do intérprete medieval que exerce, no confronto com os outros livros, ou com o Livro da natureza, uma atividade hermenêutica. Isso não impede que os lapidários, por exemplo, oferecendo as diversas possibilidades de interpretação de um mesmo símbolo, já se constituam numa base de decodificação e que o próprio Livro Sagrado possa ser entendido como "código" que institui algumas direções de leitura, excluindo outras.

curvas, suas quebras, os ângulos nas inclinações mais diversas) e sugere uma progressiva dilatação do espaço; a procura do movimento e da ilusão faz com que as massas plásticas barrocas nunca permitam uma visão privilegiada, frontal, definida, mas induzam o observador a deslocar-se continuamente para ver a obra sob aspectos sempre novos, como se ela estivesse em contínua mutação. Se a espiritualidade barroca é encarada como a primeira manifestação clara da cultura e da sensibilidade modernas, é porque nela o homem se subtrai, pela primeira vez, ao hábito do canônico (garantido pela ordem cósmica e pela estabilidade das essências) e se defronta, na arte como na ciência, com um mundo em movimento que exige dele atos de invenção. As poéticas do *pasmo*, do *gênio*, da *metáfora*, visam, no fundo, além de suas aparências bizantinas, a estabelecer essa tarefa inventiva do homem novo, que vê na obra de arte, não um objeto baseado em relações evidentes, a ser desfrutado como belo, mas um mistério a investigar, uma missão a cumprir, um estímulo à vivacidade da imaginação[5]. Contudo, também estas são conclusões alcançadas pela crítica hodierna e que a estética, hoje, pode coordenar em leis, porém, seria leviano ver na poética barroca uma teorização consciente da obra "aberta".

Entre classicismo e iluminismo, enfim, vai-se delineando uma ideia de "poesia pura" justamente porque a negação das ideias gerais, das leis abstratas, levada a cabo pelo empirismo inglês, vem afirmar a "liberdade" do poeta, e prenuncia, portanto, uma temática da "criação". Das afirmações de Burke sobre o poder emocional das palavras, chega-se às de Novalis sobre o poder puramente evocativo da poesia como arte do sentido vago e do significado impreciso. Uma ideia se afigura então tanto mais individual e estimulante "quanto mais numerosos forem os pensamentos, mundos e atitudes

---

5. Para uma análise do barroco como inquietude e manifestação da sensibilidade moderna, veja-se as páginas de Luciano Anceschi em *Barocco e Novecento*, Milano: Rusconi e Paolazzi, 1960. Sobre o valor estimulante das pesquisas de Anceschi para uma história da obra aberta, procurei falar no n. III, 1960, da *Rivista di Estetica*.

que nela se cruzam e se tocam. Quando uma obra apresenta diversos pretextos, muitos significados e sobretudo muitas faces e muitas maneiras de ser compreendida e amada, então certamente ela é interessantíssima, então é uma cristalina expressão da personalidade"[6].

Concluindo a parábola romântica, a primeira vez que aparece uma poética consciente da obra "aberta" é no simbolismo da segunda metade de 1800. A *Art poétique* de Verlaine é bastante explícita a respeito:

> De la musique avant toute chose,
> et pour cela préfère l'impair
> plus vague et plus soluble dans l'air
> sans rien en lui qui pèse et qui pose.
> ....
> Car nous voulons la nuance encore,
> pas la couleur, rien que la nuance!
> Oh! la nuance, seule fiance
> le rêve au rêve et la flûte au cor!
> De la musique encore et toujours!
> Que ton vers soit la chose envolée
> qu'on sent qui fuit d'une âme en allée
> vers d'autres cieux et d'autres amours.
> Que ton vers soit la bonne aventure
> éparse au vent crispé du matin
> qui va fleurant la menthe et le thym...
> Et tout le reste est littérature.*

---

6. Sobre a evolução, nesse sentido, das poéticas pré-românticas e românticas, ver ainda L. Anceschi, *Autonomia ed eteronomia dell'arte.* 2. ed., Firenze: Vallecchi, 1959.

* Antes de tudo, a Música. Preza / Portanto, o Ímpar. Só cabe usar / O que é mais vago e solúvel no ar / Sem nada em si que pousa ou que pesa. // [...] // Pois a Nuance é que leva a palma, / Nada de Cor, somente a nuance! / nuance, só, que nos afiance / o sonho ao sonho e a flauta na alma! // [...] // Música ainda, e eternamente! / Que teu verso seja o voo alto / Que se desprende da alma no salto / Para outros céus e para outra mente. // Que teu verso seja a aventura / Esparsa ao árdego ar da manhã / Que enche de aroma ótimo e a hortelã... / E todo o resto é literatura. (Tradução de Augusto de Campos, *O Anticrítico*, São Paulo: Companhia das Letras, 1986, p 147.) (N. da E.)

Ainda mais extremas e empenhadas são as afirmações de Mallarmé: "nommer un object c'est supprimer les trois quarts de la jouissance du poème, qui est faite du bonheur de deviner peu à peu: le suggérer... voilà le rêve..."*. *É preciso evitar que um sentido único se imponha de chofre*: o espaço branco em torno da palavra, o jogo tipográfico, a composição espacial do texto poético, contribuem para envolver o termo num halo de indefinição, para impregná-lo de mil sugestões diversas.

Com essa poética da sugestão, a obra se coloca intencionalmente aberta à livre reação do fruidor. A obra que "sugere" realiza-se de cada vez carregando-se das contribuições emotivas e imaginativas do intérprete. Se em cada leitura poética temos um mundo pessoal que tenta adaptar-se fielmente ao mundo do texto, nas obras poéticas deliberadamente baseadas na sugestão o texto se propõe estimular justamente o mundo pessoal do intérprete, para que este extraia de sua interioridade uma resposta profunda, elaborada por misteriosas consonâncias. Além das intenções metafísicas ou da preciosa e decadente disposição de espírito que move tais poéticas, o mecanismo fruitivo revela esse gênero de "abertura".

Nessa linha, grande parte da literatura contemporânea baseia-se no uso do símbolo como comunicação do indefinido, aberta a reações e compreensões sempre novas. Facilmente podemos pensar na obra de Kafka como uma obra "aberta" por excelência: processo, castelo, espera, condenação, doença, metamorfose, tortura, não são situações a serem entendidas em seu significado literal imediato. Mas, ao contrário das construções alegóricas medievais, aqui os sobre-sentidos não são dados de modo unívoco, não são garantidos por enciclopédia alguma, não repousam sobre nenhuma ordem do mundo. As várias interpretações, existencialistas, teológicas, clínicas, psicanalíticas dos símbolos

---

* Em tradução livre: "denominar um objeto é suprimir três quartos da fruição do poema, que é feita da felicidade de adivinhá-lo pouco a pouco: sugeri-lo... eis o sonho..." (N. da T.)

kafkianos só em parte esgotam as possibilidades da obra: na realidade, a obra permanece inesgotada e aberta enquanto "ambígua", pois a um mundo ordenado segundo leis universalmente reconhecidas substituiu-se um mundo fundado sobre a ambiguidade, quer no sentido negativo de uma carência de centros de orientação, quer no sentido positivo de uma contínua revisibilidade dos valores e das certezas.

Dessa maneira, mesmo onde é difícil estabelecer se havia, no autor, intenção simbólica e tendência ao indeterminado ou ao ambíguo, certa poética crítica encarrega-se hoje de ver toda a literatura contemporânea como estruturada em eficazes aparatos simbólicos. Num livro sobre o símbolo literário, W.Y. Tindall, através da análise das maiores obras da literatura moderna, visa a tornar teórica e experimentalmente definitiva a afirmação de Paul Valéry – "il n'y a pas de vrai sens d'un texte" – até concluir que uma obra de arte é uma estrutura que qualquer pessoa, inclusive seu autor, pode "usar" como bem entender. Esse tipo de crítica visa, portanto, a considerar a obra literária como contínua possibilidade de aberturas, reserva indefinida de significados; e sob esse prisma cumpre encarar todos os estudos norte-americanos sobre a estrutura da metáfora e sobre os vários "tipos de ambiguidade" oferecidos pelo discurso poético[7].

É supérfluo lembrar aqui ao leitor, como exemplo máximo de obra "aberta" – com o intuito justamente de proporcionar uma imagem de certa condição existencial e ontológica do mundo contemporâneo –, a obra de James Joyce. Em *Ulisses*, um capítulo como "Wandering Rocks" (Os Rochedos Serpeantes) constitui um pequeno universo observável dentro de perspectivas sempre novas, onde desapareceu totalmente o último vestígio de uma poética de

---

7. Veja-se W.Y. Tindall, *The Literary Symbol*, New York: Columbia University Press, 1955. Para um desenvolvimento atual das ideias de Valéry, ver Gérard Genette, *Figures*, Paris: Seuil, 1966 (especialmente "La Littérature comme telle"). Para uma análise da relevância estética da noção de ambiguidade, ver as importantes observações e as referências bibliográficas em Gillo Dorfles, *Il divenire delle arli*, Torino: Einaudi, 1959, p. 51s.

molde aristotélico, e com ela um decurso unívoco do tempo dentro de um espaço homogêneo. Como disse Edmund Wilson:

> Sua força [de *Ulisses*], ao invés de acompanhar uma linha, expande-se a si mesma em todas as dimensões (inclusive a do Tempo) em torno de um único ponto. O mundo de *Ulisses* é animado por uma vida complexa e inexaurível: revisitamo-lo tal com faríamos com uma cidade, à qual voltamos mais vezes para reconhecer os rostos, compreender as personalidades, estabelecer relações e correntes de interesses. Joyce desenvolveu considerável mestria técnica para apresentar-nos os elementos de sua história numa ordem tal que nos torne capazes de encontrar sozinhos os nossos caminhos: duvido bastante que uma memória humana consiga satisfazer todas as exigências de *Ulisses*, na primeira leitura. E, quando voltamos a lê-lo, podemos começar de um ponto qualquer, como se nos defrontássemos com algo de sólido, como uma cidade que existe realmente no espaço e na qual se pode entrar por onde quer que se queira – aliás, o próprio Joyce declarou, ao compor o livro, ter trabalhado simultaneamente em várias de suas partes.[8]

Em *Finnegans Wake* encontramo-nos enfim, verdadeiramente, na presença de um cosmo einsteiniano, curvado sobre si mesmo – a palavra inicial une-se à palavra final – e portanto *acabado*, mas por isso mesmo *ilimitado*. Todo acontecimento, toda palavra, encontra-se numa relação possível com todos os outros e é da escolha semântica efetuada em presença de um termo que depende o modo de entender todos os demais. Isso não significa que a obra não tenha um sentido: se Joyce introduz nela certas chaves é justamente por desejar que a obra seja lida num sentido determinado. Mas esse "sentido" tem a riqueza do cosmo, e o autor quer, ambiciosamente, que ele implique a totalidade do espaço e do tempo – dos espaços e dos tempos possíveis. O instrumento-mor dessa ambiguidade integral é o *pun*, o *calembour*: onde duas, três, dez raízes diferentes se combinam de

---

8. *Axel's Castle*, London/New York: Scribner's Sons, 1931, p. 210 da edição de 1950. (Trad. italiana: *Il castello di Axel*, Milano: II Saggiatore, 1965.)

forma que uma única palavra se torne um nó de significados, cada qual podendo encontrar-se e correlacionar-se com outros centros de alusão abertos ainda a novas constelações e probabilidades de leitura. Para definirmos a situação do leitor de *Finnegans Wake* parece-nos servir perfeitamente a descrição dada por Pousseur da situação do indivíduo que ouve uma composição serial pós-dodecafônica:

> Já que os fenômenos não mais estão concatenados uns aos outros segundo um determinismo consequente, cabe ao ouvinte colocar-se voluntariamente no centro de uma rede de relações inexauríveis, escolhendo, por assim dizer, ele próprio (embora ciente de que sua escolha é condicionada pelo objeto visado), seus graus de aproximação, seus pontos de encontro, sua escala de referências; é ele, agora, que se dispõe a utilizar simultaneamente a maior quantidade de graduações e de dimensões possíveis, a dinamizar, a multiplicar, a estender ao máximo seus instrumentos de assimilação.[9]

E com essa citação fica sublinhada, como se disso houvesse necessidade, a convergência de todo o nosso discurso para um ponto único de interesse, e a unidade da problemática da obra "aberta" no mundo contemporâneo.

Não que o convite à abertura se manifeste exclusivamente no plano da sugestão indefinida e da solicitação emotiva. Se examinarmos a poética teatral de Bertolt Brecht, encontraremos uma concepção da ação dramática como exposição problemática de determinadas situações de tensão; propostas essas situações – segundo a conhecida técnica da recitação "épica", que não quer sugestionar o espectador, mas apresentar-lhe de modo distanciado, *estranhado, os* fatos a observar – a dramaturgia brechtiana, em suas expressões mais rigorosas, não elabora soluções; caberá ao espectador tirar conclusões críticas daquilo que viu. Os dramas de Brecht também terminam numa situação de *ambiguidade* (típico, e maior entre todos, *Galileu*): aqui, porém, já não se trata da ambiguidade mórbida de um

9. Op. cit., p. 25.

78

infinito entrevisto ou de um mistério sofrido na angústia, mas da mesma ambiguidade concreta da existência social como choque de problemas não resolvidos, para os quais é preciso encontrar uma solução. Aqui a obra é "aberta" como é "aberto" um debate: a solução é esperada e auspiciada, mas deve brotar da ajuda consciente do público. A abertura faz--se instrumento de pedagogia revolucionária.

Em todos os fenômenos examinados, a categoria de "abertura" era empregada para definir situações amiúde diversas, mas no conjunto os tipos de obra estudados diferenciam-se todos das obras dos músicos pós-webernianos que submetemos a exame no início. Sem dúvida, do barroco às atuais poéticas do símbolo, foi-se definindo cada vez mais um conceito de obra de resultado não unívoco, mas os exemplos examinados no parágrafo anterior nos propunham uma "abertura" baseada na colaboração *teorética*, *mental*, do fruidor, o qual deve interpretar livremente um fato de arte *já produzido*, já organizado segundo uma completude estrutural (ainda que estruturado de forma a tornar-se indefinidamente interpretável). Ao contrário, uma composição como *Trocas*, de Pousseur, representa algo de ulterior: enquanto que, ao ouvir uma obra de Webern, o ouvinte reorganiza livremente e frui uma série de relações no âmbito do universo sonoro que lhe é oferecido (e já completamente produzido), em *Trocas* o fruidor organiza e estrutura, no próprio campo da produção e da *manualidade*, o discurso musical. Colabora para *fazer* a obra.

Não pretendemos afirmar que essa diferença subsequente qualifique a obra como mais ou menos válida em relação às *já feitas*: em todo o presente discurso acham-se em questão diversas poéticas avaliadas pela situação cultural que refletem e constituem, independentemente de qualquer juízo de validade estética dos produtos; é evidente, contudo, que uma composição do tipo de *Trocas* (ou outras já mencionadas) levante um problema novo, induzindo-nos a reconhecer, no âmbito das obras "abertas", uma categoria mais restrita de obras que, por sua capacidade de assumir diversas estruturas imprevistas, fisicamente irrealizadas, poderíamos definir como "obras em movimento".

O fenômeno da *obra em movimento*, na presente situação cultural, não está absolutamente limitado ao âmbito musical, mas oferece interessantes manifestações no campo das artes plásticas, onde encontramos hoje objetos artísticos que trazem em si mesmos como que uma mobilidade, uma capacidade de reproduzir-se caleidoscopicamente aos olhos do fruidor como eternamente novos. Em nível mais restrito, podemos lembrar os *mobiles* de Calder ou de outros autores, estruturas elementares que possuem justamente a capacidade de mover-se no ar, assumindo disposições espaciais diversas, criando continuamente seu próprio espaço e suas próprias dimensões. Em nível mais amplo, lembramos a nova Faculdade de Arquitetura da Universidade de Caracas, definida como "a escola a inventar todos os dias": as salas dessa escola são constituídas de painéis móveis, de modo que professores e alunos, consoante o problema arquitetônico e urbanístico em exame, constroem o ambiente de estudo apropriado, modificando continuamente a estrutura interna do edifício[10]. Ainda, Bruno Munari idealizou um novo e original gênero de pintura em movimento, com efeitos verdadeiramente surpreendentes: projetando, mediante uma lanterna mágica comum, um *collage* de elementos plásticos (uma espécie de composição abstrata obtida pela justaposição ou pelo encrespamento de folhas finíssimas de material incolor, de linhas diversas), e fazendo passar os raios luminosos através de uma lente polaroide, obtém-se sobre a tela uma composição de intensa beleza cromática; pondo, em seguida, a girar vagarosamente a lente polaroide, a figura projetada muda gradativamente suas cores, passando por toda a gama do arco-íris e realizando, através da reação cromática dos diversos materiais plásticos e das

---

10. Ver Bruno Zevi, Una scuola da inventare ogni giorno, *L'Espresso*, 2 fev. 1958.

diferentes camadas de que são constituídos, uma série de metamorfoses que incidem inclusive sobre a própria estrutura plástica da forma. Regulando a seu critério a lente giratória, o fruidor colabora efetivamente para uma criação do objeto estético, pelo menos no âmbito do campo de possibilidades que lhe permitem a existência de uma gama de cores e a predisposição plástica dos diapositivos.

Por seu turno, o desenho industrial nos oferece exemplos menores, mas evidentes, de obras em movimento com certos objetos de decoração, lâmpadas articuladas, estantes recomponíveis em formas diferentes, poltronas capazes de metamorfoses de insofismável dignidade estilística, permitindo ao homem de hoje produzir e dispor ele próprio as formas entre as quais vive, conforme o seu próprio gosto e as exigências de uso.

Se nos voltarmos ao setor literário para procurar um exemplo de *obra em movimento*, encontraremos, em lugar de um *pendant* contemporâneo, uma antecipação já clássica: trata-se do *Livre* de Mallarmé, a obra colossal e total, a Obra por excelência que, para o poeta, devia constituir não somente o objetivo último de sua própria atividade, mas o próprio objetivo do mundo: "Le monde existe pour aboutir à un livre". Mallarmé não levou a cabo essa obra, embora nela trabalhasse a vida inteira, mas existem seus esboços, recentemente trazidos à luz por um sagaz trabalho de filologia[11]. As intenções metafísicas subjacentes a essa empresa são amplas e discutíveis; permitam-nos pô-las de lado, para tomar em consideração tão somente a estrutura dinâmica desse objeto artístico, que pretende realizar um ditame de poética bem definido: "un livre ni commence ni ne finit; tout au plus fait-il semblant". O *Livre* devia ser um monumento móvel, e não só no sentido em que era móvel e "aberta" uma composição como o *Coup de dès*, onde gramática, sintaxe e disposição

---

11. Jacques Scherer, Le "Livre" de Mallarmé: Premières recherches sur des documents inédits, Paris: Gallimard, 1957. Ver especialmente o cap. 3, Physique du Livre.

tipográfica do texto introduziam uma polimorfa pluralidade de elementos em relação não determinada.

No *Livre* as próprias páginas não deveriam obedecer a uma ordem fixa: deveriam ser agrupáveis em ordens diversas, consoante leis de *permutação*. Estabelecida uma série de fascículos independentes (não reunidos por uma paginação que determinasse sua sequência), a primeira e a última página de um mesmo fascículo deveriam ser escritas numa única grande folha, dobrada em duas, que marcasse o início e o fim do fascículo: no interior dela deslocar-se-iam folhas soltas, simples, móveis, intercambiáveis, mas de tal maneira que, fosse qual fosse a ordem de sua colocação, o discurso possuísse um sentido completo. Evidentemente, o poeta não pretendia obter de cada combinação um sentido sintático e um significado discursivo: a própria estrutura das frases e das palavras isoladas, cada uma delas encarada como capaz de "sugerir" e de entrar em relação sugestiva com outras frases ou palavras, tornava possível a validade de cada permutação da ordem, provocando novas possibilidades de relação e, portanto, novos horizontes de sugestão. "Le volume, malgré l'impression fixe, devient, par ce jeu, mobile – de mort il devient vie." Uma análise combinatória equidistante dos jogos da última escolástica (e especialmente do lullismo) e das técnicas matemáticas modernas possibilitava ao poeta compreender como, de um número limitado de elementos estruturais móveis, poderia surgir a possibilidade de um número astronômico de combinações; o agrupamento da obra em fascículos, com certo limite imposto às possíveis permutações, embora "abrindo" o *Livre* a uma série amplíssima de ordens a escolher, amarrava-o a um campo de sugestividade a que, aliás, o autor já visava através do oferecimento de certos elementos verbais e da indicação de sua combinabilidade.

O fato de a mecânica combinatória pôr-se aqui a serviço de uma revelação de tipo órfico não influi na realidade estrutural do livro como objeto móvel e aberto (nisso, singularmente próximo a outras experiências já mencionadas e nascidas de outras intenções comunicativas e formativas). Permitindo a permutabilidade de elementos de um texto já por si só capaz de sugerir relações abertas, o *Livre* queria tornar-se um mundo em contínua fusão, que se renova continuamente aos olhos do leitor, mostrando aspectos sempre novos daquela poliedricidade do absoluto que tencionava, não diríamos expressar, mas substituir e realizar. Em tal estrutura, não se deveria encontrar nenhum sentido fixo, assim como não era prevista uma forma definitiva: se uma só passagem do livro tivesse um sentido definido, unívoco, inacessível às influências do contexto permutável, tal passagem teria bloqueado o mecanismo todo.

A utópica façanha de Mallarmé, complicada por aspirações e ingenuidades verdadeiramente desconcertantes, não foi levada a cabo; e não sabemos se, uma vez acabada, a experiência seria válida, ou se revelaria uma equívoca encarnação mística e esotérica de uma sensibilidade decadente ao fim de sua parábola. Inclinamo-nos para a segunda hipótese; mas certamente é interessante encontrar, ao alvorecer de nossa época, tão vigorosa sugestão de *obra em movimento*, sinal de que certas necessidades pairam no ar e, pelo simples fato de existirem, justificam-se e são explicadas como dados de cultura a serem integrados no panorama de uma época. Por isso se levou em consideração a experiência de Mallarmé, conquanto ligada a uma problemática bastante ambígua e historicamente bem delimitada, ao passo que as atuais *obras em movimento*, pelo contrário, procuram estabelecer relações de conveniência harmônicas e concretas e – como acontece com as recentes experiências musicais – tirocínios da sensibilidade e da imaginação, sem a pretensão de constituir sucedâneos órficos do conhecimento.

Com efeito, é sempre arriscado sustentar que a metáfora ou o símbolo poético, a realidade sonora ou a forma plástica constituem instrumentos de conhecimento do real mais profundos do que os instrumentos proporcionados pela lógica. O conhecimento do mundo tem na ciência seu canal autorizado, e toda aspiração do artista à vidência, ainda que poeticamente produtiva, contém sempre algo de equívoco. A arte, mais do que *conhecer* o mundo, *produz* complementos do mundo, formas autônomas que se acrescentam às existentes, exibindo leis próprias e vida pessoal. Entretanto, toda forma artística pode perfeitamente ser encarada, se não como substituto do conhecimento científico, como *metáfora epistemológica*: isso significa que, em cada século, o modo pelo qual as formas da arte se estruturam reflete – à guisa de similitude, de metaforização, resolução, justamente, do conceito em figura – o modo pelo qual a ciência ou, seja como for, a cultura da época veem a realidade.

A obra fechada e unívoca do artista medieval refletiu uma concepção do cosmo como hierarquia de ordens claras e predeterminadas. A obra como mensagem pedagógica, como estruturação monocêntrica e necessária (inclusive na própria férrea constrição interna de metros e de rimas), reflete uma ciência silogística, uma lógica da necessidade, uma consciência dedutiva pela qual o real pode manifestar-se aos poucos, sem imprevistos e numa única direção, partindo dos princípios primeiros da ciência que se identificam com os princípios primeiros da realidade. A abertura e o dinamismo barrocos assinalam, justamente, o advento de uma nova consciência científica: a substituição do *tátil* pelo *visual*, isto é, o prevalecer do aspecto subjetivo, o deslocar-se a atenção do *ser* para a *aparência* dos objetos arquitetônicos e pictóricos, por exemplo, nos lembra as novas filosofias e psicologias da impressão e da sensação, o empirismo que resolve numa série de percepções a realidade aristotélica da substância; e, por outro lado, o abandono do centro necessitante da composição, do ponto de vista privilegiado, acompanha a assimilação da visão copernicana do universo, que eliminou definitivamente o geocentrismo e todos os seus corolários metafísicos; no universo científico moderno, assim como na construção ou na pintura barrocas, as partes aparecem todas dotadas de igual valor e autoridade, e o todo aspira a dilatar-se até o infinito, não encontrando limites ou freios em nenhuma regra ideal do mundo, mas participando de uma geral aspiração à descoberta e ao contato sempre renovado com a realidade.

A "abertura" dos simbolistas decadentes reflete, a seu modo, um novo trabalho da cultura que vem descobrindo horizontes inesperados; e cumpre lembrar como certos projetos mallarmeanos sobre a decomponibilidade polidimensional do livro (que de bloco unitário deveria cindir-se em planos reversíveis e geradores de novas profundidades através da decomposição em blocos menores, por sua vez móveis e decomponíveis) trazem à memória o universo das novas geometrias não euclidianas.

Pelo que, não será ousado reencontrar na poética da obra "aberta" (e mais ainda, da *obra em movimento*), da obra que a cada fruição se apresenta sempre diferente de si mesma, as ressonâncias vagas ou definidas de algumas tendências da ciência contemporânea. Já se tornou lugar-comum da crítica mais atualizada a referência ao contínuo espaçotemporal para explicar a estrutura do universo de Joyce; e não é por acaso que Pousseur, para definir a natureza de sua composição, fala de "campo de possibilidades". Assim procedendo, ele usa dois conceitos tomados de empréstimo à cultura contemporânea e extremamente reveladores: a noção de campo lhe provém da física e subentende uma visão renovada das relações clássicas de causa e efeito unívoca e unidirecionalmente entendidas, implicando, pelo contrário, um complexo interagir de forças, uma constelação de eventos, um dinamismo de estrutura; a noção de possibilidade é uma noção filosófica que reflete toda uma tendência da ciência contemporânea, o abandono de uma visão estática e silogística da ordem, a abertura para uma plasticidade de decisões pessoais e para uma situacionalidade e historicidade dos valores.

O fato de que uma estrutura musical não mais determine obrigatoriamente a estrutura subsequente – o próprio fato de que, como já acontece na música serial, independentemente das tentativas de movimento físico da obra, não mais exista um centro tonal que permita inferir os movimentos sucessivos do discurso a partir das premissas formuladas anteriormente – deve ser encarado no plano geral de uma crise do princípio de causalidade. Num contexto cultural em que a lógica de dois valores (o *aut aut* clássico entre *verdadeiro* e *falso*, entre um dado e seu contraditório) não é mais único instrumento possível de conhecimento, mas onde se propõem lógicas de mais valores, que dão lugar, por exemplo, ao *indeterminado* como resultado válido da operação cognoscitiva, nesse contexto de ideias eis que se apresenta uma poética da obra de arte desprovida de resultado necessário e previsível, em que a liberdade do intérprete joga como elemento daquela *descontinuidade* que a física contemporânea reconheceu não mais como motivo de desorientação, mas como aspecto ineliminável de toda verificação científica e como comportamento verificável e insofismável do mundo subatômico.

Do *Livre* de Mallarmé até certas composições musicais examinadas, notamos a tendência a fazer com que cada execução da obra nunca coincida com uma definição última dessa obra; cada execução a explica, mas não a esgota, cada execução realiza a obra mas todas são complementares entre si, enfim, cada execução nos dá a obra de maneira completa e satisfatória mas ao mesmo tempo no-la dá incompleta, pois não nos oferece simultaneamente todos os demais resultados com que a obra poderia identificar-se. Seria casual o fato de tais poéticas serem contemporâneas ao princípio físico da *complementaridade*, segundo o qual não é possível indicar simultaneamente diversos comportamentos de uma partícula elementar, e para descrever esses comportamentos diversos valem diversos *modelos*, que "são, portanto justos quando utilizados no lugar apropriado, mas se contradizem entre si e se chamam, por isso, reciprocamente complementares"[12]? Não poderíamos ser levados a afirmar, a respeito dessas obras de arte, como o faz o cientista com a sua peculiar situação experimental, que o

---

12. Werner Heisenberg, *Natura e fisica moderna*, Milano: Garzanti, 1957, p. 34.

conhecimento incompleto de um sistema é o componente
essencial de sua formulação, e que

os dados obtidos em condições experimentais diversas não podem
ser englobados numa única imagem, mas devem ser considerados
complementares, no sentido de que somente a totalidade dos fenômenos esgota a possibilidade de informações sobre os objetos?[13]

Falou-se acima de ambiguidade como disposição moral
e contraste problemático: e hoje, tanto a psicologia como a
fenomenologia falam também de *ambiguidades perceptivas*
como possibilidades de colocar-se aquém da convencionalidade do conhecer habitual para colher o mundo com o viço
de possibilidades que antecede cada estabilização devida ao
uso e ao hábito. Já Edmund Husserl advertia que

cada momento de vida de consciência tem um horizonte que varia
com o mudar da sua conexão de consciência e com o mudar da
sua fase de desenvolvimento [...] Por exemplo, em cada percepção externa, os dados *propriamente percebidos* do objeto de percepção contêm uma indicação dos lados ainda somente entendidos de
maneira secundária, não ainda percebidos, mas apenas antecipados
no modo da expectativa e também na ausência de toda intuição –
como aspectos que ainda estão "por vir" na percepção. É esta uma
protensão contínua, que adquire um sentido novo em cada fase da
percepção. Além disso, a percepção possui horizontes que contam

---

13. Niels Bohr, Discussione epistemologica con Einstein, em AAVV, *Albert
Einstein, scienziato e filosofo*, Torino: Einaudi, 1958, p. 157. Com acerto os epis-
temólogos ligados à metodologia quântica alertaram contra uma ingênua
transposição das categorias físicas para o campo ético e psicológico (identificação do indeterminismo com a liberdade moral etc.; ver, por ex., Philipp
Frank, *Present Role of Science*, relatório introdutivo ao XII Congresso Internacional de Filosofia, Veneza, setembro de 1958). Não seria legítimo, portanto, entender a nossa como uma analogia entre as estruturas da obra de
arte e as pressupostas estruturas do mundo. Indeterminação, complementaridade, não casualidade, não são *modos de ser* do mundo físico, são *sistemas de descrição* úteis para operar nele. Por conseguinte, a relação que nos
interessa não é aquela – presumida – entre uma situação "ontológica" e uma
qualidade morfológica da obra, mas a relação entre um modo de explicar
operativamente os processos físicos e um modo de explicar operativamente
os processos de produção e fruição artística. Relação, portanto, entre uma
metodologia científica e uma *poética* (explícita ou implícita).

outras possibilidades de percepção, e são aquelas possibilidades que poderíamos ter se dirigíssemos o processo da percepção em outro sentido, isto é, se dirigíssemos o olhar não deste, mas de outro modo, se fôssemos para a frente, ou para o lado, e assim por diante[14].

E Sartre lembra que o existente não pode reduzir-se a uma série finita de manifestações, pois cada uma delas está em relação com um sujeito em contínua mutação. Assim, um objeto não somente apresenta diversas *Abschattungen* (ou perfis), mas são possíveis diversos pontos de vista sobre uma única *Abschattung*. O objeto, para ser definido, deve ser transcendido em direção à série total da qual ele, enquanto uma das possíveis aparições, é membro. Nesse sentido, ao dualismo tradicional de ser e parecer substitui-se uma bipolaridade de finito e infinito, de tal modo que o infinito se põe no próprio coração do finito. Esse tipo de "abertura" está na base mesma de cada ato perceptivo e caracteriza cada momento de nossa experiência cognoscitiva: cada fenômeno pareceria assim "habitado" por certa *potência*, a "potência de ser desenvolvido numa série de aparições reais ou possíveis". O problema da relação do fenômeno com seu fundamento ontológico, dentro de uma perspectiva de abertura perceptiva, transforma-se no problema de relação do fenômeno com a plurivalência das percepções que dele podemos ter[15]. Essa situação acentua-se no pensamento de Merleau-Ponty:

14. *Meditazioni Cartesiane*, trad. F. Costa, Milano: Bompiani, 1960, p. 91. Há em Husserl, vivíssima, a noção de um objeto que é forma acabada, individuável como tal e contudo "aberta": "O cubo, por, exemplo, deixa aberta uma variedade de determinações, pelos lados que não são atualmente vistos, entretanto é apreendido exatamente *como um cubo*, especificamente como colorido, áspero etc., mesmo antes de explicitações ulteriores, e cada determinação em que ele é apreendido deixa sempre abertas outras tantas determinações particulares. Este 'deixar aberto' já é, antes mesmo das efetivas determinações ulteriores que talvez nunca sejam feitas, um momento contido no relativo momento de consciência, e é justamente o que constitui o *horizonte*." (p. 92).

15. J.P. Sartre, *L'essere e il nulla*, trad. G. Del Bo, Milano, 1959. Sartre contemporaneamente percebe a equivalência entre essa situação perceptiva, constitutiva de todo nosso conhecimento, e a relação cognoscitivo-interpretativa que mantemos com a obra de arte: "O gênio de Proust, embora

como poderá então [pergunta-se o filósofo] uma coisa *apresentar--se* verdadeiramente a nós, já que a síntese nunca se completa [...] Como posso ter a experiência do mundo como de um indivíduo existente em ação, quando nenhuma das perspectivas segundo as quais o vejo consegue esgotá-lo e quando os horizontes estão sempre *abertos*? [...] A crença na coisa e no mundo não pode senão subentender a presunção de uma síntese acabada – e, entretanto esse acabamento torna-se impossível pela própria natureza das perspectivas a correlacionar, pois cada uma delas remete continuamente através de seus horizontes a outras perspectivas [...] A contradição que encontramos entre a realidade do mundo e seu inacabamento é a própria contradição entre a ubiquidade da consciência e seu engajar-se num campo de presença [...] Essa ambiguidade não é uma imperfeição da consciência ou da existência, mas é sua própria definição [...] A consciência, que passa por ser o lugar da clareza, é, ao contrário, o próprio lugar do equívoco[16].

Tais são os problemas que a fenomenologia coloca na própria base de nossa situação de homens no mundo; propondo ao artista, assim como ao filósofo e ao psicólogo, afirmações que não podem deixar de ter uma função de estímulo à sua atividade formativa: "É portanto essencial à coisa e ao mundo apresentarem-se como 'abertos' [...] prometer sempre 'algo mais a ver'."[17]

Poder-se-ia perfeitamente pensar que essa fuga da necessidade segura e sólida e essa tendência ao ambíguo e ao indeterminado refletem uma condição de crise do nosso tempo; ou então, ao contrário, que essas poéticas, em harmonia com a ciência de hoje, exprimem as possibilidades positivas de um homem aberto a uma renovação contínua de seus esquemas de vida e saber, produtivamente empenhado num progresso de suas faculdades e de seus horizontes. Seja-nos permitido subtrair-nos a essa contraposição tão fácil e maniqueísta, e limitemo-nos, aqui a apontar

reduzido às obras produzidas, não equivale menos à infinidade dos pontos de vista possíveis que se poderão assumir em torno desta obra e que serão chamados 'a inesgotabilidade' da obra proustiana." (p. 12)

16. *Phénoménologie de la perception*, Paris: Gallimard, 1945, p. 381-383.

17. Idem, p. 384.

concordâncias ou, pelo menos, consonâncias; consonâncias que revelam uma correspondência de problemas dos mais diversos setores da cultura contemporânea, indicando os elementos comuns de uma nova visão do mundo.

Trata-se de uma convergência de problemas e de exigências que as formas da arte refletem através do que poderíamos definir como *analogias de estrutura*, sem que, contudo, se devam ou se possam instaurar paralelos rigorosos[18]. Acontece assim que fenômenos como os das obras em movimento reflitam ao mesmo tempo situações epistemológicas contrastantes entre si, contraditórias ou ainda não conciliadas. Acontece, por exemplo, que, enquanto abertura e dinamismo de uma obra lembram as noções de indeterminação e descontinuidade, próprias da física quântica, os mesmos fenômenos aparecem simultaneamente como imagens sugestivas de algumas situações da física einsteiniana.

O mundo multipolar de uma composição serial[19] onde o fruidor, não condicionado por um centro absoluto, constitui seu sistema de relações fazendo-o emergir de um contínuo sonoro, em que não existem pontos privilegiados, mas todas as perspectivas são igualmente válidas e ricas de

---

18. Está fora de dúvida que é perigoso estabelecer simples analogias; mas é igualmente perigoso recusar a individualizar certas relações por uma injustificada fobia às analogias, próprias dos espíritos simples ou das inteligências conservadoras. Gostaríamos de lembrar uma frase de Roman Jakobson: "Aqueles que se amedrontam facilmente com as analogias arriscadas, responderei que também detesto fazer analogias perigosas: mas adoro as analogias fecundas." (*Essais de linguistique générale*, Paris: Minuit, 1963, p. 38) Uma analogia deixa de ser indevida quando é colocada como ponto de partida para uma verificação ulterior: o problema agora consiste em reduzir os diversos fenômenos (estéticos e não) a *modelos estruturais* mais rigorosos para neles individuar não mais analogias, mas *homologias* de estrutura, similaridades estruturais. Estamos cônscios do fato de que as pesquisas deste livro ainda estão aquém de uma formalização de tal gênero, que requer um método mais rigoroso, a renúncia a numerosos níveis da obra, a coragem de empobrecer ulteriormente os fenômenos para deles obter um modelo mais manuseável. Continuamos pensando nestes ensaios como numa introdução geral a um trabalho assim.

19. Sobre este "éclatement multidirectionel des structures" ver também A. Boucourechliev, Problèmes de la musique moderne, NRF, dez. 1960-jan. 1961.

90

possibilidades – parece muito próximo do universo espaçotemporal imaginado por Einstein, no qual

tudo aquilo que para cada um de nós constitui o passado, o presente, o futuro é dado em bloco, e o conjunto dos acontecimentos sucessivos (do nosso ponto de vista) que constitui a existência de uma partícula material é representado por uma linha, a linha de universo da partícula [...] Cada observador, com o passar de seu tempo, descobre, por assim dizer, novas porções do espaço-tempo, que se lhe apresentam como aspectos sucessivos do mundo material, embora, na realidade, o conjunto dos eventos que constituem o espaço-tempo já existisse antes de ser conhecido[20].

O que diferencia a visão einsteiniana da epistemologia quântica é, no fundo, justamente essa confiança na totalidade do universo, um universo em que descontinuidade e indeterminação podem, em última análise, desconcertar-nos com sua imprevista aparição, mas que na realidade, para usarmos as palavras de Einstein, não pressupõem um Deus que joga dados, mas o Deus de Spinoza, que rege o mundo com leis perfeitas. Nesse universo, a relatividade é constituída pela infinita variabilidade da experiência, pela infinidade das mensurações e das perspectivas possíveis, mas a objetividade do todo reside na invariância das descrições simples formais (das equações diferenciais) que estabelecem exatamente a relatividade das mensurações empíricas. Aqui não nos cabe julgar da validade científica dessa implícita metafísica einsteiniana; mas o fato é que existe uma sugestiva analogia entre esse universo e o universo da *obra em movimento*. O Deus de Spinoza, que na metafísica einsteiniana é somente um dado de confiança extra-experimental, para a obra de arte torna-se uma realidade de fato e coincide com a obra ordenadora do autor. Este, numa poética da *obra em movimento*, pode perfeitamente produzir em vista de um convite à liberdade interpretativa, à feliz indeterminação dos resultados, à descontínua imprevisibilidade

20. Louis de Broglie, L'opera scientifica di A. Einstein, em AAVV, *Albert Einstein, scienziato e filosofo*, p. 64.

das escolhas subtraídas à necessidade, mas esta *possibilidade* para a *qual se abre* a obra é tal no âmbito de um *campo* de relações. Como no universo einsteiniano, na *obra em movimento* o negar que haja uma única experiência privilegiada não implica o caos das relações, mas a regra que permite a organização das relações. A *obra em movimento*, em suma, é possibilidade de uma multiplicidade de intervenções pessoais, mas não é convite amorfo à intervenção indiscriminada: é o convite, não necessário nem unívoco à intervenção orientada, a nos inserirmos livremente num mundo que, contudo, é sempre aquele desejado pelo autor.

O autor oferece, em suma, ao fruidor uma obra *a acabar*: não sabe exatamente de que maneira a obra poderá ser levada a termo, mas sabe que a obra levada a termo será, sempre e apesar de tudo, a *sua* obra, não outra, e que ao terminar o diálogo interpretativo ter-se-á concretizado uma forma que é a *sua* forma, ainda que organizada por outra de um modo que não podia prever completamente, pois ele, substancialmente, havia proposto algumas possibilidades já racionalmente organizadas, orientadas e dotadas de exigências orgânicas de desenvolvimento.

A *Sequenza*, de Berio, executada por dois flautistas diferentes, o *Klavierstück* xi de Stockhausen ou os *Mobiles* de Pousseur executados por diferentes pianistas (ou tocados duas vezes pelos mesmos executantes) nunca parecerão iguais, mas jamais serão algo de absolutamente gratuito. Deverão ser entendidos como realizações de fato de uma *formatividade* fortemente individualizada cujos pressupostos estavam nos dados originais oferecidos pelo artista.

Isso acontece com as obras musicais já examinadas, isso acontece com as produções plásticas que tomamos em consideração: onde a mutabilidade é sempre orientada no âmbito de um gosto, de determinadas tendências formais; e é, enfim, permitida e orientada por articulabilidades concretas do material oferecido à manipulação. Em outro campo, o drama brechtiano, apelando para a livre resposta do espectador, é construído, entretanto (como aparato retórico e eficácia argumentativa) de forma a estimular uma resposta orientada, pressupondo enfim – como se evidencia em certas páginas da poética brechtiana – uma lógica de tipo dialético-marxista como fundamento das respostas possíveis.

Todos os exemplos de obras "abertas" e *em movimento* apontados por nós revelam esse aspecto fundamental pelo qual elas surgem, apesar de tudo, como "obras" e não como coágulos de elementos casuais prontos a emergir do caos em que estão, para se tornarem uma forma qualquer.

O dicionário, que nos apresenta milhares de palavras com as quais livremente podemos compor poemas e tratados físicos, cartas anônimas ou listas de gêneros alimentícios, é muito "aberto" a qualquer recomposição do material que exibe, mas não é uma *obra*. A *abertura* e o dinamismo de uma obra, ao contrário, consistem em tornar-se disponível a várias integrações, complementos produtivos concretos, canalizando-os *a priori* para o jogo de uma vitalidade estrutural que a obra possui, embora inacabada, e que parece válida também em vista de resultados diversos e múltiplos.

Isso deve ser sublinhado porque quando se fala em obra de arte nossa consciência estética ocidental exige que por "obra" se entenda uma produção pessoal que, embora as fruições variem, mantenha uma fisionomia de organismo e manifeste, qualquer que seja a forma pela qual for entendida ou prolongada, a marca pessoal em virtude da qual consiste, vale e comunica. Essas observações devem ser feitas do ponto de vista teórico da estética, a qual considera a variedade das poéticas, mas aspira, afinal, a definições gerais – não necessariamente dogmáticas e eternas – que permitam aplicar homogeneamente a categoria "obra de arte" a múltiplas experiências (que podem ir da *Divina Comédia* à composição eletrônica baseada na permutação de estruturas sonoras). Exigência válida que visa a reencontrar, mesmo na evolução histórica dos gostos e das atitudes perante a arte, uma constância de estruturas fundamentais dos comportamentos humanos.

Vimos, portanto que: 1. as obras "abertas" enquanto *em movimento* se caracterizam pelo convite a fazer a obra com o autor; 2. num nível mais amplo (como *gênero* da *espécie* "obra em movimento") existem aquelas obras que, já completadas fisicamente, permanecem, contudo, "abertas" a uma germinação contínua de relações internas que o fruidor deve descobrir e escolher no ato de percepção da totalidade dos estímulos; 3. *cada* obra de arte, ainda que produzida em conformidade com uma explícita ou implícita poética da necessidade, é substancialmente aberta a uma série virtualmente infinita de leituras possíveis, cada uma das quais leva a obra a reviver, segundo uma perspectiva, um gosto, uma *execução* pessoal.

Três níveis de intensidade em que se apresenta um único problema; o terceiro nível é que interessa à estética como formulação de definições formais; e sobre esse tipo de abertura, de *infinidade* da obra acabada, a estética contemporânea muito insistiu. Vejam-se, por exemplo, estas afirmações extraídas das que julgamos entre as mais válidas páginas de fenomenologia da interpretação:

> A obra de arte [...] é uma forma, isto é, um movimento concluído, o que equivale a dizer um infinito colhido numa definitude; sua totalidade resulta de uma conclusão, e exige, portanto, ser considerada não como o fecho de uma realidade estática e imóvel, mas como a abertura de um infinito que se fez inteiro abrigando-se numa forma. A obra, portanto, tem infinitos aspectos, que não são somente "partes" ou fragmentos, pois cada um deles contém a obra inteira, e a revela numa determinada perspectiva. A variedade das execuções possui, pois, seu fundamento na complexa natureza tanto da pessoa do intérprete quanto da obra a executar [...] Os infinitos pontos de vista dos intérpretes e os infinitos aspectos da obra se correspondem e se encontram e se esclarecem reciprocamente, de maneira que determinado ponto de vista consegue revelar a obra inteira somente se conseguir captá-la naquele seu particularíssimo aspecto, assim também um aspecto peculiar da obra, que a desvende inteira sob uma nova luz, deve esperar o ponto de vista capaz de captá-lo e projetá-lo.

Pode-se afirmar, portanto, que

todas as interpretações são definitivas, no sentido de que cada uma delas é, para o intérprete, a própria obra, e provisórias, no sentido de que cada intérprete sabe da necessidade de aprofundar continuamente a própria interpretação. Enquanto definitivas, as interpretações são paralelas, de modo que uma exclui as outras, sem, contudo negá-las[21].

Tais assertivas, feitas do ponto de vista teórico da estética, são aplicáveis a todo fenômeno de arte, a obras de todos os tempos; mas não é inútil notar que não é casual o fato de que justamente hoje a estética sinta e desenvolva uma problemática da "abertura". Em certo sentido, essas exigências que a estética, de seu ponto de vista, impõe a cada tipo de obra de arte são as mesmas que a poética da obra "aberta" manifesta de modo mais explícito e decidido. Isso porém não significa que a existência de obras "abertas" e de *obras em movimento* não acrescente absolutamente nada à nossa experiência, pois tudo já estava presente no todo, desde o tempo dos tempos, assim como cada descoberta parece já ter sido feita pelos chineses. É preciso aqui distinguir o nível teórico e definitório da estética enquanto disciplina filosófica, do nível operativo e participante das poéticas enquanto programas de produção. A estética, validando uma exigência particularmente viva em nossa época, descobre as possibilidades de um certo tipo de experiência em todo produto da arte, independentemente dos critérios operativos que presidiram à sua produção; as poéticas (e a prática) das *obras em movimento* sentem essa possibilidade como vocação específica e, ligando-se mais aberta e conscientemente a convicções e tendências da ciência contemporânea, levam à atualidade programática, à evidência tangível o que a estética reconhece como sendo a condição geral da interpretação. Essas poéticas, portanto, sentem a "abertura" como *a* possibilidade fundamental do fruidor e do artista contemporâneo. A estética, por seu lado, deverá reconhecer nessas experiências uma confirmação de suas intuições, a atuação

---

21. L. Pareyson, op. cit., p. 194s., em geral todo o cap. VIII, "Lettura, interpretazione e critica".

extremada de uma situação fruitiva que pode realizar-se em diversos níveis de intensidade.

Mas essa nova prática fruitiva abre, com efeito, um capítulo de cultura bem mais amplo, e, nesse sentido, não pertence somente à problemática da estética. A poética da *obra em movimento* (como em parte a poética da obra "aberta") instaura um novo tipo de relações entre artista e público, uma nova mecânica da percepção estética, uma diferente posição do produto artístico na sociedade; abre uma página de sociologia e de pedagogia, além de abrir uma página da história da arte. Levanta novos problemas práticos, criando situações comunicativas, instaura uma nova relação entre *contemplação* e *uso* da obra de arte.

Esclarecida em seus pressupostos históricos e no jogo de referências e analogias que a aparentam com vários aspectos da visão contemporânea do mundo, essa situação da arte é agora uma situação em via de desenvolvimento que, longe de estar completamente explicada e catalogada, oferece uma problemática em mais níveis. Em suma, uma situação aberta e em movimento.

ANÁLISE DA LINGUAGEM POÉTICA

Das estruturas que *se movem* àquelas *em que* nós *nos movemos*, as poéticas contemporâneas nos propõem uma gama de formas que apelam à mobilidade das perspectivas, à multíplice variedade das interpretações. Mas vimos também que nenhuma obra de arte é realmente "fechada", pois cada uma delas congloba, em sua definitude exterior, uma infinidade de "leituras" possíveis.

Ora, se se pretende prosseguir um discurso sobre o tipo de "abertura" proposto pelas poéticas contemporâneas, e sobre sua característica de novidade em relação ao desenvolvimento histórico das ideias estéticas, será preciso distinguir com maior profundidade a diferença entre a abertura programática das hodiernas correntes artísticas e aquela abertura que já definimos como característica típica de toda obra de arte.

Em outras palavras, procuraremos ver agora em que sentido toda obra de arte é aberta; sobre quais características estruturais essa abertura se fundamenta; a que diferenças de estrutura correspondem os diversos níveis de "abertura".

Croce e Dewey

Toda obra de arte, desde as pinturas rupestres até *I promessi sposi*, de Manzoni, propõe-se como objeto aberto a uma infinidade de degustações. E não porque uma obra seja um mero pretexto para todas as exercitações da sensibilidade subjetiva que faz convergir sobre ela os humores do momento, mas porque é típico da obra de arte o pôr-se como nascente inexaurida de experiências que, colocando-a em foco, dela fazem emergir aspectos sempre novos. A estética contemporânea insistiu longamente sobre esse ponto, tornando-o um de seus temas.

No fundo, o próprio conceito de universalidade com que se costuma designar a experiência estética refere-se a esse fenômeno. Quando digo que "a soma dos quadrados dos catetos é igual ao quadrado da hipotenusa", afirmo algo de verificável e universal, pois se propõe como lei válida em todas as latitudes, mas isso com referência a um único comportamento determinado da realidade; ao passo que, quando pronuncio um verso ou um poema inteiro, as palavras que profiro não se apresentam imediatamente traduzíveis em um *denotatum* capaz de exaurir suas possibilidades de significação, mas implicam uma série de significados que ganham profundidade a cada olhar, de forma que, em tais palavras, parece-me descobrir, reduzido e exemplificado, o universo inteiro. Pelo menos nos parece possível entender nesse sentido a doutrina, aliás bastante equívoca, do caráter de totalidade da expressão artística, tal como nos é proposta por Croce.

A representação da arte abrangeria o todo e refletiria em si o cosmo, pois

nela a unidade palpita da vida do todo e o todo está na vida da unidade; e toda singela representação artística é ela mesma e o universo, o universo na forma individual e a forma individual como universo. Em toda expressão de um poeta, em toda criatura de sua fantasia, está inteiro o destino humano, todas as esperanças, todas as ilusões, as dores e as alegrias, as grandezas e as misérias humanas, o drama inteiro do real, a devir e crescer perpetuamente sobre si mesmo, sofrendo e alegrando-se[1].

Estas e outras frases de Croce protocolam com indubitável eficácia certa confusa sensação que muitos experimentaram ao degustar uma poesia; mas, enquanto registra o fenômeno, o filósofo, na verdade, não o explica, isto é, não provê uma fundação categorial capaz de alicerçá-lo; e quando afirma que "dar [...] ao conteúdo sentimental a forma artística é ao mesmo tempo dar-lhe a marca da totalidade, o sopro cósmico"[2], Croce enucleia mais uma vez a exigência de uma fundação rigorosa (através da qual se realize a equação forma artística = totalidade), mas não nos fornece instrumentos filosóficos aptos a estabelecerem o nexo que sugere; pois mesmo afirmar que a forma artística é o resultado da intuição lírica do sentimento, não permite chegar a nada, exceto a afirmar que qualquer intuição sentimental se torna lírica justamente ao organizar-se em forma artística e assume assim o caráter da totalidade (terminando desse modo a argumentação por uma petição de princípio que faz da meditação estética uma operação de sugestivo nominalismo, isto é, fornecendo fascinantes tautologias para *indicar* fenômenos que, porém, não são explicados).

E não é Croce o único a registrar uma condição de fruição sem procurar os caminhos que explicam seu mecanismo. Dewey fala, por exemplo, do "sentido do todo inclusivo implícito" que invade qualquer experiência ordinária e nota como os simbolistas fizeram da arte o instrumento principal para expressar essa condição de nossa relação com as coisas. "A volta de cada objeto explícito e focal há uma retração para o implícito que não se apreende

1. *Breviario di estetica*, ix ed., Bari: Laterza, 1947, p. 134.
2. Ibidem, p. 137.

intelectivamente. Na reflexão, chamamo-la o indistinto e o vago." Mas Dewey está cônscio do fato de que o indistinto e o vago da experiência originária – aquém dos enrijecimentos categoriais a que a reflexão nos coage – são função da situação total ("Ao pôr do sol, o escurecer é uma agradável qualidade do mundo inteiro. É sua manifestação. Torna-se aspecto peculiar e nocivo somente quando impede a distinta percepção de algo particular, que desejamos discernir"). Se a reflexão nos obriga a escolher e a focalizar apenas alguns elementos da situação, "a indefinida qualidade invasiva de uma experiência é a que liga todos os elementos definidos, os objetos de que estamos focalmente conscientes, fazendo deles um todo". A reflexão não funda, é fundada, em sua possibilidade de seleção, por esse poder invasivo originário. Ora, para John Dewey, seria próprio da arte justamente evocar e acentuar "esta qualidade de ser um todo e de pertencer a um todo maior, que tudo inclui e que é o universo no qual vivemos"[3]. Este fato, que explica a emoção religiosa que nos acomete no ato da contemplação estética, Dewey o percebe com muita clareza, pelo menos com a mesma que Croce, embora em outro contexto filosófico; e é esse justamente um dos traços mais interessantes daquela sua estética que, por seus fundamentos naturalistas, poderia parecer, a um exame superficial, rigidamente positivista. Mesmo porque naturalismo e positivismo em Dewey são de origem oitocentista e romântica, e toda análise, conquanto inspirada na ciência, não deixa de culminar num momento de comoção perante o mistério do cosmo (não é à toa, aliás, que seu organicismo, embora filtrado através de Darwin, provém também de Coleridge e Hegel, não importando até que ponto isso seja consciente)[4]; por conseguinte, à soleira

---

3. *Arte come esperienza*, Firenze: La Nuova Italia, 1951, p. 230.
4. É conhecida a acusação de idealismo movida contra Dewey por S.C. Pepper (*Some Questions* on *Dewey's Aesthetics*, em *The Philosophy of J.D.*, Evanston and Chicago, 1939, p. 371s.) segundo a qual a estética do filósofo mistura os caracteres, incompatíveis, duma tendência *organistic* e uma tendência pragmatista.

do mistério cósmico, Dewey quase parece ter receio de dar mais um passo à frente, que lhe permita desossar essa típica experiência do indefinido, reportando-a às suas coordenadas psicológicas, e, inexplicavelmente, declara *forfait*:

> Não consigo enxergar nenhum fundamento psicológico para essas propriedades particulares da experiência, a não ser que, de alguma maneira, a obra de arte opere no sentido de aprofundar e esclarecer aquela sensação de um todo indefinido que nos envolve, sensação que acompanha cada experiência normal.[5]

Semelhante omissão parece injustificável tanto mais que na filosofia deweyana existem os pressupostos para um esboço esclarecedor, e esses pressupostos reaparecem no mesmo *Art as Experience* (Arte como Experiência), justamente uma centena de páginas antes das observações que acabamos de citar.

Isto é, existe em Dewey uma concepção *transativa* do conhecimento, que se torna imediatamente rica de sugestões quando posta em contato com a sua noção de objeto estético como termo de uma experiência organizadora, em que experiências pessoais, fatos, valores, significados, se incorporam a um dado material e se fundem com ele, num todo, apresentando-se, como diria Baratono, "assimilados" a ele (a arte, em suma, é "a capacidade de transformar uma ideia vaga e uma emoção num medium definido")[6]. Ora, a condição para que uma obra possa resultar expressiva a quem a percebe é dada "pela existência de significados e valores extraídos de precedentes experiências e enraizados de tal modo que se fundem com as qualidades apresentadas diretamente na obra de arte"[7]. O material de outras experiências do observador deve misturar-se com as qualidades da poesia ou da pintura para que estas não se reduzam a objetos estranhos. Portanto,

5. J. Dewey, op. cit., p. 230.
6. Ibidem, p. 91.
7. Ibidem, p. 118.

a expressividade do objeto artístico deve-se ao fato de oferecer uma perfeita e plena compenetração dos materiais da fase passiva e ativa, incluindo nesta última uma completa reorganização do material herdado por nós da experiência passada [...] A expressividade do objeto é o sinal e a celebração da fusão completa que experimentamos e do que nossa atividade de atenta percepção acresce ao que recebemos através dos sentidos[8].

Consequentemente, *dar forma*

caracteriza uma maneira de considerar, de sentir e apresentar a matéria utilizada de modo que ela, mui pronta e eficazmente, se torne um material para a construção de uma experiência adequada para aqueles que são menos dotados do que o criador original[9].

Essa ainda não é uma clara explicação psicológica de como, na experiência estética, se verifica aquela presunção de "totalidade" registrada por tantos críticos e filósofos, mas sem dúvida constitui sua premissa filosófica. Tanto isso é verdade que dessas e outras afirmações deweyanas adveio uma metodologia psicológica, chamada transacionista, para a qual o processo de conhecimento é, justamente, um processo de transação, uma fatigante contratação: diante do estímulo original o sujeito intervém carreando para a percepção atual a memória de suas percepções passadas, e é só assim que participa da formação da experiência em processo; experiência que não se limita, portanto, a registrar uma *Gestalt* preexistente à guisa de configuração autônoma do real (tampouco é, idealisticamente falando, um nosso livre ato de posição do objeto), mas apresenta-se como resultado situacional de nossa inserção processual no mundo, ou melhor, o mundo como resultado final

8. Ibidem, p. 123. Daí por que "o alcance de uma obra de arte mede-se pelo número e pela variedade dos elementos provenientes de experiências anteriores, absorvidos organicamente na percepção tida aqui e agora". (p. 146)

9. Ibidem, p. 131. Assim "o Partenon, ou qualquer coisa, é universal porque pode continuamente inspirar novas realizações pessoais na experiência". (p. 130)

dessa inserção ativa[10]. Por conseguinte, a experiência da "totalidade" (que é experiência do momento estético como momento "aberto" do conhecimento) permite uma explicação psicológica, e o defeito dessa explicação infirma os protocolos crocianos e – em parte – os deweyanos.

Transposto para o campo da psicologia, o problema envolveria de imediato a condição geral do conhecer, e não apenas a experiência estética, a menos que se desejasse converter a experiência estética na condição alvoral de todo conhecimento, sua fase primeira e essencial (o que também é possível, mas não nesse ponto do discurso: quando muito, à guisa de conclusão num discurso ulterior). Mas o discurso, necessariamente encarado como discussão sobre o que acontece no processo de transação entre indivíduo e estímulo estético, poderá organizar-se de maneira simples e clara se versar sobre um fenômeno definido como o da linguagem. A linguagem não é uma organização de estímulos naturais, como pode sê-lo o feixe de fótons que nos impressiona enquanto estímulo luminoso; é organização de estímulos efetuada pelo homem, fato artificial, como fato artificial é a forma artística; e, portanto, mesmo sem realizar uma identificação arte-linguagem, poder-se-á proceder ultimamente ao transporte para um desses campos das observações que puderam ser realizadas no outro. Como bem compreenderam os linguistas[11], a linguagem não é *um* meio de comunicação entre outros; é "o fundamento de *toda* comunicação"; melhor ainda, "a linguagem é realmente o próprio fundamento da cultura. Em relação à linguagem, todos os outros sistemas de símbolos são acessórios ou derivados"[12].

---

10. Para numerosas confirmações experimentais ver *Explorations in Transactional Psychology*, por F.P. Kilpatrick, New York: New York University Press, 1961. (Trad. Italiana: *La psicologia Transazionale*, Milano : Bompiani, 1967)

11. Ver Nicolas Ruwet, Preface, em R. Jakobson, *Essais de linguistique générale*, p. 21.

12. R. Jakobson, op. cit., p. 28.

A análise de nossa reação perante uma proposição será o primeiro passo a dar para vermos as modalidades de reação diversas (ou radicalmente iguais) que se configuram diante do estimulo linguístico comum e diante daquele que comumente apontamos como estético; e se o discurso nos levar a reconhecer dois esquemas de reação diversos em face de dois usos diversos da linguagem, poderemos então individuar a *peculiaridade* da linguagem *estética*.

Análise de Três Proposições

O que significa carrear para uma experiência a lembrança de experiências passadas? E como se realiza essa situação na relação comunicativa que se estabelece entre uma mensagem verbal e seu receptor?[13]

Sabemos que uma mensagem linguística pode aspirar a diversas funções: referencial, emotiva, conativa (ou imperativa), fálica (ou de contato), estética e metalinguística[14]. Mas uma subdivisão desse gênero já pressupõe uma consciência articulada da estrutura da mensagem e pressupõe (como se vê) que já se saiba o que distingue a função estética das outras. Aqui, ao contrário, é justamente essa distinção que, à luz dos discursos anteriores, nos interessa apurar. E considerando, portanto, a subdivisão mencionada como resultado de uma indagação já amadurecida, optamos por uma dicotomia divulgada há algumas décadas pelos estudiosos de semântica: a distinção entre mensagens com *função referencial* (a mensagem indica algo de univocamente definido e – se for preciso – verificável) e mensagens com *função emotiva* (a mensagem visa a suscitar reações no receptor, a estimular

13 A presente análise dá como aceita a subdivisão da cadeia comunicativa em quatro fatores: o *remetente*, o *receptor*, a mensagem e o *código* (que, como iremos ver, não consiste somente num repertório de definições lógicas e abstratas, mas também em disposições emotivas, gostos, hábitos culturais, em suma, num almoxarifado de representações pré-fabricadas, de possibilidades previstas e organizadas em sistema).

14. R. Jakobson, Linguistique et poétique, op. cit., p. 209s.

associações, a promover comportamentos de resposta que vão além do simples reconhecimento da coisa indicada).

Como veremos adiante, essa distinção, ainda que nos permita retomar desde o ponto de partida as insuficientes definições de Croce e Dewey, que justamente reduziam a experiência estética a uma espécie de emoção não melhor definida, não nos dá plenamente a razão da mensagem estética. E então perceberemos como a distinção entre *referencial* e *emotivo* nos obriga, pouco a pouco, a aceitar outra subdivisão entre função *denotativa* e função *conotativa* do signo linguístico[15] Ver-se-á como a mensagem referencial pode ser entendida como mensagem com função denotativa, enquanto as estimulações emotivas que a mensagem exerce sobre o receptor (e que podem até ser simples respostas pragmáticas)[16] na mensagem estética se mostram como sistema de conotações direto e controlado pela própria estrutura da mensagem[17].

15. Reportamo-nos aqui, como a um resumo útil das diversas posições no caso, a Roland Barthes, Eléments de semiologie, em *Communications*, n. 4. (Trad. italiana: *Elementi di semiologia*, Torino: Einaudi, 1966)

16. Referimo-nos aqui à subdivisão morrisiana (C. Morris, Foundations of the Theory of Signs, em *Int. Encyclopedia of Unified Science*, 1, 2, Chicago, 1938): o significado de um termo pode ser indicado em função da reação psicológica de quem o recebe e esse é o aspecto *pragmático*; o aspecto semântico prende-se à relação entre signo e *denotatum*; o aspecto *sintático*, enfim, prende-se à organização interna de mais termos em um discurso.

17. Nas páginas seguintes, portanto, recorreremos, como a úteis instrumentos de trabalho preliminar, às noções de uso *referencial* e de uso *emotivo* da linguagem propostas por C.K. Ogden e I.A. Richards, *The Meaning of Meaning: A Study of the Influence of Language upon Thought and of the Science of Symbolism*, London, Routledge & Kegan Paul, 1923. O uso referencial (ou simbólico) da linguagem prevê, conforme o notório "triângulo" de Ogden-Richards, que: 1. ao *símbolo* corresponde um *referente* que representa a coisa real indicada; 2. a correspondência entre símbolo e referente é indireta, enquanto, no processo de significação, é mediada pela *referência*, isto é, o conceito, a imagem mental da coisa indicada. Para reduzir a função referencial a função denotativa e interpretar a função emotiva em termos de conotação, deveremos voltar à subdivisão saussuriana entre *significante* e *significado* (Ferdinand de Saussure, *Cours de linguistique générale*, Paris: Payot, 1915). Uma rigorosa correspondência entre as categorias da semiologia saussuriana e as da semântica richardiana ainda está em discussão (ver Klaus Heger, Les ►

1. Proposições com Função Referencial

Diante de uma expressão como "Aquele homem vem de Milão" realiza-se em nossa mente uma associação unívoca entre significante e significado: adjetivo, substantivo, verbo e complemento circunstancial de lugar, representado pela preposição "de" e pelo nome próprio da cidade, referem--se, cada um, a algo de bem definido ou a uma ação inequívoca. Isso não significa que a expressão em si possua todos os requisitos para significar abstratamente a situação que de fato significa quando a compreendo: a expressão é um puro coacervo de termos convencionais que, para serem compreendidos, pedem uma colaboração de minha parte, e exigem precisamente que eu faça convergir sobre cada termo uma soma de experiências passadas que me permitam esclarecer a experiência em processo. Bastaria que eu nunca tivesse ouvido pronunciar o termo Milão e desconhecesse que ele se refere a uma cidade, para que a comunicação que recebo resultasse infinitamente depauperada. Entretanto, mesmo que o receptor compreenda plenamente o exato significado de todos os termos empregados, isso ainda não quer dizer que o conjunto de informações recebidas por ele seja igual àquele fruível por qualquer outro que esteja a par dos mesmos termos. É óbvio que, se estou esperando importantes comunicações de Milão, a sentença tem para mim mais valor, e me agride com uma violência muito maior do que se daria com quem não tivesse as mesmas motivações. Enfim, se Milão estiver ligada na minha mente a um conjunto de lembranças, saudades, desejos, a mesma frase despertará um vagalhão de emoções que outro

▷Bases méthodologiques de l'onomasiologie et du classement par concepts, *Travaux de linguistique et de littérature*, II, 1, 1965)· aqui adotaremos como provisórias as seguintes equivalências: o *símbolo* richardiano será usado como equivalente de significante; a *referência* como *sentido* ou *significado*, mas no sentido de significado *denotativo*; o processo de significação que liga o significante ao significado poderia ser entendido, continuando o discurso, como equivalente ao *meaning*. Quanto ao referente como "coisa" real, não tem equivalente na semiologia saussuriana.

ouvinte não estaria em condições de compartilhar. A Napoleão, exilado em Santa Helena, a frase "Aquele homem vem de Paris" teria despertado uma emoção cuja intensidade dificilmente podemos imaginar. Portanto, cada um, diante de uma expressão rigorosamente referencial, que exige um esquema de compreensão bastante uniforme, complica sua compreensão de referências conceituais ou emotivas que personalizam o esquema e lhe conferem uma coloração peculiar. Na realidade, não importa quantos resultados "pragmáticos" essas diversas compreensões comportem: quem quisesse reduzir, para controle, a compreensão de vários ouvintes a um *pattern* unitário, poderia fazê-lo facilmente. A expressão "O trem para Roma parte às 17:45 da Estação Central, portão n. 7" (dotada da mesma univocidade referencial da expressão anterior) pode, sem dúvida, provocar emoções diferentes em dez ouvintes diversamente interessados em empreender viagem para Roma, conforme se trate de uma viagem de negócios, de correr à cabeceira de um moribundo, de ir receber uma herança, ou perseguir uma esposa infiel: mas que subsiste um esquema unitário de compreensão, redutível aos mínimos termos, é algo verificável exatamente na base pragmática, pela averiguação de que até às 17:45 cada uma das dez pessoas chegou, por caminhos diversos, a seu lugar no trem designado. A reação pragmática das dez pessoas estabelece uma base de referencialidade comum, a mesma que seria percebida por um cérebro eletrônico oportunamente instruído; quanto ao resto, em torno de uma expressão tão univocamente referencial, permanece um halo de "abertura" – desconhecido ao cérebro eletrônico – que acompanha indubitavelmente todo ato humano de comunicação.

2. Proposições com Função Sugestiva

Examinemos agora a oração "Aquele homem vem de Baçorá". Endereçada a um habitante do Iraque, ela teria, mais ou menos, o mesmo efeito da frase sobre Milão dita a um italiano. Dita a uma pessoa absolutamente ignorante, que desconheça por completo a geografia, poderá deixá-la indiferente, ou quando muito curiosa perante esse impreciso lugar de proveniência, ouvido pela primeira vez, que provoca em sua mente uma espécie de vácuo, um esquema referencial falho, um mosaico desfalcado de pedras. Dita enfim a uma terceira pessoa, a menção de Baçorá poderia despertar imediatamente a lembrança, não de um local geográfico determinado, mas de um "lugar" do fantástico, conhecido através da leitura das *Mil e Uma Noites*. Neste último caso, Baçorá não constituirá um estímulo capaz de estabelecer uma referência imediata, com um significado preciso, mas provocará um "campo" de lembranças e sentimentos, a sensação de uma proveniência exótica, uma emoção complexa e esfumada em que conceitos indeterminados se misturam a sensações de mistério, indolência, magia, exotismo. Ali Babá, o haxixe, o tapete voador, as odaliscas, as essências e as especiarias, os ditos memoráveis de mil califas, o som de instrumentos orientais, a circunspeção levantina e a astúcia asiática do mercador, Bagdá etc. Quanto mais incompleta sua cultura ou férvida sua imaginação, tanto mais sua reação será fluida e indefinida, seus contornos desfiados e incertos. Lembremos o que um letreiro como "Agendath Netaim" chega a provocar na mente monologante de Leopold Bloom, no quarto capítulo de *Ulisses* (e o quanto, neste, como em outros casos, o fluxo de consciência reconstruído pelo narrador consegue constituir-se em precioso documento psicológico): nessas aventuras da mente que divaga perante o estímulo indefinido, a palavra "Baçorá" reverbera a sua imprecisão também sobre os termos precedentes, e uma expressão como "aquele homem" acaba por designar um significado cheio de mistério, muito mais merecedor de interesse; assim como o verbo "vem" não mais indica apenas uma proveniência, mas passa a evocar a ideia de uma viagem, a mais densa e fascinante concepção de viagem que tenhamos elaborado, a viagem de quem vem de longe e por veredas mágicas, a

Viagem como arquétipo. A mensagem (a frase) abre-se a uma série de *conotações* que superam em muito o que ela *denota*.

Que diferença separava a frase "Aquele homem vem de Baçorá" dita a um habitante do Iraque da mesma frase dita ao nosso imaginário ouvinte europeu? Formalmente, nenhuma. A diferente referencialidade da expressão não reside, portanto, na expressão em si, mas no receptor. Contudo, a possibilidade da variação não é absolutamente exterior à proposição em foco: a mesma frase, pronunciada pelo recepcionista de um escritório de informações ou por alguém que nos deseje tornar interessante a personagem, transforma-se verdadeiramente em *duas frases* diversas. Evidentemente, o segundo, escolhendo dizer "Baçorá", organiza sua fórmula linguística segundo uma intenção sugestiva precisa: a reação indefinida do ouvinte não é acidental em relação à sua comunicação, pelo contrário, constitui-se no efeito por ela desejado. Dizendo "Baçorá" ele não quer denotar exclusivamente uma certa cidade, mas conotar todo um mundo de memórias que ele atribui ao ouvinte. Quem comunicar conforme tal intenção sabe também que o halo conotativo de um ouvinte não será igual ao de outros eventualmente presentes; mas, tendo-os escolhido em idênticas condições psicológicas e culturais, pretende justamente organizar uma comunicação de efeito indefinido – delimitado, porém por aquilo que podemos chamar de "campo de sugestividade". O local, o momento em que pronuncia a frase, a audiência a que se dirige, garantem-lhe certa unidade de campo. De fato, podemos prever que, pronunciada com as mesmas intenções, mas no escritório do presidente de uma companhia petrolífera, a frase não provocaria o mesmo campo de sugestividade.

Aquele que a pronuncia com tais intenções deverá então proteger-se contra as dispersões do campo semântico, orientando seus ouvintes na direção que deseja; e, se a frase tivesse um valor rigorosamente denotativo, a empresa seria fácil; mas, desde que ele quer justamente estimular uma resposta indefinida, circunscrita entretanto dentro de certos limites, projetar um feixe de conotações, uma das possíveis soluções será acentuar certa ordem de sugestões, reiterar o estímulo, recorrendo a referências análogas.

3. A Sugestão Orientada

"Aquele homem vem de Baçorá, através de Bisha e Dam, Shibam, Tarib e Hofuf, Anaiza e Burada, Medina e Khaibar, Eufrates acima até Alepo"; eis um modo de reiteração do efeito, alcançado através de meios bastante primários, capazes todavia de complicar, com sugestões fônicas, a imprecisão das referências, materializando a reação fantástica através de um fato auditivo.

O fato de sustentar a referência indeterminada e a chamada mnemônica por meio de um apelo mais direto à sensibilidade através do artifício fonético leva-nos, sem dúvida, ao limiar de uma operação comunicativa particular, que poderemos indicar, ainda que em sentido latente, como "estética". O que estabeleceu a passagem ao estético? A tentativa mais decidida de unir um elemento material, o som, a um elemento conceitual, os significados postos em jogo: tentativa canhestra e elementar, pois os termos ainda são substituíveis, o casamento de som e significado quase casual, e, de qualquer forma, convencional, baseado num certo hábito, presumido nos ouvintes, de ouvir pronunciar nomes análogos em referência a territórios da Arábia e da Mesopotâmia. Seja como for, diante dessa mensagem, o receptor é levado não somente a individuar para cada significante um significado, mas a demorar-se sobre o conjunto dos significantes (nesta fase elementar: degustá-los enquanto fatos sonoros, intencioná-los enquanto "matéria agradável"). Os significantes remetem também – se não, sobretudo – a si mesmos. A mensagem surge como *autorreflexiva*[18].

---

18. "Intencionar a mensagem como tal, enfatizar a mensagem em seu sentido intrínseco, eis o que caracteriza a função poética da mensagem." R. Jakobson, op. cit., p. 218.

Objeto de arte, efeito de construção consciente, veículo de certa cota comunicativa, a expressão examinada leva-nos a compreender por que caminhos se pode chegar àquilo que entendemos como efeito estético, mas para aquém de certo limite. Passemos então a um exemplo mais promissor.

Hipólito decide deixar a pátria para lançar-se numa vã procura de Teseu; mas Teramene sabe que essa não é a verdadeira razão da partida do príncipe e adivinha uma dor mais profunda: o que induz Hipólito a deixar os lugares queridos de sua infância? Hipólito responde: Estes lugares perderam a antiga doçura desde que foram infestados por uma presença madrasta: Fedra. Fedra é má, moldada no ódio, mas sua maldade não é apenas um dado de caráter. Há algo que faz de Fedra uma personagem odiosa, implacavelmente inimiga, e é isso que Hipólito sente; há alguma coisa que faz de Fedra uma personagem essencialmente trágica, e isso Racine deve dizer a seus espectadores, de tal modo que o "caráter" fique estabelecido desde o começo e tudo o que se segue nada mais pareça que o aprofundamento de uma necessidade fatal. Fedra é má porque sua estirpe é maldita. Basta uma simples enunciação genealógica para que o espectador seja tomado de horror: o pai é Minos, a mãe Pasífae. Pronunciada num cartório de registros, a frase seria minuciosamente referencial; pronunciada perante o público da tragédia, seu efeito é muito mais poderoso e indefinido. Minos e Pasífae são dois seres terríveis, e as razões que os tornaram odiosos criam o efeito de repugnância e terror que nos domina ao simples soar de seus nomes.

Terrível é Minos por sua conotação infernal, odiosa Pasífae pelo ato bestial que a tornou famosa. Ao iniciar-se a tragédia, Fedra ainda não é nada, mas se estabelece ao seu redor um halo de odiosidade justamente pelos múltiplos sentimentos evocados pelo nome de seus pais, nome que, além do mais, se colore de lenda e lembra as profundezas do mito. Hipólito e Teramene falam num *décor* barroco, em elegantes e clássicos alexandrinos; mas a menção das duas míticas personagens introduz agora a imaginação de novas sugestões. Portanto, todo o efeito residiria nesses dois nomes, se o autor se limitasse a uma comunicação genericamente sugestiva; mas Racine está predispondo uma *forma*, num efeito estético. É preciso que os dois nomes não se apresentem sob a forma de comunicação casual, entregues à simples força das sugestões desordenadas que comportam. Se a referência genealógica deve estabelecer as coordenadas trágicas de tudo o que irá desenrolar-se, a comunicação deverá impor-se ao espectador de modo que a sugestão opere sem falta, e que, uma vez operada, não se reduza ao jogo de referências a que o ouvinte foi convidado; é preciso que ele possa voltar quantas vezes quiser à forma da expressão proposta, para sempre encontrar nela estímulo a novas sugestões. A expressão "Aquele homem vem de Baçorá" surte efeito da primeira vez; depois pertence ao repertório do já conhecido; após a primeira surpresa e a primeira divagação, quem a ouvir uma segunda vez não mais se sentirá convidado a um novo itinerário imaginativo. Mas se cada vez que volto à expressão encontro nela motivos de prazer e satisfação, se o convite ao itinerário mental me é oferecido por uma estrutura material proposta sob aparências agradáveis, se a fórmula da proposta tiver assim conseguido maravilhar-me sempre pela sua eficácia, se eu encontrar nela um milagre de equilíbrio e necessidade organizativa, pelo qual serei incapaz de cindir a referência conceitual do estímulo sensível, então a surpresa desse conúbio originará, todas as vezes, um complexo jogo de imaginação: capaz agora não somente de apreciar a referência indefinida, mas também de gozar junto com ela o modo por que a indefinição me é estimulada, o modo definido e calibrado com que ela me é sugerida, a precisão do mecanismo que me convida ao impreciso. Então toda reação conotativa, toda exploração no território do vago e do sugestivo, será por mim relacionada à fórmula originária a fim de verificar se ela a pressupõe e a contém – e toda vez poderei descobrir nela novas possibilidades de orientação da minha imaginação. E, simultaneamente, a presença da fórmula de origem, rica em poder sugestivo e, contudo, rígida e inequívoca em seu propor-se à minha sensibilidade, constituir-se-á em endereço de meu itinerário mental, delimitação do campo sugestivo.

Assim Racine resume sua genealogia num único verso, num alexandrino que leva ao máximo do virtuosismo sua incisividade característica e sua natureza simétrica, distribuindo os dois nomes pelas duas metades do verso, ocupando a segunda com o nome da mãe, capaz de uma sugestão mais profunda e atroz:

> Depuis que sur ces bords les Dieux ont envoyé
> *La fille de Minos et de Pasiphaé.*

Ora, o conjunto dos significantes, com sua bagagem de conotações multíplices, não pertence mais a si próprio; nem sequer pertence ao espectador que ainda queira, por seu intermédio, perseguir fantasias vagas (da evocação de Pasífae passar para considerações mórbidas ou moralistas sobre a união bestial em geral, sobre o poder da paixão incontrolada, sobre a barbárie da mitopoiética clássica ou sobre sua sabedoria arquetípica...). Agora, a palavra pertence ao verso, à sua medida indiscutível, ao contexto de sons em que é imersa, ao ritmo ininterrupto do elóquio teatral, à dialética incontrolável da ação trágica. As sugestões são voluntárias, estimuladas, explicitamente evocadas, mas dentro dos limites preestabelecidos pelo autor, ou, melhor, pela máquina estética que ele pôs em movimento. A máquina estética não ignora as capacidades pessoais de reação dos espectadores, pelo contrário, chama-as à ação e converte-as em condição necessária para sua subsistência e para seu sucesso; mas orienta-as e domina-as.

A emoção, simples reação pragmática que a pura eficácia denotativa dos dois nomes teria desencadeado, agora se amplifica e se define, se ordena e se identifica com a forma que a originou e em que repousa; não se circunscreve a ela, mas amplifica-se graças a ela (torna-se uma de suas conotações); nem a forma fica marcada por uma única emoção, mas sim pela vastíssima gama das emoções singulares que suscita e dirige, como possíveis conotações do verso – o verso como forma articulada de significantes que significam, acima de tudo, a articulação estrutural deles mesmos.

O Estímulo Estético

Nesta altura, podemos concluir que uma subdivisão da língua em *referencial* e *emotiva*, se nos serve como útil aproximação ao argumento do uso estético da linguagem, não resolve o problema; antes de mais nada, vimos que a diferença entre referencial e emotivo não concerne tanto à *estrutura* da expressão quanto ao seu *uso* (e portanto ao contexto em que é pronunciada). Encontramos uma série de frases referenciais que, comunicadas a alguém em dadas circunstâncias, assumiam valor emotivo; e igualmente poderíamos encontrar um certo número de expressões emotivas que, em certas situações, assumem valor referencial. Pense-se nas sinalizações rodoviárias, como "Cuidado Devagar!", que indicam sem dúvida a proximidade de um posto de fiscalização e, portanto, de um trecho a percorrer em velocidade reduzida, com proibição de ultrapassagem. Na realidade, o uso de uma expressão para um fim determinado (referencial ou emotivo) aproveita sempre ambas as possibilidades comunicativas da própria expressão, e nos pareceu típico o caso de certas comunicações sugestivas em que o halo emotivo se estabelece justamente porque o signo usado, conquanto ambíguo, é recebido ao mesmo tempo como referência exata. O signo "Minos" prevê o significado cultural-mitológico a que se refere univocamente, e simultaneamente prevê o vagalhão de conotações que se associa à lembrança da personagem e à instintiva reação às mesmas sugestões fônicas que ele suscita (e que são impregnadas e infiltradas de conotações confusas e não claramente codificadas, hipóteses sobre conotações, conotações arbitrárias)[19].

Chegados ao limiar da realização estética, tomamos assim consciência de que a esteticidade não está mais do lado do discurso emotivo do que do lado do discurso referencial; a teoria da metáfora, por exemplo, prevê um rico uso de referências. O emprego estético da linguagem (a linguagem poética) implica, portanto, um uso emotivo das referências e um uso referencial das emoções, pois a reação sentimental manifesta-se como realização de um campo de significados conotados. Tudo isso se obtém através de uma identificação de significante e significado, de "veículo" e "teor"; em outros termos, o sinal estético é aquele que Morris chama de *icônico*, em que a

---

19. Podemos corrigir a rigidez das primeiras distinções de Ogden e Richards com as conclusões de Charles Stevenson (*Ethics and Language*, New Haven: Yale University Press, 1944, cap. III, 3), pelas quais, na linguagem, o aumento de disposições descritivas (referenciais) e emotivas não representa dois processos isolados: Stevenson examina o caso da expressão metafórica, na qual os aspectos cognoscitivos influenciam os aspectos emotivos do discurso total. Consequentemente, significado descritivo e emotivo são "*aspectos* distintos de uma situação total, não partes dela que podem ser estudadas isoladamente". E identificando também um tipo de significado que não é descritivo nem simplesmente emotivo, mas deriva de uma forma de incoerência gramatical e procura uma espécie de "perplexidade filosófica", o "significado confuso" (e seríamos tentados a pensar nos vocábulos abertos e ambíguos de Joyce). Stevenson conclui que "pode haver, assim, um significado emotivo dependente de um significado descritivo, como já se viu; e também um significado emotivo que depende de um significado confuso". As pesquisas dos formalistas russos levaram a resultados análogos. Na década de 1920, Chklovski e Jakubinski assimilaram a poesia à *função emotiva* da linguagem. Mas chegou-se rapidamente a corrigir esse ponto de vista, antes de tudo por meio de uma formalização crescente da expressão poética. Em 1925, Tomachevski relegava a segundo plano a função comunicativa da linguagem poética, para conferir autonomia absoluta às *estruturas verbais* e às *leis imanentes* da poesia. Depois, durante a década de 1930, os estruturalistas de Praga tentaram ver a obra poética como uma *estrutura multidimensional*, na qual o nível semântico aparece integrado a outros. "Os formalistas autênticos haviam negado a presença de ideias e emoções na *obra* poética e se haviam limitado a declarar dogmaticamente ser impossível tirar alguma conclusão de uma obra literária; os estruturalistas, ao contrário, acentuaram a inevitável ambiguidade da proposição poética, que se situa, de modo precário, em diversos níveis semânticos" (Victor Erlich, *Il formalismo russo*, Milano: Bompiani, 1966).

evocação semântica não se consome na referência ao *denotatum*, mas se enriquece continuamente toda vez que fruímos a maneira insubstituível pela qual ela se incorpora ao material com que se estrutura; o significado reflete-se continuamente sobre o significante e se enriquece com novos ecos[20]; e isso tudo não se dá por um inexplicável milagre, mas pela própria natureza interativa da relação gnosiológica, tal como é explicável em termos psicológicos, isto é, entendendo o signo linguístico em termos de "campo de estímulos". O estímulo estético aparece de tal modo estruturado que, diante dele, o receptor não pode executar a simples operação que lhe é permitida por qualquer comunicação de uso puramente referencial: dividir os componentes da expressão para individuar seu referente

---

20. Segundo Charles Morris (*Segni, linguaggio e comportamento*, Milano: Longanesi, 1949), "um sinal é *icônico* na medida em que ele próprio tem as propriedades de seus denotata". A definição, aparentemente vaga, é, pelo contrário, bastante restrita, pois de fato Morris sugere que um retrato não pode ser, a rigor, icônico "pois a tela pintada não tem a mesma estrutura de pele nem a mesma faculdade de falar e de mover-se que possui a pessoa retratada" (p. 42). Na realidade, logo em seguida o próprio Morris corrige a estreiteza da definição, admitindo que a iconicidade é uma questão de grau, portanto, a onomatopeia pareceria um excelente exemplo de iconicidade realizada pela linguagem (p. 258); e existiriam características icônicas naquelas manifestações da poesia em que se entrosam, afinal, estilo e conteúdo, matéria e forma (p. 263). Nesse caso, iconicidade torna-se sinônimo de fusão orgânica dos elementos da obra, no sentido que procuramos esclarecer. Mais tarde, Morris tentará definir a iconicidade própria da arte, explicando que "o signo estético é um signo icônico que designa um valor" (Science, Art and Technology, *The Kenyon Review*, I, 1939), justamente no sentido de que aquilo que o fruidor procura no signo estético é sua forma sensível e o modo pelo qual se propõe. Nesse sentido, essa característica do signo estético é sublinhada por Wellek e Warren (*Teoria della letteratura e metodologia dello studio letterario*, Bologna: Il Mulino, 1956), quando afirmam que "a poesia organiza um esquema de palavras único, irrepetível, cada uma das quais é ao mesmo tempo objeto e sinal e é usada de forma que nenhum sistema externo à poesia poderia prever" (p. 251); e por Phillip Wheelwright (The Semantics of Poetry, *The Kenyon Review*, II, 1940) quando define o signo estético como plurissigno, oposto ao monos-signo referencial e recorda que o plurissigno "é semanticamente reflexivo no sentido de que é parte daquilo que significa". Ver também Galvano Della Volpe, *Critica del gusto*, Milano: Feltrinelli, 1960: o discurso poético é *plurissignificado*, não *unívoco* como o discurso científico, justamente pela sua natureza *orgânica* e *contextual*.

singular. No estímulo estético, o receptor não pode isolar um significante para relacioná-lo univocamente com seu significado denotativo: deve colher o *denotatum* global. Todo signo que apareça ligado a outro e dos outros receba sua fisionomia completa significa de modo vago. Cada significado, que não possa ser apreendido senão ligado com outros significados, deve ser percebido como *ambíguo*[21].

No campo dos estímulos estéticos, os signos aparecem ligados por uma necessidade que apela a hábitos enraizados na sensibilidade do receptor (ou seja, o gosto – uma espécie de código que se sistematizou historicamente); ligados pela rima, pelo metro, por convenções proporcionais, por relações institutivas através da referência do real, ao verossímil, ao "segundo se diz" ou ao "conforme o hábito estilístico", os estímulos apresentam-se num todo que o fruidor percebe não poder romper. Torna-se-lhe, portanto, impossível isolar as referências e deve colher a complexa réplica que lhe é imposta pela expressão. Isso faz com que o significado seja multiforme e não unívoco e que a primeira fase do processo de compreensão nos deixe, ao mesmo tempo, satisfeitos e insatisfeitos por sua própria variedade. Daí o voltarmos à mensagem, já enriquecidos dessa vez por um esquema de significações complexas que

---

21. C. Stevenson (op. cit., cap. III, 8) lembra que não existe somente uma ambiguidade (ele fala em *vagueness*) semântica, por exemplo, dos termos éticos, mas também uma ambiguidade da construção sintática de um discurso e, em consequência, uma ambiguidade no plano pragmático da reação psicológica. Em termos estruturalistas, Jakobson afirma que "a ambiguidade é uma propriedade intrínseca, inalienável, de toda mensagem centralizada em si própria; em suma, é um corolário obrigatório da poesia" (tudo isso nos remete a Empson e à sua concepção de ambiguidade). "A supremacia da função poética sobre a função referencial não elimina a referência (a denotação) mas torna-a ambígua" (R. Jakobson, op. cit., p. 238). Sobre a palavra poética enquanto acompanhada por todos os sentidos possíveis, ver Roland Barthes, "Esiste una scrittura poetica?", em *Il grado zero della scrittura*, Milano: Lerici, 1960. Trata-se aqui dos mesmos problemas levantados pelos formalistas russos quando afirmavam que o objetivo da poesia é tornar perceptível a textura de uma palavra em todos os seus aspectos (ver Boris Mikhailovich Eichenbaum, *Lermontov*, Leningrado, 1924). Em outros termos, para eles a essência do discurso poético consistia não na ausência e sim na multiplicidade das significações.

inevitavelmente puseram em jogo nossa memória de experiências passadas; a segunda recepção será, portanto, enriquecida por uma série de lembranças despertadas, que passam a interagir com os significados colhidos no segundo contato; significados que, por sua vez, já de início serão diferentes dos que foram realizados no primeiro contato, pois a complexidade do estímulo terá permitido automaticamente que a nova recepção se dê segundo uma perspectiva diferente, segundo uma nova hierarquia dos estímulos. O receptor, voltando novamente sua atenção para o complexo de estímulos, terá posto, dessa vez em primeiro plano, signos que, antes, havia considerado numa perspectiva subalterna, e vice-versa. No ato transativo em que se compõem a bagagem de lembranças despertadas e o sistema de significados que emergiu da segunda fase, junto com o sistema de significados que emergiu da primeira (e que interveio a título de lembrança – de "harmônico" da segunda fase de compreensão), eis que toma forma um mais rico significado da expressão originária. E quanto mais a compreensão se complica, tanto mais a mensagem originária – tal como é, constituída pela matéria que a realiza – em vez de gasta, aparece renovada, pronta para "leituras" mais aprofundadas. Produz-se agora uma verdadeira reação em cadeia, típica daquela organização dos estímulos que costumamos indicar como "forma". Essa reação, em teoria, é irrefreável e de fato só termina quando a forma deixa de parecer estimulante ao receptor; mas nesse caso evidentemente entra em jogo o afrouxamento da atenção, uma espécie de habituação aos estímulos: de um lado, os sinais que os compõem, à força de serem focalizados – como um objeto olhado em demasia ou uma palavra cujo significado nos propusemos mais e mais vezes, obsessivamente –, geram uma espécie de saciedade e parecem obtusos (quando o que existe é apenas uma obtusidade temporária de nossa sensibilidade); e, de outro lado, arrastadas pelo mecanismo do hábito, as lembranças que trazemos para o ato perceptivo, em vez de serem um produto espontâneo da memória excitada, constituem-se como esquemas, resumos das lembranças anteriormente carreadas. Bloqueia-se aqui o processo de fruição estética e a forma, tal como é considerada, resolve-se dentro de um esquema convencional em que nossa sensibilidade, demasiadamente solicitada, deseja repousar. É o que acontece quando nos tornamos conscientes de estar, há muitos anos, ouvindo e apreciando uma peça musical; chega o momento em que a peça ainda nos parece bela, mas exclusivamente por nos termos habituado a considerá-la como tal, e, na realidade, o que desfrutamos agora, ao ouvi-la, é a lembrança das emoções que experimentamos outrora; de fato, não mais sentimos emoção alguma e nossa sensibilidade, não mais estimulada, deixa de arrastar nossa imaginação e nossa inteligência a novas aventuras interpretativas. A forma, para nós, e por certo período, desgastou-se[22]. Frequentemente, cumpre revirginar a sensibilidade, impondo-lhe uma longa quarentena. Voltando à peça muito tempo depois, redescobrimo-nos novamente espontâneos e maravilhados diante de suas sugestões: e não apenas por nos termos desabituado dos efeitos daqueles estímulos acústicos organizados de um certo modo; a maioria das vezes, paralelamente, também nossa inteligência amadureceu, nossa memória foi enriquecida, nossa cultura aprofundou-se; isso é suficiente para que a forma originária possa despertar zonas da inteligência ou da sensibilidade que antes não existiam e que agora se reconhecem no estímulo de base pelo qual são suscitadas. Mas pode acontecer, às vezes, que nenhuma quarentena consiga devolver-nos o assombro e o prazer de outrora, e que a forma tenha morrido definitivamente para nós; e isso pode significar que nosso crescimento intelectual atrofiou-se ou então que a obra, como organização de estímulos, dirigia-se para um receptor diferente daquele que hoje somos; e conosco mudaram também os outros receptores: sinal, portanto, de que a forma, nascida num âmbito cultural, torna-se de fato inútil em outro âmbito, podendo seus estímulos manter uma capacidade de referência e de sugestão

---

22. Sobre o "desgaste" das formas, das expressões linguísticas, vejam-se as várias observações de Gillo Dorfles, p. ex., *Le oscillazioni del gusto* (caps. XVIII e XIX); *Il divenire delle arti*, capítulo V; e o ensaio Entropia e razionalità del linguaggio litterario, *Aut Aut*, n. 18.

para homens de outro período que não o nosso. Nesse caso, somos os protagonistas de um mais amplo acontecimento do gosto e da cultura e experimentamos uma daquelas perdas de congenialidade entre obra e fruidor, que amiúde caracterizam uma época cultural e obrigam a escrever aqueles capítulos críticos que se denominam "sorte da obra tal". Nesse caso, seria inexato afirmar que a obra morreu ou que morreram os filhos do nosso tempo para a compreensão da verdadeira beleza; essas são expressões ingênuas e superficiais que se fundam na presunção da objetividade e imutabilidade do valor estético, como dado capaz de subsistir independentemente do processo transativo. Na realidade, para aquele determinado período da história da civilização (ou de nossa história pessoal), bloquearam-se algumas possibilidades de transação compreensiva. Em fenômenos relativamente simples, como a compreensão de um determinado alfabeto, tais bloqueios de possibilidades transativas são facilmente explicáveis: hoje não compreendemos a língua etrusca porque perdemos seu código, algo semelhante à tabuinha comparativa que nos permitiu descobrir a chave dos hieróglifos egípcios. Entretanto, em fenômenos complexos como a compreensão de uma forma estética, onde interagem fatores materiais e convenções semânticas, referências linguísticas e culturais, aptidões da sensibilidade e decisões da inteligência, as razões são bem mais complexas, de tal modo que comumente se aceita a falta de congenialidade como fenômeno misterioso, ou então procura-se negá-la através de capciosas análises críticas que pretendem demonstrar a absoluta e supratemporal validade da incompreensão (como fez Bettinelli com Dante). Trata-se, na realidade, de fenômenos estéticos que a estética – embora possa estabelecer suas possibilidades em geral[23] – não pode explicar na sua particularidade. É tarefa que cabe à psicologia, à

---

23. Uma ampla fenomenologia da relação interpretativa, com referência àqueles fenômenos de congenialidade nos quais se estabelecem as possibilidades e as dificuldades de interpretação de uma forma, deve-se buscar em Luigi Pareyson, *Estetica: Teoria della formatività* (especialmente o parágrafo 16 do capítulo "Lettura, interpretazione, critica").

sociologia, à antropologia, à economia e às outras ciências que estudam justamente as mudanças verificadas no interior das várias culturas.

Tudo que dissemos até aqui nos permitiu esclarecer que a impressão de profundidade sempre nova, de totalidade inclusiva, de "abertura" que nos parece reconhecer sempre em toda obra de arte, funda-se na dúplice natureza da organização comunicativa de uma forma estética e na típica natureza transativa do processo de compreensão. A impressão de abertura e totalidade não está no estímulo objetivo, que por si só é materialmente determinado; e não está no sujeito, que por si só está disposto a todas e a nenhuma abertura: mas na relação cognoscitiva no curso da qual se realizam aberturas suscitadas e dirigidas pelos estímulos organizados segundo a intenção estética.

O Valor Estético e as Duas "Aberturas"

Portanto, sob esse aspecto, a *abertura* é a condição de toda fruição estética, e toda forma fruível como dotada de valor estético é "aberta". É "aberta", como já vimos, mesmo quando o artista visa a uma comunicação unívoca e não ambígua.

Contudo, a pesquisa sobre as obras abertas realizada contemporaneamente revelou, em certas poéticas, uma intenção de abertura *explícita* e levada até o limite extremo: uma abertura que não se baseia exclusivamente na natureza característica do resultado estético, mas nos elementos mesmos que se compõem em resultado estético. Em outros termos, o fato de uma frase do *Finnegans Wake* assumir uma infinidade de significados não se explica em termos de resultado estético, como se deu no caso do verso de Racine; Joyce visava algo mais e diferente, organizava esteticamente um aparato de significantes que por si só já era aberto e ambíguo. E, por outro lado, a ambiguidade dos signos não pode ser separada de sua organização estética, muito pelo contrário, os dois valores se sustentam e motivam um ao outro.

O problema ficará mais claro se compararmos dois trechos, um da *Divina Comédia* e o outro de *Finnegans Wake*. No primeiro, Dante quer explicar a natureza da Santíssima Trindade, comunicar, portanto, o conceito mais alto e mais difícil de todo o seu poema, um conceito já esclarecido, todavia, de maneira bastante unívoca pela especulação teológica, e passível, por isso, pelo menos segundo a ideologia dantesca, de uma única interpretação que é a ortodoxa. O poeta usa, portanto, palavras que têm cada uma delas um elemento referente preciso, e diz:

> O Luce eterna, che sola in Te sidi,
> Sola t'intendi e, da te intelletta
> Ed intendente te, ami ed arridi!*

Como dissemos, a ideia da Trindade é explicada de modo unívoco pela teologia católica e não são possíveis interpretações diversas do conceito; Dante aceita uma e única interpretação, e uma e única é a que ele propõe: contudo, apresentando o conceito numa fórmula absolutamente original, ligando as ideias expressas ao material fônico e rítmico, a tal ponto que esse material manifesta não somente o conceito em questão mas o sentimento de alegre contemplação que acompanha a sua compreensão (a tal ponto que, nele, valores referenciais e valores emotivos se fundem numa forma física doravante indissociável), faz com que a noção teológica se associe com o modo pelo qual é exposta, em tal medida que daí por diante será impossível lembrar uma formulação mais eficaz e densa. Paralelamente, cada vez que se relê a estrofe, a ideia do mistério trinitário se enriquece de novas emoções e de novas sugestões imaginativas, e seu significado, que aliás é unívoco, parece aprofundar-se e enriquecer-se a cada leitura.

---

* Lume eterno que a sede em Ti só tendo, / Só te entendes, de ti sendo entendido, / E te amas e sorris, só, te entendendo! (Trad. de José Pedro Xavier Pinheiro.) (N. da T.)

Joyce, ao contrário, no quinto capítulo do *Finnegans Wake*, quer descrever a misteriosa carta encontrada num monturo e cujo significado é indecifrável, obscuro porque multiforme; a carta é o próprio *Finnegans, ou* melhor, uma imagem do universo que o *Finnegans* reflete linguisticamente. Defini-la é, no fundo, definir a própria natureza do cosmo; defini-la é tão fundamental quanto, para Dante, definir a Trindade. Mas da Trindade é dada uma única noção, enquanto que o cosmo *Finnegans Wake*-carta é um "caosmo", e defini-lo quer dizer indicar-lhe, sugerir--lhe a substancial ambiguidade. Portanto, o autor deve falar de um objeto não unívoco e usando signos não unívocos interligados segundo relações não unívocas. A definição ocupa páginas e páginas do livro, mas, no fundo, cada frase nada mais faz que repropor, numa perspectiva diferente, a ideia-base, aliás, o campo de ideias. Tomemos uma delas, ao acaso:

> From quiqui quinet to michemiche chelet and a jambebatiste to a brulobrulo! It is told in sounds in utter that, in signs so adds to, in universal, in polygluttural, in each ausiliary neutral idiom, sordomutics, florilingua, sheltafocal, flayflutter, a con's cubane, a pro's tutute, strassarab, ereperse and anythongue athall.

A caoticidade, a polivalência, a multi-interpretabilidade desse *caosmo* escrito em todos os idiomas, seu refletir a história inteira (Quinet, Michelet) mas sob forma do ciclo vichiano (jambebatiste), a polivalência de um glossário barbarizado (polygluttural), a referência a Giordano Bruno queimado (brulobrulo)*, as duas alusões obscenas que unem numa única raiz o pecado e a doença, eis uma série – uma série apenas, que surge de uma primeira inspeção interpretativa – de sugestões que derivam da própria ambiguidade

---

* Edgar Quinet (1803-1875) e Jules Michelet (1798-1874), historiadores franceses; Giambattista Vico (1668-1744), filósofo italiano cuja obra influenciou grandemente a formação de Joyce; Giordano Bruno (1548-1600), frade dominicano italiano queimado vivo pela Inquisição por suas obras filosóficas tidas como heréticas. (N. da T.)

das raízes semânticas e da desordem da construção sintática. Essa pluralidade semântica não determina ainda o *valor estético*. E, contudo, é justamente a multiplicidade dos étimos que provoca a audácia e a riqueza sugestiva dos fonemas, e até, com frequência, um novo étimo é sugerido pela relação entre dois sons, de modo que o material auditivo e o repertório das referências se fundem indissoluvelmente. Assim, a vontade de comunicar de modo ambíguo e aberto influi na organização total do discurso, determinando sua fecundidade sonora, sua capacidade de provocação imaginativa; e a organização formal que esse material sofre, num calibrar-se de relações sonoras e rítmicas, reverbera sobre o jogo das referências e das sugestões, enriquecendo-o e permitindo um arranjo orgânico tal, que a essa altura nem a menor raiz etimológica pode ser deslocada para fora do conjunto.

O que acontece no terceto dantesco e na frase joyciana é, no fundo, um procedimento análogo, visando a uma definição da estrutura do efeito estético: certo conjunto de significados denotativos e conotativos funde-se com valores físicos para formar uma forma orgânica. Ambas as formas, se contempladas sob seu aspecto estético, revelam-se *abertas* enquanto estímulo a uma fruição sempre renovada e mais profunda. Entretanto, no caso de Dante, frui-se, de modo sempre novo, a comunicação de uma mensagem *unívoca*; no caso de Joyce, o autor deseja que se frua de modo sempre diverso uma mensagem que por si só (e graças à forma que realizou) é *plurívoca*. À riqueza típica da fruição estética se junta, aqui, uma nova forma de riqueza que o autor moderno se propõe como valor a realizar.

Esse valor que a arte contemporânea procura intencionalmente, aquele que se tentou identificar em Joyce, é o mesmo que procura realizar a música serial, libertando a audiência dos trilhos obrigatórios da tonalidade e multiplicando os parâmetros com que organizar e degustar o material sonoro; é o que busca a pintura informal quando tenta propor não mais uma, mas várias direções de leitura de um quadro; é ao que visa o romance quando não nos conta mais uma única história e um único enredo, mas procura endereçar-nos, num só livro, à individuação de mais histórias e enredos.

É um valor que não se identifica, teoricamente, com o valor estético, pois se trata de um *projeto* comunicativo que deve incorporar-se numa *forma* bem-sucedida para tornar-se eficaz; e que somente se realiza se amparado por aquela abertura fundamental própria de toda forma artística bem-sucedida. Reciprocamente, esse valor, quando procurado e realizado, caracteriza as formas que o realizam de tal maneira que sua realização estética não pode mais ser fruída, avaliada e explicada a não ser fazendo referência a ele (em outros termos, não se pode apreciar uma composição atonal, senão levando em conta o fato de que ela deseja realizar uma espécie de abertura no que concerne às relações fechadas da gramática tonal e é válida somente se o consegue de maneira relevante).

Esse valor, essa espécie de abertura de segundo grau visada pela arte contemporânea, poderia ser definida como acrescimento e multiplicação das significações possíveis de uma mensagem: mas o termo presta-se ao equívoco, pois muitos não estariam dispostos a falar de "significado" a propósito do tipo de comunicação fornecido por um sinal pictórico não figurativo ou por uma constelação de sons.

Definiremos, portanto, essa espécie de abertura como um acréscimo de *informação*. Mas tal definição desloca nossa pesquisa para outro plano, obrigando-nos a estabelecer as possibilidades de emprego, no campo estético, de uma "teoria de informação".

ABERTURA, INFORMAÇÃO, COMUNICAÇÃO

As poéticas contemporâneas, ao propor estruturas artísticas que exigem do fruidor um empenho autônomo especial, frequentemente uma reconstrução, sempre variável, do material proposto, refletem uma tendência geral de nossa cultura em direção àqueles processos em que, ao invés de uma sequência unívoca e necessária de eventos, se estabelece como que um campo de probabilidades, uma "ambiguidade" de situação, capaz de estimular escolhas operativas ou interpretativas sempre diferentes.

Essa situação estética singular e a dificuldade de definirmos exatamente aquela "abertura" a que aspiram várias poéticas hodiernas nos induzem agora a examinar um setor das metodologias científicas, o da teoria da informação, no qual nos parece possível encontrar indicações interessantes para os fins de nossa pesquisa. Indicações em dois sentidos: de um lado, acreditamos que certas poéticas refletem a seu modo a própria situação cultural em que tiveram origem as pesquisas sobre a informação; de outro, acreditamos que determinados instrumentos oferecidos por essas pesquisas podem ser empregados, feitas as devidas transposições, em campo estético (o que, como veremos, já foi feito por outros). Mas prevemos a fácil objeção de que entre pesquisas da ciência e operações da arte não podem existir elos efetivos, e que todo paralelo instituído é absolutamente gratuito. Então, para se evitar transposições imediatas e superficiais, não será inútil examinar inicialmente os princípios gerais da teoria da informação sem tentar referências à estética, e somente depois disso verificar se existem e quais são as conexões e a que preço os instrumentos de um campo podem ser empregados no outro.

A Teoria da Informação

A teoria da informação tende a computar a quantidade de informação contida em uma determinada mensagem. Se, por exemplo, o boletim meteorológico que data de 4 de agosto me comunica: "Amanhã não nevará", a informação que recebo é muito escassa, porque se trata de um dado de tal forma reduzido que a quantidade de coisas que eu sei e minha capacidade de prever os acontecimentos de amanhã não são ampliadas. Mas se, em 4 de agosto, o boletim meteorológico me comunica: "amanhã, 5 de agosto, nevará", então eu recebo uma quantidade significativa de informações, dada a improbabilidade do fato anunciado. A quantidade de informação de tal mensagem é delimitada por uma série de conhecimentos que eu possa ter quanto à observação de uma fonte: se eu pergunto a um agente imobiliário que me vende uma casa se esta tem muita umidade e ele me responde "não", extraio escassa informação e fico igualmente incerto sobre a real natureza da ocorrência. Mas se o mesmo agente me responde "sim", contra toda minha expectativa e todo o seu interesse, então eu recebo uma boa quantidade de informação e sei realmente alguma coisa a mais sobre o assunto que me interessa.

A informação é, portanto, uma quantidade aditiva; é alguma coisa a mais que se junta ao que eu já sei e que se me apresenta como aquisição nova. Mas no exemplo mencionado falava-se de uma informação muito ampla e complexa, em que a cota de novidade dependia do caráter das expectativas do destinatário. Na realidade, a informação deve ser preliminarmente definida no âmbito de situações muito mais simples, em que a quantidade de informação possa ser medida com sistemas matemáticos e expressa em cifra, sem ter referência ao conhecimento de um eventual receptor; tal é a atribuição da teoria da informação. Seus cálculos se adaptam a mensagens de qualquer gênero, a símbolos numéricos, a símbolos linguísticos, a sequência de sons etc.

Para calcular a quantidade de informação é necessário levar em conta que o máximo de probabilidade que um evento tem para acontecer é 1 (um). O mínimo é zero. Uma moeda lançada no ar tem igual probabilidade de cair mostrando a cara ou a coroa. A probabilidade de mostrar a cara é, portanto, de ½. A probabilidade em um lance de dado de dar, proponhamos, três é 1/6. A probabilidade que dois eventos independentes ocorram em conjunto é dada pelo produto das probabilidades individuais: por conseguinte, a probabilidade de, por exemplo, dois dados lançados darem um deles o número 1 e o outro 6, é de 1/36.

A relação que existe ali é entre uma série de eventos que podem ser verificados e a série de probabilidades relativas e esses eventos, que se estabelece como analogia entre uma progressão aritmética e uma progressão geométrica: analogia que é expressa por um logaritmo, porque a segunda série consistirá no logaritmo da primeira. A expressão mais corrente de uma quantidade de informação se faz dando: "informação" igual a:

$$\log \frac{\text{probabilidade de o receptor ter recebido depois a mensagem}}{\text{probabilidade de o receptor ter recebido antes a mensagem}}$$

No caso da moeda, se me é dito que ela mostrará a cara, a expressão será:

$$\log \tfrac{1}{1/2} = 2$$

e, portanto, na expressão, dada a mensagem recebida, a probabilidade será sempre 1 (um) (posto que falta o ruído de fundo, que discutiremos), pode-se descrever assim:

informação = – log (probabilidade de o receptor receber a mensagem antes)

No caso da moeda:

$$-\log(½) = \log 2$$

A teoria da informação, procedendo por escolha binária, usa logaritmo de base 2 e chama a unidade de informação *bit*, contraindo as duas palavras *binary digit* (dígito binário). O uso do logaritmo de base 2 tem esta vantagem: dado que $\log, 2 = 1$, um *bit* de informação nos diz, pois, qual das duas possibilidades de um evento se verificará.

Para dar um outro exemplo, dado um tabuleiro de 64 casas, em uma das quais se vai colocar um peão, se um informante me avisa que o peão se encontra na casa 48, a informação que recebo pode ser mensurada no seguinte modo: dado que inicialmente as minhas possibilidades de acertar a casa eram de 1/64, pus a expressão $-\log_2(1/64) = \log_2 64 = 6$. Tenho, pois, recebido uma informação computável em seis *bits*[1].

Podemos dizer, portanto, que a quantidade de informação transmitida por uma mensagem é igual ao logaritmo binário do número de possibilidades necessárias para definir a mensagem sem ambiguidade[2].

---

1. Cf. o exaustivo tratado de Stanford Goldman, *Information Theory*, New York: Prentice-Hall, 1953. Também nos baseamos em Abraham. A. Moles, *Théorie de l'information et perception esthétique*, Paris: Flammarion, 1958.

2. Essa definição pode ser retomada do princípio adotado em linguística, pelo qual cada traço ou fonema, dentro de uma unidade semântica, ▶

Para medir a diminuição ou o incremento da quantidade de informação, os teóricos do problema recorrem a um conceito derivado da termodinâmica e que, enfim, passou oficialmente a fazer parte da bagagem terminológica da teoria da informação; trata-se do conceito de *entropia*. Assaz conhecido porque todos temos ouvido falar dele, é, por isso, bastante difuso porque cada um o entende a seu modo, usando-o com muita licenciosidade, por isso será bom retê-lo um momento em análise para afastá-lo daqueles ecos ao qual a sua proveniência da termodinâmica o ligam, nem sempre de modo legítimo.

Pelo segundo princípio da termodinâmica, enunciado por Clausis, enquanto uma determinada quantidade de trabalho pode transformar-se em calor (como diz o primeiro princípio), cada vez que se transforma o calor em trabalho, nos encontramos diante de tais limites, cujo processo não acontece de modo completo e total como no caso do primeiro princípio. Para obter a troca de uma quantidade de calor, uma máquina deve ter trocas de calor entre dois corpos em temperatura diversa: a fonte de calor e o resfriador. O calor se transforma, portanto, em trabalho: Q_1 mais o calor $Q - Q_1$, que vem cedido ao resfriador.

Dada, portanto, uma transformação de trabalho em calor (primeiro princípio), quando transformo novamente

▷ implica uma escolha entre dois termos de uma oposição (cf. Nikolaj Sergeevic Trubeckoj; Jean Cantineau; Luis Jorge Prieto, *Principes de phonologie*, Paris: C. Klincksieck, 1949, p. 15, 33s; R. Jakobson, *Essais*, pág. 104; sempre sobre a natureza informacional das oposições fonológicas. Cf. G.T. Guilbaud, *La cybernétique*, Paris: PUF, 1954, p.103). Do mesmo modo, também a escolha de uma forma gramatical por parte do falante coloca o receptor na presença de um dado número de *bit* de informação. Assim, Boas tem demonstrado que uma expressão como "the man killed the bull" [O homem matou o touro] obriga o receptor a dar um significado à mensagem, a escolher entre um dado número de alternativas. Os linguistas têm recorrido a teoria da informação como um instrumento privilegiado: a dialética informacional entre a redundância e a improbabilidade (de que trataremos) foi, assim, colocada em relação à dialética linguística entre a base de comparação e variantes, entre tratos distintivos e redundantes. Jakobson fala de linguagem em estrutura granular e, portanto, suscetível de quantificações.

esse calor em trabalho não obtenho mais a quantidade de trabalho original. Houve, então, uma degradação ou – como se costuma dizer – um "consumo" de energia que não será mais recuperada. A energia se "consome". Alguns processos naturais não são, pois, completamente reversíveis: "esses processos têm uma única direção; com cada um deles o mundo dá um passo adiante, cujos traços não podem ser apagados de modo algum"[3]. Se se quiser encontrar uma medida geral de irreversibilidade, deve-se pensar que a natureza pode mostrar, por assim dizer, uma espécie de preferência por alguns estados do que por outros (isto é, para aqueles que evolvem processos irreversíveis): e sucederá encontrar uma grandeza física que mede quantitativamente a preferência da natureza por um certo estado; essa grandeza teria a propriedade de crescer em todos os processos irreversíveis. Essa é a entropia.

O segundo princípio da termodinâmica com a sua afirmação do "consumo" de energia apoia-se, portanto, no princípio da entropia, a tal ponto que comumente se associa a ideia de entropia à ideia de um "consumo" e àquele corolário pelo qual, contemplando a marcha de cada processo natural em direção a um consumo crescente e uma progressiva degradação de energia, se preconiza a "morte térmica" do universo. Mas é preciso sublinhar, de uma vez por todas, que se em termodinâmica a entropia é usada para definir um consumo (e se, portanto, aqui se impregna inevitavelmente de uma tonalidade pessimista – embora seja permitido colorir emotivamente as reflexões científicas), ela é, na realidade, uma medida estatística e, por conseguinte, um instrumento matematicamente neutro. Em outras palavras, a entropia é a medida de um estado de máxima equiprobabilidade, em direção ao qual se destinam os processos naturais. Nesse sentido se diz que a natureza tem preferência: a natureza prefere um estado mais uniforme a um menos

3 Ver Max Planck, *La conoscenza del mondo físico*, Torino: Einaudi, 1954, p. 19 (em geral, todo o capítulo primeiro).

uniforme, e o calor passa de um corpo de temperatura mais alta para um corpo de temperatura mais baixa, porque o estado de igual distribuição da temperatura é mais plausível do que um estado de distribuição desigual. Em outras palavras, a recíproca velocidade das moléculas tende a um estado de uniformidade mais do que de diferenciação, no qual, algumas delas movendo-se mais rapidamente que outras, se verificam variações térmicas. As pesquisas de Boltzmann sobre a teoria cinética dos gases têm elucidado como, de preferência, a natureza tende a uma *desordem elementar*, da qual a entropia é a medida[4].

Todavia, é necessário insistir sobre o caráter *puramente estatístico* do conceito de entropia, assim como puramente estatístico é, no fim das contas, o próprio princípio de irreversibilidade: como já havia demonstrado Boltzmann, o processo de reversão em um sistema fechado não é impossível, é apenas improvável. A colisão das moléculas de um gás está alinhada com as leis da estatística que levam a uma equalização média das diferenças. Quando uma molécula mais veloz choca-se com outra mais lenta, pode também ocorrer que a molécula mais lenta transfira parte de sua velocidade àquela mais veloz, mas é estatisticamente mais provável o contrário, isto é, que a molécula veloz diminua a sua corrida e uniformize sua velocidade com aquela mais lenta, realizando um estado de maior uniformidade, e, portanto, um aumento de desordem elementar. Como diz Hans Reichenbach, "A lei de aumento da entropia é garantida, pois, pela lei dos grandes números, familiares a todo tipo de estatística, mas que não pertence à categoria das leis limitadas da física que, como as leis da mecânica, não permitem exceções."[5]

Como da teoria do "consumo" de energia se possa passar a utilizar o conceito de entropia para uma teoria da

---

4 Ibidem.

5 *The Direction of Time*, Berkeley: University of California, 1956, p. 55. De opinião diversa, Planck mostra o que tende a considerar a entropia uma realidade natural, que exclui, *a priori*, fatos considerados impossíveis pela experiência.

informação, nos é provido por Hans Reichnbach em um plano de raciocínio muito simples. A tendência geral ao aumento da entropia, própria dos processos físicos, não impede que se possa observar como experimentamos no dia a dia os processos físicos nos quais se verificam fatos de organização, isto é, um ajuste dos eventos segundo uma certa improbabilidade (todos os processos orgânicos são desse tipo) e, consequentemente, segundo *entropia decrescente*. Dada uma curva universal da entropia, esses momentos de decréscimo são aqueles que Reichenbach chama de *branch systems* (sistemas ramificados) – como os desvios, as ramificações da curva – nos quais a interação de alguns eventos leva a uma organização dos elementos. Vejamos um exemplo: na tendência geral à desordem e, por conseguinte, para uniformizar a disposição que os ventos produzem nos milhares de grãos de areia que constituem uma praia, a súbita passagem de uma criatura humana que imprima o seu pé sobre a superfície da areia, representa um complexo interativo de eventos que comunica a configuração, extremamente improvável, da pegada de um pé. Essa configuração, que é uma *forma*, um fato de organização, tenderá, evidentemente, a desaparecer sob a ação dos ventos; em outras palavras, se ela representava uma ramificação da curva geral da entropia (no âmbito do qual a própria entropia diminua, deixando no lugar uma ordem improvável), este sistema lateral tenderá, todavia, a ser reabsorvido na curva universal da entropia crescente. Na esfera desse sistema, porém, são verificadas, apenas para a diminuição da desordem elementar e a atuação de uma ordem, as relações de causa e efeito: a causa foi o complexo de eventos interagindo com os grãos de areia (leia-se: pés humanos), o efeito sendo a organização resultante (leia-se: pegada).

A existência dessas relações de causa e efeito nos sistemas organizados, segundo a entropia decrescente, estabelece a existência da "recordação": fisicamente, uma recordação é um registro, "é um arranjo da ordem do qual se mantém preservado: é uma ordem congelada, por assim dizer"[6]. Ele nos ajuda a estabelecer as cadeias causais, a reconstruir um fato. Mas, uma vez que a segunda lei da termodinâmica leva a reconhecer e a estabelecer a existência de lembranças do passado, e já que a recordação outra coisa não é que um armazenamento de informações, eis aqui *o nascer de uma estreita relação entre entropia e informação*[7].

Por isso não nos surpreenderemos se encontrarmos teóricos da informação empregando largamente o termo "entropia": isso nos ajudará a entender que, de fato, medir a quantidade de informações significa medir uma ordem ou desordem, segundo a qual uma determinada mensagem é organizada.

O Conceito de Informação em Wiener

Para Norbert Wiener, que se utiliza amplamente da teoria da informação para a sua pesquisa sobre cibernética, por ver aí a possibilidade de controle e comunicação nos humanos e nas máquinas, o conteúdo informativo de uma mensagem é dado conforme o seu grau de organização; a informação é a medida de uma ordem e, consequentemente, a medida da desordem, ou seja, a entropia será o oposto da informação. Vale dizer que a informação de uma mensagem é dada pela sua capacidade de se organizar segundo uma ordem particular, fugindo, assim, por meio de uma sistematização improvável daquela equiprobabilidade, da uniformidade, da desordem elementar para a qual os eventos naturais tenderiam. Exemplificando: se eu, por acaso, jogo uma grande quantidade de cubos sobre uma folha em que foram projetadas as letras do alfabeto segundo cada probabilidade, e eles reincidirem, dando-me uma sequência sem o mínimo significado, por exemplo: AAASQMFLLNSUHOI etc. Essa sequência não me diz nada de particular; me diria alguma coisa se fosse organizada conforme as regras ortográficas

6. Ibidem, p. 151.
7. Ibidem, p. 167.

de uma dada língua, marcada por um certo critério ortográfico e gramatical, se, em suma, estivesse baseada em um sistema previsto e organizado de combinações possíveis, ou seja, um código. Uma língua é um fato humano, é um típico *branch system*, no qual estão presentes numerosos fatos que interagem para produzir um estado de ordem das relações precisas. Enquanto organização – que escapa da equiprobabilidade da desordem –, a língua representa um evento *improvável* em relação à curva geral da entropia. Mas essa organização, naturalmente improvável, funda agora, no interior do sistema, *a sua própria cadeia de probabilidade,* a probabilidade que sustenta, de fato, a organização de uma língua em que, por exemplo, se na metade de uma palavra italiana, que me é desconhecida, encontro duas consoantes seguidas, posso prever com uma taxa de probabilidade quase absoluta que a próxima letra será uma vogal. Um exemplo típico de língua, de *branch system*, de código, é dado pelo sistema tonal em música; ele é extremamente improvável, no que diz respeito aos fatos naturais (que se distribuem sob a forma de ruídos brancos), mas, no interior do sistema organizado que constitui, estabelece critérios de probabilidade por meio do qual posso prever, com certa segurança, ao menos as grandes linhas, a curva melódica de uma sequência de notas, prevendo, assim, a chegada da tônica a certo ponto da sucessão.

A teoria da informação, ao estudar a transmissão de mensagens, entende-as exatamente como sistemas organizados exatos de leis de probabilidade estabelecidas, nos quais se pode introduzir, sob forma de distúrbio proveniente de fora, ou de atenuação da própria mensagem (todos elementos compreendidos sob a categoria de "ruído"), uma cota de desordem, logo, de consumo da comunicação, de aumento da entropia. Se o significado da mensagem está organizado segundo certas leis da probabilidade (leis, não a equiprobabilidade estatística medida positivamente pela entropia), então a desordem é o perigo que se encontra à espreita para destruir a própria mensagem, e a entropia é a sua medida. A entropia será, assim, a medida negativa do significado de uma mensagem[8].

Para salvaguardar a mensagem desse consumo, de modo que, por mais que o ruído se insinue para perturbar a recepção, o seu significado (a sua ordem) se mantenha inalterado nas linhas essenciais, deverei, portanto, por assim dizer, "envelopar" a mensagem em reiterações da ordem convencionadas, em uma superabundância de probabilidades bem determinadas, de sorte que uma parte subsista, de qualquer forma, ao ruído. Essa superabundância de tais probabilidades é a redundância. Assumimos, por exemplo, ter que transmitir a mensagem: "Ti odo" (Te ouço). Vamos supor que essa frase seja pronunciada de um cume a outro de duas montanhas, ou transmitida por uma telegrafista inexperiente na lida com seu transmissor, ou por um telefonema em uma linha cheia de obstáculos, ou por uma inscrição em papel a ser abandonado no mar na clássica garrafa, submetido às infiltrações de água. Todos esses obstáculos e acidentes são, do ponto de vista da informação, ruídos. Para assegurar que a mensagem seja recebida de modo correto, que um erro da telegrafista não a transformará em "Ti ódio" (Te odeio) ou os sibilos do vento não a farão incompreensível; eu posso escrever: "Ti odo, isto é, ti sinto" (Te ouço, isto é, te escuto). Grosseiramente, por pior que as coisas saiam, quem receber a mensagem terá a possibilidade, de acordo com as evidências poucas e incompletas reunidas, de reconstrui-la da melhor maneira.

Em termos mais rigorosos, num sistema linguístico, a redundância resulta de tudo que, em conjunto com as regras sintáticas ortográficas e gramaticais, venha a constituir um ponto de passagem obrigatório de uma língua. Nesse sentido, como sistema de probabilidades prefixadas às quais se

8. Ver Norbert Wiener, *Introduzione alla cibernetica*, Torino: Einaudi, 1958, p. 33. Resumamos: existe uma equiprobabilidade da desordem, em relação a qual uma ordem é um evento improvável porque é a escolha de uma única cadeia de probabilidades. Uma vez implementado, uma ordem constitui um sistema de probabilidades em relação ao qual todo desvio apresenta-se como improvável.

refere uma língua, é *um código comunicativo*. O uso dos pronomes, das partículas, das flexões em determinada língua, são todos elementos passíveis de complicar a organização das mensagens e de propiciar maior associação a uma certa (e não outra) probabilidade. No limite, pode-se dizer que as próprias vogais intervêm nas palavras como elemento de redundância, quando não por tornar mais provável e compreensível a colocação das consoantes (que determinam a palavra em questão). Um conjunto de consoantes como "cvl" pode sugerir-me a palavra "cavalo" mais do que faria as vogais "aao". As últimas se inserem, porém, entre as consoantes para dar-me a palavra completa e compreensível, quase como mais uma possibilidade de compreensão. Quando os teóricos da informação estabelecem que a redundância da língua inglesa é de 50%, querem dizer que, quando se fala inglês, 50% são devidos ao que se quer comunicar, os outros 50% são determinados pela estrutura da linguagem e estão presentes como superavit clarificador. Um telegrama, no seu estilo de fato "telegráfico", é no fundo uma mensagem na qual é eliminada uma pequena parte de redundância (pronomes, artigos, advérbios), o suficiente para que o significado não seja, todavia, perdido. Por outro lado, em um telegrama a redundância perdida é compensada pela introdução de modos de dizer convencionais, de expressões estereotipadas que permitem, assim, uma fácil compreensão e constituem uma nova forma de probabilidade e de ordem.

A tal ponto as leis de probabilidade governam a recorrência dos elementos de uma linguagem que, aplicando uma pesquisa estatística à estrutura morfológica das palavras, é possível predispor um número x de letras, escolhidos segundo critério estatístico de maior recorrência, a fim de construir uma sequência que, no entanto, tem muito em comum com a língua sobre a qual o experimento é exercitado[9].

9. A exemplo: Alinhando uma sequência de letras obtidas e extraindo aleatoriamente alguns dos trigramas estatisticamente mais prováveis na língua de Tito Lívio, temos um conjunto de pseudopalavras,►

Tudo isso leva, porém, a concluir que a ordem que regula a compreensibilidade de uma mensagem funda também sua absoluta previsibilidade; em outras palavras, a *banalidade*. Quanto mais ordenada e compreensível for, tanto mais a mensagem será previsível: cumprimentos natalinos, ou de condolências, que seguem critérios de probabilidade limitadíssima, são de significado muito claro, mas não nos dizem muito mais do que já sabemos.

Diferença Entre Significado e Informação

Isso leva a considerar insuficiente a opinião comum, que encontra apoio na abordagem de Wiener, de que o *significado* de uma mensagem e a *informação* nela contida seriam sinônimos, coligando as noções de *ordem* e *probabilidade*, e ambos opostos às noções de entropia e desordem.

Todavia, temos já observado que a informação depende também da fonte de onde provém: é verdade que no caso de uma mensagem de votos natalinos para nós, vinda do presidente do conselho de ministros da Rússia, a imprevisibilidade do voto seria, aqui, fonte de um acréscimo impensado de informação. Porém, isso reconfirma o fato que, como se dizia no início, a informação enquanto aditiva é ligada à *originalidade*, à *não probabilidade*. Como conciliar isso com o fato de que em uma mensagem há tanto mais significado quanto mais provável ou previsível for em cada passagem da sua estrutura? É claro que uma frase como "Toda primavera as flores despontam" tem um significado muito claro, absolutamente inequívoco, com o máximo de significado e comunicação possível, mas não acrescenta nada àquilo que já sabíamos.

Nos termos em que primeiro havíamos falado de informação, *não se informa grande coisa*. Devemos, então, concluir que informação e significado *são duas coisas diversas*?

▷ indubitavelmente nutrida de uma certa "latinidade": IBUS. CENT. IPITIA. VETIS. IPSE. CUM. VIVIUS. SE. ACETITI.DEDENTUR. Cf. Georges Thedule Guilbaud, *La Cybernétique*, Paris: PUF, 1954, p. 82.

Se lemos as páginas de Wiener, não temos motivo para chegar a tal conclusão: para ele, informação significa *ordem* e o seu oposto é medido pela entropia. Mas é verdade que Wiener se serve da teoria da informação para estudar a possibilidade de comunicação de um cérebro eletrônico, e o que lhe interessa é estabelecer os meios pelos quais uma comunicação resulta compreensível. Ele não coloca, pois, nenhuma diferença entre informação e significado. Todavia, a certo ponto, ele faz uma afirmação extremamente importante: "um fragmento de informação, por contribuir à informação geral da comunidade, deve dizer alguma coisa substancialmente diversa do patrimônio da informação já à disposição da comunidade"; e, a esse propósito, ele cita o exemplo de grandes artistas, cujo prestígio reside em haverem colocado em uso certos modos de dizer ou fazer de um jeito inusitado, e vê o consumo de suas obras como consequência do fato de que o público está habituado a considerar como patrimônio geral e, portanto, banal aquilo que neles apareceu pela primeira vez e a título de absoluta originalidade[10].

Ao refletir sobre esse ponto, compreendemos que a comunicação cotidiana é plena de expressões que se opõem aos usos gramaticais ou sintáticos e propriamente por isso nos abalam e nos comunicam algo de novo, e se eludem às regras pelas quais um significado é habitualmente transmitido. Sucede, assim, que – dada uma língua como sistema de probabilidades – certos elementos particulares de desordem incrementam as informações de uma mensagem.

Significado e Informação
na Mensagem Poética

Na arte, esse fato ocorre por excelência, e a palavra poética é comumente considerada aquela que, pondo som e conceito em uma relação absolutamente nova, os sons e as palavras

---

10. Ver N. Wiener, op. cit, p. 145. A propósito, ver também Gillo Dorfles, Entropia e relazionalità del linguaggio letterario, em *Aut Aut*, n. 18 e *Il divenire delle arti*, Torino: Einaudi, 1959, p. 92s.

entre eles, unindo frases de modo não comum, comunica, junto com um dado significado, uma emoção inusitada; a tal ponto que a emoção surge também quando o significado não se faz imediatamente claro. Pensemos em um amante que deseja exprimir o seguinte conceito, e o exprime segundo todas as regras de probabilidade que o discurso lhe impõe:

Às vezes, quando tento recordar alguns eventos que me ocorreram há muito tempo, parece-me quase rever um curso d'água; a água que escorria em tal curso era fria e límpida. A lembrança desse curso d'água me impressiona de modo particular, porque próximo a ele ia sentar-se a mulher pela qual naquele tempo eu era apaixonado e pela qual ainda sou apaixonado completamente. Eu sou, assim, tão apaixonado por essa senhora que, por uma deformação típica dos enamorados, sou induzido a levar em consideração apenas ela dentre todos os seres humanos de sexo feminino existentes no mundo. Devo acrescentar, se me é permitida a expressão, que aquele curso d'água, pelo fato de que permanece associado em minha memória à lembrança da mulher que amo (e devo dizer que essa mulher é muito bela), gera em meu ânimo uma certa doçura; ora, eu, por um outro comportamento comum aos amantes, transfiro essa doçura que sinto para o curso d'água, por causa do que sinto por ela: eu, portanto, atribuo a doçura ao curso d'água como se ela fosse uma qualidade dele. É isso que eu queria dizer; eu espero ter-me feito entender.

Assim soaria a frase de nosso enamorado se este, preocupado em comunicar um significado incontestável e compreensível, atentasse para todas as leis da redundância. Nós compreenderíamos o que ele disse, mas talvez, depois de algum tempo, esqueceríamos os fatos narrados. Se, ao invés, o amante se chamasse Francesco Petrarca, ignorando solenemente as regras de construção comum, usando metáforas audazes, eliminando passagens lógicas, negligenciando, inclusive, informar que ele fala de um fato rememorado e deixando isso subentendido apenas pelo uso do passado, se dirá:

Chiare, fresche, e dolci acque

Dove la belle membra
*Pose colei che sola a me par donna.**

Assim fazendo, e não usando mais que quinze palavras, consegue até dizer que, por um lado, ele recorda e, por outro, que ainda ama, e diz-nos o quão intensamente ama com o próprio movimento vivíssimo dessa lembrança que se exprime num grito, com a urgência de uma visão presente. Jamais, como nesse caso, nós tocamos com as mãos a violência e a doçura de um amor, a qualidade pungente de uma recordação. Recebida essa comunicação, acumulamos uma enorme taxa de informação acerca do amor de Petrarca e da essência do amor em geral. Entre os dois discursos elencados, não há nenhuma diferença de significado; pois bem, no segundo caso, a originalidade de organização – a imprevisibilidade *em relação a um sistema de probabilidade*, a desorganização introduzida nele – é o único elemento a determinar um aumento de informação.

Antecipamos, aqui, uma simples objeção que se poderia fazer: não é somente o aumento de imprevisibilidade que gera o fascínio do discurso poético; nesse caso, deveriam ser muito mais poéticos os versos de Burchiello que dizem: "Zanzaverata di peducci friti – e bolletti in brodetto senza agresto – disputavan com ira nel Digesto – ove parla de' broccoli sconfitti"**. Aqui, apenas se deseja afirmar que *um certo modo*[11]

---

* Ao pé da letra, os versos de Petrarca soariam assim: "Claras, frescas, e doces águas / Onde os formosos membros/ Pôs aquela que sozinha a mim parece mulher." (N. da T.)

** Os versos, ao pé da letra, dizem: Gengibrada de pezinhos fritos/ E cosméticos em calda sem azedinha/ Disputavam com ira no Digesto/ Onde fala do brócolis vencido. Domenico di Giovanni, *Soneti del Burchiello del Bellincioni e d'altri poeti fiorentini alla burchiellesca*. Londra: 1757. Domenico di Giovanni, mais conhecido como o Burchiello (Florença, 1404 - Roma, 1449), barbeiro e poeta italiano do século xv, famoso pelo seu estilo satírico e pelo uso de linguagem aparentemente absurda e paradoxal em seus sonetos.(N. da T.)

11. "Um certo modo". Qual? Aquele que a estética define como característico da forma artística, provida de valor estético. Aquele, enfim, analisado e definido no ensaio precedente. Ver a seção "O Estímulo Estético", supra p. 114.

de usar a linguagem invulgarmente determina o resultado poético; e que o uso da probabilidade pelo sistema linguístico não nos seria nulo. Isso, ao menos, desde que a novidade não estivesse mais do que nas expressões – ou em uma forma de reviver sentimentos habituais –, nas coisas ditas: nesse sentido, um boletim radiofônico, que anuncia segundo cada regra de redundância o lançamento de uma bomba atômica sobre Roma estaria carregado de informação. Mas esse discurso nos leva para fora de um exame das estruturas de um sistema linguístico (e fora de um discurso estético: sinal que, realmente, a estética deve se interessar mais pelos *modos de dizer* do que *pelo que é dito*). E depois, enquanto os versos de Petrarca veiculam informações a qualquer pessoa apta a entender-lhe o significado e também ao próprio Petrarca, a notícia sobre o lançamento atômico, ao contrário, não informaria nada ao piloto que efetuou o lançamento e não informaria mais nada a quem o escutasse pela segunda vez. Nós estamos, portanto, examinando a possibilidade de veicular uma *informação* que não tenha "significado" habitual, por meio do emprego das estruturas convencionais de uma linguagem, que violem as leis de probabilidade que a regulam do interior.

Assim, por consequência, a informação seria associada não à ordem, mas à desordem, pelo menos a um certo tipo de *não--ordem-habitual-e-previsível*. Tem-se dito que a medida positiva de tal informação (enquanto distinta de significado) seja a entropia. Mas se a entropia é a desordem em grau máximo e – dentro disso – a consciência de *todas* as probabilidades e de *nenhuma*, então a informação dada por uma mensagem organizada intencionalmente (mensagem poética ou comum) aparecerá somente como uma particularíssima forma de desordem: uma desordem que se mostra como parte de uma ordem preexistente. Pode-se ainda falar de entropia nesse caso?

A Transmissão da Informação

Retomemos, por um momento, ao exemplo clássico da teoria cinética dos gases, à imagem de um recipiente cheio de moléculas de gás que se movem em velocidade uniforme. O movimento dessas moléculas sendo regulado por leis puramente estatísticas, a entropia do sistema é muito alta e – embora se possa prever o comportamento global do sistema – temos dificuldade em predizer a próxima posição de uma dada molécula; em outros termos, a molécula pode se comportar de modo muito variado; está, por assim dizer, carregada de todas as possibilidades, nós sabemos que poderá cobrir uma grande quantidade de posições, mas não sabemos quais. Para poder determinar melhor o comportamento das moléculas individuais, será necessário diferenciar as suas velocidades, introduzir – em uma palavra – uma ordem no sistema e diminuir a entropia: desse modo teremos aumentado a possibilidade de uma molécula se comportar de uma certa maneira, mas teremos limitado as suas possibilidades iniciais (submetendo-a a um código).

Assim, se eu quero saber alguma coisa sobre o comportamento de uma partícula individual, nesse caso, a informação que investigo se opõe à entropia. Mas se quero conhecer todos os comportamentos possíveis de que cada partícula será capaz, então *a informação que procuro será diretamente proporcional à entropia*; pondo ordem no sistema e diminuindo-lhe a entropia, saberei muito em um certo sentido, e saberei muito menos em outro.

O mesmo acontece com a transmissão de uma informação.

Procuramos esclarecer este ponto, refazendo a fórmula com a qual normalmente se exprime os valores de uma informação:

$$I = N \log h$$

em que "h" representa o número de elementos para escolher e N o número de escolhas que se pode fazer (no caso dos dois dados, $h = 6$ e $N = 2$; no caso do tabuleiro de xadrez, $h = 64$ e N = todas as movimentações consentidas pelas regras do tabuleiro).

Ora, em um sistema de alta entropia (no qual todas as combinações possam ser confirmadas), os valores de N e de h são altíssimos e, portanto, é altíssimo o valor da informação que se poderá transmitir sobre o comportamento de um ou mais elementos do sistema. Mas é dificílimo comunicar tantas opções binárias quantas nos servem para individuar o elemento escolhido e definir suas combinações com outros elementos.

Como se pode comunicar favoravelmente uma informação? Reduzindo o número dos elementos em jogo e as escolhas possíveis, introduzindo um código, um sistema de regras, que contemple um número fixo de elementos, exclua certas combinações e consinta apenas outras. Nesse caso, se poderá veicular uma informação por meio de um razoável número de escolhas binárias. Mas os valores de N e de h diminuíram e, por consequência, diminui-se, também, os valores de informação recebida.

Assim, *quanto maior a informação tanto mais é difícil comunicá-la de qualquer modo; quanto mais a mensagem comunica de modo claro, tanto menos informa.*

Eis por que Shannon e Weaver, em seu clássico livro sobre a teoria da informação[12], pretendem que a informação seja diretamente proporcional à entropia. Que Shannon, um dos fundadores da teoria, tenha percebido esse aspecto da informação é reconhecido por outros estudiosos[13]. Todos eles, porém, nos lembram que, entendida estritamente como informação estatística, como medida de uma possibilidade, ela não tem nada a ver com o conteúdo verdadeiro ou falso de uma mensagem (com o seu "significado"). Tudo isso se esclarece melhor seguindo algumas afirmações que Warren Wever faz em um ensaio destinado a uma divulgação mais ampla da matemática da informação:

Nessa nova teoria, a palavra informação se refere não tanto a quanto se diz, mas a quanto se poderia dizer; isto é, a informação é a medida de nossa liberdade de escolha na seleção de uma mensagem [...]

12. Cf. Claude E. Shannon; Warren Weaver, *The Mathematical Theory of Comunication*, Champaign: University Illinois Press, 1949.

13. Cf. S. Goldman, op. cit., p.330-331 e G.T. Guilbaud, op. cit., p. 65.

Devemos recordar que na teoria matemática da comunicação nós não estamos interessados no significado das mensagens individuais, mas sim na natureza estatística global da fonte de informação [...].

O conceito de informação desenvolvido nessa teoria parece, a princípio, estranho e não satisfatório; insatisfatório porque não há nada a fazer com o significado e estranho porque não se refere a uma única mensagem, mas, ao contrário, ao caráter estatístico de um conjunto de mensagens; estranho, também, porque, em tais termos estatísticos, as palavras "informação" e "incerteza" estão extremamente ligadas[14].

Com o que reconduzimos o longo discurso sobre a teoria da informação ao problema que nos interessa; e, todavia, devemos perguntar-nos se ainda é legítimo aplicar tais conceitos, à guisa de instrumentos de pesquisa, às questões de estética. Ao menos pelo fato de ter ficado claro que o sentido *estatístico* de "informação" é muito mais amplo do que o *comunicativo*.

Estatisticamente, tenho informação quando – *aquém* de toda ordem – disponho da presença simultânea de todas as probabilidades *ao nível da fonte de informação*.

Ao contrário, comunicativamente, tenho informação quando: 1. no seio da desordem original, recortei e constituí uma ordem como sistema de probabilidades, isto é, um código; 2. no seio desse sistema, sem voltar *aquém* (antes dele), introduzo – através da elaboração de uma mensagem ambígua em relação às regras do código – elementos de desordem, que, numa tensão dialética, se contrapõem à ordem de fundo (a mensagem põe em crise o código).

Será, portanto, preciso examinar como se apresenta o emprego dessa desordem visada em face da comunicação de um discurso poético, levando em conta que essa desordem não pode mais ser identificada com a noção estatística de entropia *a não ser em sentido translato*: a desordem que comunica é desordem-em-relação-a-uma-ordem-anterior.

---

14. La matematica dell'informazione, no volume *Controllo automatico*, Milano: Martello, 1956.

Discurso Poético e Informação

O exemplo de Petrarca enquadrava-se particularmente neste contexto: sugeriu-nos ao menos a ideia de que, na arte, um dos elementos de peculiaridade do discurso estético é fornecido pela quebra da ordem probabilística da linguagem, ordem apta a veicular significados normais, justamente para aumentar o número de significados possíveis. Esse tipo de informação é típico de toda mensagem estética e coincide com aquela abertura básica de *toda* obra de arte, considerada no capítulo anterior.

Passemos agora a considerar exemplos de uma arte moderna em que se pretenda, voluntariamente, acrescer o significado comumente entendido.

Segundo as leis da redundância, se pronuncio o artigo "o", a possibilidade de que a palavra seguinte seja um pronome ou um nome é altíssima; e se digo "no caso", é altíssima a probabilidade de que a palavra seguinte seja "de", e não "elefante". Isso no discurso comum, e é bom que assim seja. Weaver, que dá exemplos desse gênero, conclui dizendo que, por outro lado, é baixíssima a probabilidade de uma frase como "em Constantinopla pescando um cravo desagradável"; isso, naturalmente, segundo as leis estatísticas que regem a língua comum; mas é impressionante como uma frase desse gênero se parece com um exemplo de escrita automática surrealista.

Leiamos agora *L'Isola* (A Ilha), de Ungaretti:

> *A una proda ove sera era perenne*
> *di anziane selve assorte, scese*
> *e s'inoltrò*
> *e lo richiamò rumore di penne*
> *ch'erasi sciolto dallo stridulo*
> *batticuore dell'acqua torrida...* *

---

* "A uma praia onde tarde era perene / de anciãs selvas absortas, desceu / e adentrou-se / e despertou-o rumor de penas / que se havia desatado da estridula / palpitação da água tórrida..." (N. da T.).

É desnecessário apontar ao leitor, uma a uma, as contravenções às leis de probabilidade, típicas da língua italiana, presentes nesses poucos versos. E é igualmente desnecessário iniciar uma longa discussão crítica para demonstrar-lhe que ao ler essa poesia – absolutamente desprovida de "significado" na acepção comum do termo – recebo uma massa vertiginosa de informação acerca dessa ilha, mais ainda, cada vez que volto a ler a poesia aprendo algo mais sobre ela; a mensagem parece proliferar a cada leitura, abrir-se para contínuas perspectivas – e era justamente o que desejava o poeta ao escrever seus versos e o que procurava no leitor ao levar em conta todas as associações que a aproximação de duas palavras dessuetas podia suscitar.

E se a terminologia técnica da teoria da informação nos desagrada, podemos dizer que o que entesouramos não é "informação", mas "significado poético, significado fantástico, sentido profundo da palavra poética"; distinguindo-o do significado comum teríamos afinal feito a mesma coisa; e se ainda aqui falarmos em informação para indicar a riqueza dos sentidos estéticos de uma mensagem, isso visará a realçar as analogias que nos interessam[15].

Lembremos mais uma vez – para evitarmos equívocos – que, posta a equação "informação = oposto do significado",

15. E o problema levantado pelos formalistas russos, que não o pensaram, contudo, em termos de informação, ao teorizarem o efeito de *estranhamento* (*priim ostrannenija*). É espantoso pensar que o artigo de Chklovsky, "Iskussivo kak priém" (A Arte Como Artifício) – que é de 1917 – antecipasse todas as possíveis aplicações estéticas de uma teoria da informação, que ainda não existia. O estranhamento era para Chklovsky um desviar da norma, um agredir o leitor com um artifício contrário a seus sistemas de expectativas e capaz de fixar sua atenção sobre o elemento poético que lhe era proposto. Ele analisa certas soluções estilísticas de Tolstói, onde o autor finge não reconhecer certos objetos e os descreve como se os visse pela primeira vez. A mesma preocupação está presente na análise que Chklovsky faz de *Tristram Shandy*: aqui também ele coloca em evidência as constantes violações à norma em que é fundamentado o romance. Veja-se V. Erlich, *Il formalismo russo*, e – para uma tradução francesa do texto de Chklovsky – ver a antologia (compilada por S. Todorov) *Théorie de la littérature*, Paris: Seuil, 1966 (onde, contudo o termo "ostrannenija" é traduzido por *singularisation* – expressão absolutamente infiel ao conceito).

148

essa equação não deve ter função axiológica e não deve intervir como parâmetro de juízo: pois nesse caso, como já vimos, os versos de Burchiello seriam mais belos do que os de Petrarca, e qualquer delicioso *cadáver esquisito* surrealista (qualquer cravo desagradável de Constantinopla) teria mais valor do que os versos de Ungaretti. O conceito de informação ajuda a compreender uma direção na qual se move o discurso estético, e na qual intervêm sucessivamente outros fatores organizativos: isto é, cada ruptura da organização banal pressupõe um novo tipo de organização, *que é desordem em relação à organização anterior, mas é ordem em relação a parâmetros adotados no interior do novo discurso.* Todavia, devemos reconhecer que, enquanto a arte clássica se realizava contrariando a ordem convencional *dentro de limites bem definidos*, a arte contemporânea manifesta, dentre suas características essenciais, a de colocar continuamente uma ordem altamente "improvável" em relação à ordem *da qual se parte.* Em outras palavras, enquanto a arte clássica introduzia figuras originais no interior de um sistema linguístico cujas regras básicas respeitava substancialmente, a arte contemporânea concretiza sua originalidade estabelecendo (às vezes obra por obra) um *novo sistema linguístico* que traz em si suas novas leis. Na realidade, mais que de instauração de um novo sistema, pode-se falar de um movimento pendular contínuo entre a recusa do sistema linguístico tradicional e sua conservação: se introduzíssemos um sistema absolutamente novo, o discurso dissolver-se-ia na incomunicação; a dialética entre *forma* e *possibilidade* de significados múltiplos, que já nos pareceu essencial às obras "abertas", realiza-se justamente nesse movimento pendular. O poeta contemporâneo propõe um sistema que não é mais o da língua em que se exprime, mas também não é o de uma língua inexistente[16]:

16. Assim faziam certos dadaístas, e no Cabaret Voltaire de Zurique, em 1916, Hugo Ball recitava versos numa espécie de *jargon* fantástico; e assim vem fazendo certa vanguarda musical, confiando unicamente na escolha feliz do acaso. Mas esses são exemplos-limite, cujo valor experimental consiste justamente na fixação das fronteiras.

introduz módulos de desordem organizada no interior de um sistema para aumentar-lhe a possibilidade de informação.

É mais do que evidente que nos versos citados de Petrarca há uma tal riqueza de significados que não têm nada a invejar à poesia contemporânea: neles sempre poderemos encontrar algo de genuíno e de novo a cada leitura. Examinemos agora outra lírica de amor, a nosso ver, uma das mais altas de todos os tempos, *Le Front aux vitres...* de Éluard:

> *Le front aux vitres comme font les veuilleurs de chagrin*
> *Ciel dont j'ai dépassé la nuit*
> *Plaines toutes petites dans mes mains ouvertes*
> *Dans leur double horizon inerte indifférent*
> *Le front aux vitres comme font les veuilleurs de chagrin*
> *Je te cherche par delà l'attente*
> *Je te cherche par delà moi-même*
> *Et je ne sais plus tant je t'aime*
> *Le quel de nous deux est absent.**

Notaremos que a situação emotiva é mais ou menos a mesma de *Chiare, fresche, e dolci acque*: contudo, independentemente da incontestável validade estética dos dois trechos poéticos, o procedimento comunicativo é radicalmente diferente. Tinha-se, em Petrarca, a parcial ruptura de uma ordem da língua-código, para instaurar, todavia, uma ordem unidirecional da mensagem na qual, juntamente com uma organização original de elementos fônicos, ritmos, soluções sintáticas (que constitui a individualidade estética do discurso), se veiculasse simultaneamente um significado semântico de tipo comum, compreensível de uma única maneira; ao invés, em Éluard, há a intenção aberta de fazer com que a riqueza dos sentidos poéticos nasça justamente da ambiguidade da mensagem: a situação de expectativa, de tensão

---

* A fronte contra o vidro como fazem os vigias da dor / Céu, de que eu já ultrapassei a noite / Planícies bem pequenas em minhas mãos abertas / Em seu duplo horizonte inerte indiferenteA fronte contra o vidro como fazem os vigias da dor / Eu te busco para além das expectativasPara além de mim mesmo / E eu não sei mais de tanto que te amo / Qual de nós dois está ausente. (N. da T.)

emotiva surge justamente do fato de que o poeta sugere, juntos, muitos gestos e muitas emoções entre as quais o leitor pode escolher as que melhor o introduzam à coparticipação do momento emotivo descrito, integrando as sugestões recebidas à contribuição de suas próprias associações mentais.

Tudo isso significa somente que o poeta contemporâneo constrói sua mensagem poética com meios e sistemas diferentes dos do poeta medieval: não se discutem os resultados, e uma análise de obra de arte em termos de informação não visa a avaliar seu resultado estético, mas limita-se unicamente a esclarecer algumas das suas características e possibilidades comunicativas[17].

Mas dessa comparação surgem duas *poéticas* diferentes: a segunda tende a uma multipolaridade da obra e tem todas as características de uma criatura de seu tempo, de uma época na qual certas disciplinas matemáticas se interessam pela riqueza dos conteúdos possíveis em mensagens de estrutura ambígua, abertas multidirecionalmente.

Aplicações ao Discurso Musical

Transpondo o que acabamos de dizer para o plano musical, os exemplos são intuitivos; uma sonata clássica representa um sistema de probabilidades em cujo âmbito é fácil predizer a sucessão e a superposição dos temas; o sistema tonal estabelece outras regras de probabilidade com base nas quais meu prazer e minha atenção de ouvinte são dados justamente pela expectativa de determinadas resoluções do desenvolvimento musical sobre a tônica. No interior desses

17. Em outras palavras, o fato de uma obra de arte prover um certo tipo de informação contribui definitivamente para determinar o seu valor estético, e é por esse modo que a "lemos" e apreciamos. Uma determinada quantidade de informação é um elemento que entra em jogo na relação formal total e que impõe à forma suas próprias condições. Todavia, crer que uma análise ao nível da informação possa esgotar o problema da valoração de uma obra de arte pode levar a ingenuidades de vários gêneros, tais como as que parecem manifestar-se no simpósio sobre "Information Theory and Arts" que figura no *Journal of Aesthetics and Art Criticism*, em junho de 1959.

sistemas está claro que o artista introduz contínuas rupturas do esquema probabilístico e varia infinitamente o esquema mais elementar, que é representado pela sucessão em escala de todos os sons. O sistema dodecafônico é no fundo outro sistema de probabilidades. Quando, ao contrário, numa composição serial contemporânea, o músico escolhe uma constelação de sons a ser relacionada de modos múltiplos, ele quebra a ordem banal da probabilidade tonal e institui uma certa desordem que, em relação à ordem inicial, é altíssima: introduz, contudo, novos módulos de organização que, opondo-se aos velhos, provocam uma ampla disponibilidade de mensagens, portanto uma grande informação, e permitem todavia a organização de novos tipos de discurso, por conseguinte, de novos significados. Aqui também temos uma poética que se propõe à disponibilidade da informação e faz dessa disponibilidade um método de construção. Isso não determina o resultado estético: mil constelações canhestras de sons desvinculados do sistema tonal dir-me--ão menos (me informarão menos, me enriquecerão menos) do que *Eine kleine Nachtmusik*. Todavia, constata-se que a nova música se move para uma direção construtiva, à procura de estruturas de discurso nas quais a possibilidade de resultados diversos apareça como fim primeiro.

Há uma carta de Webern a Hildegard Jone[18] que diz assim: "Encontrei uma *série* (quer dizer doze sons) que já contém em si mesma uma quantidade de relações internas (dos doze sons entre si). Fato esse que talvez se assemelhe a um célebre dito antigo:

SATOR
AREPO
TENET
OPERA
ROTAS

18. Veja-se *Briefe*. (Trad. italiana: *Verso la nuova musica*, Milano: Bompiani, 1963.)

152

"A ser lido uma vez horizontalmente [...] depois verticalmente: de cima para baixo, para cima, para baixo [...] etc." Parece-nos estranho que Webern procurasse para a sua constelação um paralelo desse gênero, pois essa conhecidíssima construção, legível em muitos sentidos, é a mesma que é tomada como exemplo pelos estudiosos da informação quando examinam a técnica de construção das palavras cruzadas, para estudar as possibilidades estatísticas que duas ou mais sequências de letras têm de combinar-se em mensagens diferentes. A imagem que Webern teve por analogia é a imagem de um exemplo típico da estatística, da teoria da probabilidade e da matemática da informação. Estranha coincidência. Mesmo considerando que para Webern esse achado técnico era somente *um* dos meios organizativos do seu discurso musical, enquanto na construção de um *puzzle* uma análise combinatória desse tipo representa o ponto de chegada.

Uma constelação é um elemento de ordem: portanto a poética da abertura, ainda que implique a pesquisa de uma fonte de mensagens possíveis provida de uma certa *desordem*, procura, contudo, realizar essa condição sem renunciar à transmissão de uma mensagem organizada: oscilação pendular, dissemos, entre um sistema de probabilidades já institucionalizado e a desordem pura: *organização original da desordem*. Essa oscilação, pela qual o aumento de significado comporta perda de informação e o aumento de informação comporta perda de significado, é considerada por Weaver:

> Tem-se a vaga sensação de que a informação e o significado possam ser algo de análogo a um par de variáveis canonicamente conjugadas na teoria dos quanta, isto é, que a informação e o significado possam estar sujeitos a alguma restrição combinada que implique o sacrifício de um deles se insistirmos em obter demais dos outros.[19]

19. W. Weaver, op. cit., p. 141.

A Informação, a Ordem e a Desordem

Uma cuidadosa aplicação das pesquisas sobre informação à estética musical foi realizada por Abraham Moles em inúmeros estudos, resumidos no volume *Théorie de l'information et perception esthétique*[20]. Moles aceita claramente uma noção de informação como diretamente proporcional à imprevisibilidade, e nitidamente distinta do significado. O problema que então se levanta é o de uma mensagem rica de informação enquanto ambígua e, por isso mesmo, difícil de decodificar. E um problema que já individuamos: ao visar ao máximo de imprevisibilidade visa-se ao máximo de desordem, na qual não só os mais comuns, mas todos os significados possíveis resultam inorganizáveis. Evidentemente, esse é o problema básico de uma música que visa a absorver todos os sons possíveis, alargar a escala utilizável, permitir a intervenção do acaso no processo da composição. A polêmica entre os defensores da música de vanguarda e seus críticos[21] desenvolve-se justamente em torno da maior ou menor compreensibilidade de um fato sonoro cuja complexidade supere qualquer hábito do ouvido e qualquer sistema de probabilidades como língua institucionalizada. E para nós o problema é sempre o da dialética entre forma e abertura, entre livre multipolaridade e permanência, na variedade dos possíveis, de uma *obra*.

Para uma teoria da informação a mensagem mais difícil de transmitir será aquela que, recorrendo a uma área mais ampla de sensibilidade do receptor, aproveitar um canal mais amplo, mais disposto a deixar passar um grande número de elementos sem *filtrá-los*; esse canal veicula uma vasta informação, mas corre o risco de ser pouco ou nada inteligível. Quando Edgard Allan Poe, em sua *Philosophy of Composition* (Filosofia da Composição), punha limites

---

20. Paris: Flammarion, 1958. Artigos anteriores sobre o mesmo assunto apareceram em vários números dos *Cahiers d'études de Radio-Télévision*.

21. Veja-se *Incontri Musicali*, III, 1959, com a polêmica entre Henri Pousseur e Nicolas Ruwet.

de extensão à boa poesia, definindo como tal aquela que pode ser lida numa única assentada (pois o efeito global, para ser válido, não pode ser fracionado e adiado), na realidade ele se propunha o problema da capacidade, por parte do leitor, de receber e assimilar a informação poética; e o problema dos limites da obra, problema que retorna frequentemente na estética antiga, é mais importante do que parece e expressa a preocupação acerca da relação interativa entre o sujeito humano e a massa objetiva de estímulos organizados à guisa de efeitos compreensíveis. Em Moles, esse problema, enriquecido de consciência psicológica e fenomenológica, torna-se o problema de um "limiar perceptivo da duração": dada uma curta sucessão de fatos melódicos, repetida com velocidade sempre crescente, chega-se a um ponto em que o ouvido não mais percebe sons distintos, mas apenas um amálgama sonoro indiferenciado. Esse limiar, mensurável, indica limites intransponíveis. Mas tudo isso significa justamente o que já foi dito, isto é, que uma desordem pura, não predisposta em vista de uma relação com um sujeito habituado a mover-se entre sistemas de probabilidades, não informa a mais ninguém. A tendência à desordem, que caracteriza positivamente a poética da abertura, deverá ser tendência à desordem *dominada*, à *possibilidade* abrangida por um *campo*, à liberdade velada por *germes de formatividade* presente na forma que se oferece aberta às livres escolhas do fruidor.

Entre a proposição de uma pluralidade de mundos formais e a proposição do caos indiferenciado, desprovido de qualquer possibilidade de fruição estética, a distância é curta: somente uma dialética pendular pode salvar o compositor de obras abertas.

Exemplo típico dessa condição, parece-nos, é dado pelo compositor eletrônico que, dispondo do reino ilimitado dos sons e dos ruídos, pode ser vencido e dominado por ele: ele quer oferecer ao ouvinte um material sonoro de extrema e complexa liberdade, mas fala sempre em termos de filtragem e montagem de seu material: introduz abscissas como que para canalizar a desordem elementar dentro de matrizes de possibilidade orientada. No fundo, como bem observa Moles, em seu extremo a diferença entre *perturbação* e *sinal* não existe: ela é estabelecida unicamente por um ato intencional. Na composição eletrônica a diferença entre *ruído* e *som* desaparece no ato voluntário com que o criador *oferece* ao ouvinte seu magma sonoro para *ser interpretado*. Mas nesse visar à máxima desordem e à máxima informação ele deve sacrificar (felizmente) algo de sua liberdade e introduzir aqueles módulos de ordem que irão permitir ao ouvinte mover-se de modo orientado no meio de um ruído que interpretará como sinal, porque perceberá que foi objeto de uma escolha e que, em certa medida, foi organizado[22].

Moles acredita poder individuar, como já fez Weaver, uma espécie de princípio da indeterminação que limita a informação ao aumentar a inteligibilidade; dando um passo à frente e reputando ser essa indeterminação uma constante do mundo natural em certo nível, expressa-a por uma fórmula que lhe parece lembrar de perto aquela que exprime a incerteza das observações na física quântica. Mas a essa altura, se a metodologia e a lógica da indeterminação, tal como aparecem nas disciplinas científicas, representam, perante a experiência artística, um fato cultural que inclui na formulação das poéticas sem constituir contudo sua explicação rigorosa, traduzível em fórmulas, esse segundo tipo de indeterminação ao nível da relação liberdade-inteligibilidade, ao contrário, já não nos parece ser uma contribuição das ciências que influencie mais ou menos de longe as artes, mas uma condição mesma da dialética produtiva e da luta constante "da ordem e da aventura", como diria Apollinaire; a condição mesma pela qual também as poéticas da abertura são poéticas da obra de arte.

---

22. Veja-se A. Moles, op. cit., p. 88: "Si la matière sonore du bruit blanc est informe, quel est le caractère d'ordre minimum qu'il faut lui apporter pour lui conférer une identité, quel est le minimum de forme spectrale qu'il faut lui fournir pour lui donner cette individualité?" Este é justamente o problema de composição do músico eletrônico.

Apostila (1966)

Este ponto deve ser visto com muita atenção. De fato, é possível demonstrar que o conceito matemático de informação não é aplicável ao discurso poético, nem a nenhum discurso de gênero, porque a informação (como entropia e abrangendo todas as possibilidades) é uma propriedade das *fontes* das mensagens: no momento em que se filtra essa igual probabilidade inicial, temos seleção e depois ordem e depois significado.

O argumento é exato nos limites em que uma teoria da informação seja apenas um conjunto de regras matemáticas, capaz de medir a possibilidade de transmissão de uma fonte a um receptor de um dado número de *bits*. Mas, no momento em que encaramos o problema da transmissão de informação entre seres humanos, a teoria da informação torna-se *teoria da comunicação* e o problema que se mostra é o de entender de que modo possam ser aplicados à comunicação humana conceitos derivados de uma técnica de mensuração quantitativa da informação, ao nível da permuta física de sinais considerados independentemente dos significados que vinculam.

Uma fonte de informação se encontra em uma situação altamente entrópica, de absoluta equidisponibilidade. A transmissão de uma mensagem implica selecionar alguma informação e, portanto, uma organização e, por conseguinte, um "significado". Nesse ponto, se o receptor da informação é uma máquina (um homeostato, um cérebro eletrônico que recebe os sinais concernentes a uma certa situação física e deve traduzi-la em mensagens relativas a um enunciado de *feedback* – e, assim, mensagens rigidamente referentes a um código dado, em que cada sinal significa uma e uma só coisa), a mensagem ou possui um significado unívoco, ou a admitimos como ruído.

Mas quando transmito informações sobre o plano humano, são desencadeados (como foi visto no capítulo anterior) fenômenos de "conotações". Se cada sinal envolve ecos e repetições, um simples código que estabeleça a transformação – termo a termo – entre significante e significado, não resulta suficiente. Não somente: se a mensagem tem finalidade estética, o autor se esforça em estruturá-la de modo ambíguo: isto é, de modo a violar as regras e previsões que são o código. Encontramo-nos, agora, diante de uma mensagem que se refere a um código, enquanto – como foi dito supra – *ordem como sistema de probabilidade*, e que pela maneira como se articula, nega ou coloca em crise essa ordem. Coloca-a em crise, organizando de modo diverso tanto os significados como a natureza física dos significantes, lançando o receptor em um estado de excitação e de tensão interpretativa. Em consequência, a mensagem ambígua coloca desordem no código, isto é, na ordem que estava sobreposta à desordem entrópica de igual probabilidade de saída, que é a fonte originária. A atitude do receptor diante da mensagem faz com que a mensagem não esteja mais no ponto final do processo de comunicação (como seria o caso de uma máquina-receptora instruída a receber mensagens a partir de uma sequência de sinais discretos). A mensagem *torna-se a fonte de uma nova cadeia comunicativa* e, por conseguinte, uma fonte de informação possível. A mensagem é a fonte de informação a ser filtrada a partir de uma desordem inicial, que não é a desordem em absoluto, *mas a desordem em relação a uma ordem precedente*. Ela se torna a fonte, e por isso possui aquelas qualidades de informatividade que eram próprias da fonte de uma cadeia informativa normal.

Naturalmente que, nesse ponto, a noção de informação é alcançada alargando-se-lhe o âmbito; porém, não se trata, pensamos, de analogia e sim de um procedimento que se baseia sobre uma estrutura homóloga, presente em duas situações diversas. A mensagem é uma desordem de partida que requer uma filtragem de significados para tornar-se uma nova mensagem (isto é, para tornar a obra não como algo a ser interpretado, mas sim como interpretada; em outras palavras, *I promessi sposi* é uma fonte de interpretação possível, em relação à qual *I promessi sposi* di Angeline, de Russi, de Flora e de Moravia constitui-se, já, uma mensagem interpretada, uma incoatividade de informação reduzida a um coordenamento de significados escolhidos).

É claro que a informação assim filtrada não é computável, assim como não é computável a capacidade informativa da mensagem-fonte. Por conseguinte, nesse ponto a teoria da informação torna-se teoria da comunicação; conserva um esquema categorial de base e perde a estrutura algorítmica. Em outras palavras, a teoria da informação fornece apenas um esquema de relações possíveis (ordem-desordem, informação-significado, disjunção binária etc.) inseridas em um contesto mais amplo, e mantém-se válida em seu âmbito específico apenas como medida quantitativa do número de sinais transmitido de modo claro ao longo do canal. Uma vez que os sinais são recebidos por um ser humano, a teoria da informação não tem mais nada a dizer e dá lugar a uma semiologia e uma semântica, pois se entra no universo do significado (que é o "significado" de que se ocupa a semântica e que não coincide com a noção de "significado" como "banalidade", da qual se ocupa a teoria da informação).

Mas é precisamente a existência da obra aberta (a existência de uma abertura conatural a cada obra de arte, e portanto, a existência de mensagens que se colocam como fonte de interpretações possíveis), que postula esse alargamento do âmbito dos conceitos informacionais. De fato, é muito simples demonstrar que a teoria da informação não foi concebida para dar conta da mensagem poética e que não se aplica a processos em que entram em jogo significados denotativos e conotativos, tão simples que essa demonstração não poderia não se chocar com o consenso geral.

No entanto, é exatamente porque a teoria da informação não é aplicável totalmente ao fenômeno estético, que muitos estudiosos têm se dedicado em empregá-la também nesse campo. Precisamente porque não é aplicável aos processos significativos, que tem havido tentativas de utilizá-la para explicar os fenômenos linguísticos. E é propriamente porque, tomados em sua acepção original, esses conceitos não têm nada a ver com a obra de arte que, aqui, neste ensaio tem-se tentado ver em que medida eles podem ser aplicados. Se fossem aplicados em sua origem, não valeria a pena perder tempo para tentar definir a possibilidade de aplicação. A operação deriva, ao contrário, da convicção de que a obra de arte possa ser investigada em termos de comunicação, para a qual o seu mecanismo (a verificação se encontra aqui) deve poder ser reconduzido a todos os procedimentos comuns de cada mecanismo de comunicação; mesmo para aqueles que dizem respeito à transmissão simples, ao longo do canal, dos sinais desprovidos de significados conotativos, de uma máquina que os compreende como instruções por operações sucessivas, com base em um código pré-ordenado e capaz de instituir uma correspondência unívoca entre um dado sinal e um dado comportamento mecânico ou eletrônico.

Por outro lado, a objeção citada seria totalmente imobilizante se não ficasse claro os seguintes fatos:

1. A aplicação dos conceitos informacionais à estética não é a causa de configurar-se a ideia de obra aberta, polivalente, ambígua. Na verdade, ao contrário, é exatamente a presença de uma cota de ambiguidade e polivalência em cada obra de arte que nos leva a identificar a categoria informacional como particularmente apta a dar conta do fenômeno.

2. A aplicação de categorias informacionais aos fenômenos da comunicação, já é um fato aceito por muitos pesquisadores; de Jakobson, que aplica a ideia de binarismo integral aos fenômenos da linguagem; a Piaget e seus discípulos, que aplicam o conceito de informação à percepção; até Lévi-Strauss, Lacan, os semiologistas russos, Max Bense, a nova crítica brasileira, e assim por diante. Quando se chega a um encontro interdisciplinar

assim fecundo, de direção diversa e de várias partes do mundo, há algo mais do que uma moda astuciosamente difusa ou uma temerária extrapolação. Há a presença de um aparato categorial que parece ser chave indispensável para abrir muitas portas.

3. Mesmo que fôssemos confrontados com procedimentos analógicos, com extrapolações não controladas, deve-se admitir que o conhecimento passa também pelos esforços de uma imaginação hipotética que se atreve por atalhos arriscados. Muito escrúpulo e honestidade cautelosa podem evitar percorrer caminho indubitavelmente perigoso, mas que poderia levar a planaltos onde a paisagem total, com suas conexões, aparecerá mais clara, bem como as estradas reais que haviam escapado a uma primeira inspeção topográfica.

4. O aparato categorial da teoria da informação afigura-se metodologicamente viável apenas quando vem inserido (os pesquisadores têm-se dado conta disso pouco a pouco, e não faz muitos anos) no contexto de uma semiologia geral. Antes de rechaçar as noções informacionais, é necessário examiná-las à luz de uma releitura semiológica.

Dito isso, devo admitir que tal horizonte semiológico está ausente do ensaio em curso, concebido em 1960 para o número 4 de *Incontri Musicale*. As objeções que brevemente discuto nesta "Apostila" (redigida seis anos depois) remontam, em sua forma mais rigorosa, a Emilio Garroni[23] que dedicou à *Obra Aberta* uma das pouquíssimas críticas realmente aprofundada e cientificamente aplicáveis, que me foi concedido encontrar na vasta literatura sobre o tema, ao menos na Itália. E seria superficial arrogar-me de haver respondido a esta observação, simplesmente com essa "Apostila". Ela tem apenas uma função: pois enquanto o ensaio em

---

23. *La crisi semantica delle arti*, Roma: Officina Edizioni, 1964 (cap. III).

curso, embora consideravelmente reduzido, mantém a sua estrutura original, a "Apostila" se limita a *antecipar a resposta possível*, e a demonstrar que essa resposta estava implícita na dissertação original, ainda que eu só pudesse explicitá-la à luz das observações de Garroni. A despeito disso, enquanto escrevo esta nota, devo a essas observações, que me estimularam a aprofundar o problema nos últimos anos, como parte da investigação em curso.

Informação e Transação Psicológica

Todas essas discussões nos demonstram que as pesquisas matemáticas sobre a informação podem oferecer instrumentos de esclarecimento e um debate sobre as estruturas estéticas; e que as pesquisas científicas exprimem uma tendência, comum às artes, ao provável e ao possível.

Mas é óbvio que a teoria da informação mede uma *quantidade*, não uma *qualidade*. A quantidade de informação diz respeito exclusivamente à probabilidade dos eventos: diverso é o *valor* da informação, que diz respeito, ao contrário, ao nosso interesse pessoal por ela[24]. Ora a *qualidade* da informação nos parece justamente relacionada com seu *valor*. Isto é, para afirmar o quanto *vale* para nós uma situação de imprevisibilidade (estatisticamente apurável, trate-se de um boletim meteorológico, de Petrarca ou de Éluard), de quais atributos peculiares seja veículo, é necessário *tomar em consideração, juntamente com o fato estrutural, também a nossa atenção ao fato estrutural*. A esse ponto a temática da informação se torna *temática da comunicação*. E a atenção deverá deslocar-se da mensagem, enquanto sistema objetivo de informações possíveis, para a *relação comunicativa* entre *mensagem e receptor*: relação na qual a decisão interpretativa do receptor passa a constituir o valor efetivo da informação possível.

24. Stanford Goldman, *Information Theory*, New York: Prentice-Hall, 1953, p. 69.

A análise estatística das possibilidades de informação de um sinal é, no fundo, uma análise de tipo *sintático*: as dimensões *semântica* e *pragmática* nela intervêm apenas secundariamente, uma no definir em que casos e em que circunstâncias uma dada mensagem pode dar-me mais informações do que outra, a segunda no esboçar o comportamento subsequente que uma dada informação pode sugerir-me.

A transmissão de sinais concebidos segundo um código rigoroso, fazendo uso de uma abundante redundância, podia ser explicada mesmo sem recorrer à intervenção interpretativa do receptor, pois aqui entra em jogo o repertório dos valores convencionais que uma comunidade confere aos elementos de uma mensagem. Entretanto, a transmissão de uma sequência de sinais com uma redundância escassa, com alta dose de improbabilidade, requer que, na análise, se considerem as atitudes e as estruturas mentais com que o receptor seleciona a mensagem, introduzindo nela, a título de liberdade de escolha, uma probabilidade que de fato se encontra na mensagem, mas junto a muitas outras.

Isso significa, certamente, introduzir o ponto de vista da psicologia na análise estrutural dos fenômenos comunicativos: e a operação parece contradizer os propósitos antipsicologistas que nortearam as diversas metodologias formalistas aplicadas à linguagem (de Husserl aos formalistas russos). Mas, se pretendemos examinar as possibilidades de significação de uma estrutura comunicativa, não podemos prescindir do polo "receptor". Em tal sentido, preocupar-se com o polo psicológico significa reconhecer a possibilidade formal (indispensável para explicar a *estrutura* e o *efeito* da mensagem) de uma significância da mensagem somente enquanto interpretada *por uma dada situação* (situação psicológica e, através dela, histórica, social, antropológica em sentido lato)[25].

---

25. Se a teoria da informação corresponde ao estudo estatístico dos fenômenos do mundo físico (encarados como "mensagens"), o passo que estamos dando agora nos leva a uma *teoria da comunicação*, que se aplica especificamente à mensagem humana. A noção de "mensagem" pode funcionar da ▶

Torna-se necessário, portanto, considerar a relação interativa que se cria, tanto ao nível da percepção quanto ao nível da inteligência, entre os estímulos e o mundo do receptor: uma relação de *transação* que representa o verdadeiro processo de formação da percepção ou da compreensão intelectual. No nosso caso, esse exame constitui não apenas uma passagem metodológica obrigatória, mas nos fornece também algumas confirmações de tudo o que dissemos até agora acerca da possibilidade de uma *fruição* "aberta" da obra de arte. Com efeito, um tema basilar das correntes psicológicas mais recentes parece-nos o da "abertura" fundamental de todo processo de percepção e inteligência.

São perspectivas originadas da crítica às posições da psicologia da forma. Segundo esta, de fato, na percepção se surpreenderia imediatamente uma *configuração* de estímulos *já* dotada de uma organização objetiva própria; o ato de percepção nada mais faria que reconhecer essa configuração graças a um fundamental isomorfismo entre estruturas do objeto e estruturas fisiopsicológicas do sujeito[26].

Contra essa hipoteca metafísica, que onerava a teoria psicológica, levantaram-se as escolas seguintes, justamente para proporem a experiência cognoscitiva, em seus vários níveis, como experiências que se realizam *dentro de um processo*. Processo em que não se esgotam as possibilidades do objeto, mas se esclarecem aqueles seus aspectos passíveis de uma interação com as predisposições de quem percebe[27].

▷ mesma forma nos dois níveis; não nos devemos, contudo, esquecer da objeção movida por Jakobson a muitos estudiosos da comunicação: "As pesquisas que tentaram construir um modelo de linguagem absolutamente desprovido de relações com o locutor e com o ouvinte, e que assim hipostatizam um código separado da comunicação real, arriscam-se a reduzir a linguagem a uma simulação escolástica." (*Essais de linguistique générale*, p. 9.)

26. "O conhecimento não cria a organização de seu objeto; imita-o na medida em que é um conhecimento verdadeiro e eficaz. Não é a razão que dita suas leis ao universo, mas, antes, há uma harmonia natural entre razão e universo, pois ambos obedecem às mesmas leis gerais de organização." (P. Guillaume, *La Psychologie de la forme*, Paris: Flammarion, 1937, p. 204.)

27. "Numerosos fatos mostram que as interpretações perceptivas dos dados sensoriais elementares possuem uma plasticidade notável e que um ▶

De um lado, foi a psicologia transacionalista norte-americana nutrida do naturalismo de Dewey (mas também influenciada pelas correntes francesas de que falaremos) a afirmar que a percepção, ainda que não seja a recepção de sensações atomistas de que falava o associacionismo clássico, representa contudo uma relação na qual minhas memórias, minhas convicções inconscientes, a cultura que assimilei (numa palavra, *a experiência adquirida*) integram-se ao jogo dos estímulos para conferir-lhes, juntamente com uma *forma*, o *valor* que eles revestem *para mim*, considerados os fins que me proponho. Dizer que "um atributo de valor penetra toda experiência" significa, em certa medida, dizer que na realização de uma experiência perceptiva participa um componente artístico, um fazer *segundo propósitos formativos*. Como disse R.S. Lillie:

> A realidade psíquica, em sua natureza essencial, prevê e interroga. Visa a terminar e completar uma experiência incompleta. Reconhecer a fundamental importância dessa característica do organismo vivo não significa ignorar e subestimar as condições físicas estáveis que formam uma outra parte indispensável da organização vital. No sistema psicofísico constituído pelo organismo, ambos os fatores devem ser considerados igualmente importantes e complementares na atividade de conjunto do sistema[28].

Em termos menos comprometidos com o vocabulário biológico naturalista diremos que

> Como seres humanos nós colhemos somente aqueles "conjuntos" que possuem um sentido para nós enquanto seres humanos. Existem infinitos outros "conjuntos" dos quais jamais saberemos

▷ mesmo material suscita, conforme as circunstâncias, percepções muito diferentes." (H. Pieron, Relatório ao Simpósio La Perception, Louvain-Paris: PUF, 1955, p. 11)

28. Randomness and Directiveness in Evolution and Activity in Living Organism, *American Naturalist*, 82, 1948, p. 17. Para a aplicação de princípios transacionalistas à experiência estética, ver Angiola Massucco-Costa, Il contributo della psicologia transazionale all'estetica, *Atti del III Congresso Internazionale di Estetica*, Veneza, 1956.

coisa alguma. E óbvio que para nós é impossível experimentar todos os elementos possíveis que existem em cada situação e todas as suas possíveis relações [...]

Por isso, somos obrigados, em cada situação, a invocar, como fator formativo da percepção, a experiência adquirida:

o organismo, sempre forçado a "escolher" entre um número ilimitado de possibilidades que podem ser ligadas a determinado *pattern* da retina, apela para suas experiências precedentes e admite que aquilo que foi mais provável no passado irá sê-lo na ocasião específica [...] Em outras palavras, o que vemos é sem dúvida função de uma média calibrada de outras nossas experiências passadas. Parece assim que relacionamos um dado *pattern* de estímulos com experiências passadas, através de uma complexa integração de tipo probabilista [...] Consequentemente, as percepções que resultam dessa operação não constituem revelações absolutas "daquilo que está fora", mas representam predições ou probabilidades baseadas em experiências adquiridas[29].

Em outro contexto, Jean Piaget falou amplamente de uma natureza probabilista da percepção, e em polêmica com os gestaltistas procurou ver a estruturação do dado sensorial como sendo o produto de um equilíbrio – devido tanto a fatores intrínsecos como a fatores extrínsecos, em constante interferência entre si[30].

29. J.P. Kilpatrick, The Nature of Perception, *Explorations Transactional Psychology*, New York: New York University Press, 1961, p. 41-49.

30. "Sem dúvida, tanto nos domínios da percepção quanto nos da inteligência, nada se explica com base unicamente na experiência, mas também nada se explica sem uma participação, mais ou menos importante conforme as situações, da experiência atual ou anterior" (Relatório ao Simpósio La Perception, p. 21). Ver também *Les Mécanismes perceptifs*, Paris: PUF., 1961: "A razão das interações entre objeto e sujeito nos parece absolutamente diferente daquela que os fundadores da teoria da forma tomaram de empréstimo à fenomenologia. A noção de equilíbrio perceptivo que os fatos parecem sugerir-nos não é a de um campo físico no qual as forças em jogo se balançam exata e automaticamente, mas a de uma compensação ativa por parte do sujeito, que visa a moderar as perturbações exteriores [...] De um modo mais geral, a interação entre objeto e sujeito não é devida ao fato de que formas de organização independentes do desenvolvimento e ▶

Em Piaget, essa natureza processual e "aberta" do processo cognoscitivo revela-se com maior evidência na análise que faz da inteligência[31].

A inteligência visa a compor estruturas "reversíveis", nas quais o equilíbrio, a interrupção, a homeostase são somente o estágio final da operação, indispensável aos fins da eficácia prática. Mas a inteligência, por si só, revela todos os caracteres do que chamaríamos um processo aberto. O sujeito procede através de uma série de hipóteses e tentativas, guiadas pela experiência, que proporcionam como resultado não as formas dos gestaltistas, estáticas e preestabelecidas, mas estruturas móveis e reversíveis (pelo que o sujeito, após reunir os dois elementos de uma relação, pode dissociá-los e voltar assim ao ponto de partida).

Piaget dá o exemplo da relação $A + A' = B$, que pode assumir as formas variáveis de $A = B - A'$, ou então $A' = B - A$, ou ainda $B - A = A'$ e assim por diante. Nesse jogo de relações possíveis não há um processo unívoco, como se daria na percepção, mas uma possibilidade operatória que permite várias reversões (como acontece com a série dodecafônica que se presta a uma múltipla variedade de manipulações).

Na percepção das formas, lembra Piaget, existem regulações e recentralizações, modificações do estágio final, uma vez alcançado, que nos permitem, por exemplo, ver de modos diversos aquelas características silhuetas ambíguas que encontramos nos manuais de psicologia. Mas num sistema de raciocínios dispõe-se de algo mais que uma "recentralização"

▷ignaras de qualquer gênese reuniriam numa mesma totalidade o sujeito e o objeto, mas – ao contrário – deve-se ao fato de que o sujeito constrói, sem cessar, novos esquemas durante seu desenvolvimento, assimilando neles os objetos percebidos, sem fronteiras delimitáveis entre as propriedades do objeto assimilado e as estruturas do sujeito que assimila. Como dizíamos [...] convém portanto opor ao geneticismo sem estrutura do empirismo, e ao estruturalismo sem gênese da fenomenologia gestaltista, um estruturalismo genético tal, que cada estrutura seja o produto de uma gênese e que cada gênese constitua a passagem de uma estrutura menos evoluída para uma estrutura mais complexa." (p. 450-51)

31. *La psicologia dell'intelligenza*, Firenze: Giunti Barbèra, 1973, caps. I e III.

(*Umzentrierung*): há um descentramento geral, que permite como que uma dissolução, um degelo das formas perceptivas estáticas que redunda em favor da mobilidade operativa; daí a possibilidade indefinida de novas estruturas.

Porém, mesmo ao nível da percepção, ainda que não tenhamos a reversibilidade das operações intelectuais, dispomos, não obstante, de regulações diferentes, em parte influenciadas justamente pela contribuição da experiência, e que já "esboçam ou anunciam os mecanismos de composição que se tornarão operativos uma vez que se torne possível a reversibilidade global"[32].

Em outras palavras, se, ao nível da inteligência, há construção de estruturas móveis e variáveis, ao nível da percepção existem sempre processos aleatórios e probabilistas, que concorrem sempre para constituir *também a percepção* como um processo aberto a muitos resultados possíveis (apesar das constâncias perceptivas que a experiência não nos permite colocar em discussão). Seja como for, em ambos os casos temos uma atividade construtiva por parte do sujeito[33].

Perante essa substancial processualidade e "abertura" do conhecimento, poderemos seguir agora duas linhas de desenvolvimento, que correspondem a uma distinção já proposta neste mesmo livro:
a. Interpretado em termos psicológicos, o prazer estético – como se realiza diante de toda obra de arte – baseia-se nos mesmos mecanismos de integração e complemento que se revelaram típicos de todo processo cognoscitivo. Esse tipo

---

32. Relatório ao Simpósio La Perception, p. 28.
33. Ver J. Piaget, *La psicologia dell'intelligenza*, cap. III. Para o estudo probabilístico da percepção, ver J. Piaget, *Les Mécanismes perceptifs*, onde – embora distinguindo os processos operativos da inteligência dos da percepção – Piaget afirma que entre os dois "se encontra efetivamente uma série ininterrupta de intermediários". (p. 13) A mesma experiência se coloca, portanto, como "uma estruturação progressiva e não uma simples leitura". (p, 443) Melhor ainda: "Quer se trate de exploração, a começar pela mesma escolha dos pontos de centralização, quer de transposição ou de antecipação etc., o sujeito não sofre a determinação do objeto, mas dirige seus esforços como que para a solução de um problema." (p. 449).

de atividade é essencial ao gozo estético de uma forma: trata-se do que já chamamos de *abertura de primeiro grau*. b. O problema das poéticas contemporâneas é o de enfatizar esses mecanismos e fazer com que o gozo estético consista não tanto no reconhecimento final da forma quanto no reconhecimento daquele processo continuamente aberto que permite individuar sempre novos *perfis* e novas possibilidades de uma forma. Trata-se do que chamamos de *abertura de segundo grau*.

Com isso, tomamos consciência de que somente uma psicologia do tipo transacionalista (mais atenta à gênese das formas que à sua estrutura objetiva) permita compreender a fundo a segunda atitude, a segunda acepção da noção de abertura.

Transação e Abertura

Vejamos, antes de mais nada, de que modo a arte de todos os tempos aparece como provocação de experiências propositadamente incompletas, interrompidas de chofre para suscitar, graças a uma *expectativa frustrada*, nossa tendência natural ao complemento.

Esse mecanismo psicológico é fartamente analisado por Leonard Meyer em *Emotion and Meaning in Music*[34], em que a argumentação é conduzida em bases amplamente gestaltistas; e consiste no exame das estruturas musicais objetivas, encaradas em relação aos nossos esquemas de reação – isto é, o exame de uma mensagem dotada de certa carga informacional, que, porém, só adquire valor em relação à resposta de um receptor, e somente então se organiza realmente como *significado*.

Segundo Wertheimer, o processo do pensamento pode ser escrito assim: dada a situação S_1 e a situação S_2, que representa a solução de S_1, o termo *ad quem*, o processo é uma transição da primeira situação para a segunda, transição em que S_1 é estruturalmente incompleto, apresenta uma

---

34. Chicago: University of Chicago Press, 1959.

divergência, uma ambiguidade de estrutura, que aos poucos se vai definindo e resolvendo até compor-se em S_2. Uma tal noção de processo é assumida por Meyer para o discurso musical: um estímulo apresenta-se à atenção do fruidor como ambíguo, inconcluso, e produz uma *tendência a obter satisfação*: em suma, provoca uma crise, de maneira a obrigar o ouvinte a procurar um ponto firme que o ajude a resolver a ambiguidade. Em tal caso surge uma emoção, pois a tendência a uma resposta é imprevistamente estancada ou inibida; se a tendência fosse satisfeita, não haveria explosão emotiva. Mas toda dilação imposta ao esclarecimento provocará uma ação efetiva já que uma situação estruturalmente débil ou de organização duvidosa cria tendências ao esclarecimento. Esse jogo de inibições e de reações emotivas intervém para dotar de significado o discurso musical: pois, enquanto na vida cotidiana se criam diversas situações de crise que não são resolvidas e se dispersam acidentalmente tal como surgiram, na música a inibição de uma tendência torna-se significante na medida em que a relação entre tendência e solução se faz explícita e se conclui. Pelo simples fato de concluir-se, o círculo *estímulo – crise – tendência que surge – satisfação sobrevinda – restabelecimento da ordem* adquire significado. "Na música o próprio estímulo, a música, ativa as tendências, inibe-as e lhes fornece soluções significantes."[35]

Como pode surgir uma tendência; de que tipo é a crise; quais as soluções que poderiam tornar-se disponíveis para satisfazer o ouvinte; tudo isso é esclarecido pela referência à Gestalttheorie: essa dialética psicológica é regida pelas leis da forma, quer dizer, as leis da pregnância, da *boa curva*, da proximidade, da igualdade etc. Há no ouvinte a exigência de que o processo se conclua de maneira simétrica e se organize do *melhor* modo possível, em harmonia com certos modelos psicológicos cuja presença a teoria da forma

35. Essa teoria das emoções é declaradamente deweyana, e de Dewey é também o conceito de um círculo de estímulos e respostas, crises e soluções, perfeitamente *fulfilled*: o conceito de *experiência*. (Ver L. Meyer, op. cit., p. 32-37.)

reconhece tanto nas coisas quanto nas estruturas psicológicas. Uma vez que a emoção nasce do bloqueio da regularidade, a tendência à boa forma, a memória de experiências formais passadas intervêm no ouvir para criarem, perante a crise que surge, *expectativas*: previsões de solução, prefigurações formais nas quais a tendência inibida se resolve. Perdurando a inibição, emerge um gosto da expectativa, quase um sentido de impotência perante o desconhecido: e quanto mais inesperada é a solução, mais intenso o prazer quando ela se verifica. Portanto, se o prazer é dado pela crise, está claro em Meyer que as leis da forma, ainda que sejam base da compreensão musical, somente regulam o discurso como conjunto se forem continuamente violadas ao longo do desenvolvimento; e a expectativa do ouvinte não é expectativa de resultados óbvios, mas de resultados dessuetos, de violações da regra que tornam mais completa e conquistada a legalidade final do processo. Ora, pela teoria da forma, "boa" é a configuração que os dados naturais assumem por necessidade em seu dispor-se em conjuntos unitários. Tem a forma musical os mesmos caracteres de estabilidade originária?

Meyer, a esse respeito, modera seu gestaltismo e afirma que a noção de *organização ótima*, em música, representa um *dado de cultura*. Isso significa que a música não é uma linguagem universal, mas que a tendência a certas soluções mais do que a outras é fruto de uma educação e de uma civilização musical historicamente determinada. Eventos sonoros que para uma cultura musical são elementos de crise, para outra podem ser exemplos de legalidade que raia à monotonia. A percepção de um todo não é imediata e passiva: é um fato de organização que *se aprende*, e se aprende num contexto sociocultural; neste âmbito, as leis da percepção não são fatos de pura naturalidade, mas se formam dentro de determinados *modelos de cultura* ou, numa linguagem transacionalista, mundos de *formas assuntivas*, um sistema de preferências e hábitos, uma série de convicções intelectuais e tendências emotivas que se formam em nós como efeito de uma educação devida ao ambiente natural, histórico, social[36].

Meyer dá o exemplo do conjunto de estímulos constituído pelas letras TTRLSEE, e propõe vários modos segundo os quais podemos agrupar e organizar essas letras de forma a obter agregados formalmente satisfatórios: TT RLS EE, por exemplo, obedece a certas leis de contiguidade muito elementares e proporciona um resultado de indubitável simetria. Todavia, é evidente que a organização que um leitor inglês será levado a preferir será a seguinte: LETTERS. Nessa forma ele encontrará um significado e, portanto, ela lhe parecerá "boa" sob todos os aspectos. Assim, a organização se deu conforme uma experiência adquirida: segundo os modos de uma ortografia e de uma língua. É o que acontece a um conjunto de estímulos musicais, diante dos quais, a dialética das crises, das expectativas, previsões e soluções satisfatórias obedece a leis situáveis histórica e culturalmente. A civilização auditiva do mundo ocidental, pelo menos até o início do século XX, era tonal; e é no âmbito de uma civilização tonal que certas crises serão crises e certas soluções, soluções; se passarmos a examinar certa música primitiva ou oriental, as conclusões serão diferentes.

Entretanto, ainda que a análise de Meyer se tenha voltado para civilizações musicais diferentes a fim de identificar nelas vários modos de organização formal, parece estar implícita em seu discurso esta proposição: cada civilização musical elabora sua sintaxe, e no âmbito desta dá-se uma audição orientada, justamente, segundo modelos de reação educados através de uma tradição cultural; cada modelo de discurso tem suas leis, que nada mais são que as leis da forma, e a dinâmica das crises e das soluções obedece a uma espécie de necessidade, a direções formativas fixas. No ouvinte domina a tendência a resolver as crises em repouso, a perturbação em paz, o desvio no retorno a uma polaridade

---

36. Ver especialmente Hadley Cantril, *Le motivazioni dell'esperienza*, Firenze: La Nuova Italia, 1958. Ver também a introdução de A. Visalberghi.

definida pelo hábito musical de uma civilização. A crise tem valor em vista da solução, mas a tendência do ouvinte é tendência à solução, e não à crise pela crise. Por isso, os exemplos escolhidos por Meyer referem-se todos à música clássica tradicional, porque no fundo sua argumentação vem endossar uma atitude conservadora da música europeia, isto é, apresenta-se como interpretação psicológico--estrutural da música *tonal*.

Esse ponto de vista permanece fundamentalmente imutável mesmo quando Leonard Meyer, no artigo seguinte[37], retoma esses problemas não mais do ângulo psicológico, mas com base na teoria da informação. A introdução de uma incerteza, de uma ambiguidade numa sequência probabilista como é o discurso musical, aparece-lhe como um elemento capaz de desencadear a emoção. Um estilo é um *sistema de probabilidades*, e a consciência da probabilidade está latente no espectador que arrisca previsões acerca dos subsequentes de um antecedente. Dar significado estético a um discurso musical significa explicitar a incerteza e gozá--la como altamente desejável. Meyer afirma, portanto, que

o significado musical surge quando uma situação anterior, pedindo uma avaliação acerca dos modos prováveis de continuação do *pattern* musical, produz incerteza acerca da natureza temporal tonal do subsequente esperado. Quanto maior a incerteza, maior a informação. Um sistema que produz uma sequência de símbolos afinados com uma probabilidade é chamado de processo estocástico, e o caso particular de um tal processo, em que as probabilidades dependem de eventos precedentes, é chamado de processo ou cadeia de Markov[38].

37. Meaning in Music and Information Theory, *Journal of Aesthetics and Art Criticism*, jun. 1957; Some Remarks on Value and Greatness in Music, *Journal of Aesthetic and Art Criticism*, jun. 1959.

38. Dá-se uma cadeia de Markov quando a probabilidade de um evento j não é independente (pj) mas depende do evento que o precede: $pij = pj\,f(pi)$. Um exemplo de laboratório da cadeia de Markov é o seguinte: escrevem-se em folhas separadas vários trigramas, repetindo cada um deles de acordo com a frequência com que se apurou estatisticamente sua recorrência numa dada linguagem. Os trigramas são reunidos em várias ▶

Posta a música como um sistema de atrações tonais, em que, portanto, a existência de um evento musical impõe uma certa probabilidade de que outro lhe suceda, então quando um evento musical passa despercebido, pois sobrevém de acordo com a expectativa natural do ouvido, a incerteza e a emoção consequentes (e, portanto, a informação) diminuem. Dado que numa cadeia de Markov a incerteza tende a decrescer à medida que nos afastamos do ponto de partida, o compositor é obrigado a introduzir deliberadamente incertezas a toda hora para enriquecer de significado (leia-se: informação) o discurso musical. É essa a situação de *suspense* típica do procedimento tonal, obrigado continuamente a romper o tédio da probabilidade. A música, como a linguagem, contém certa dose de redundância que o compositor visa sempre a remover para acrescer o interesse do ouvinte. Mas a esse ponto Meyer retorna a uma consideração acerca da inalterabilidade do mundo assuntivo, e lembra que uma forma de *ruído* característico do discurso musical é, além do acústico, *o cultural*: e o ruído cultural é dado pela disparidade entre nossa habitual resposta (isto é, nosso mundo assuntivo) e a requerida pelo estilo musical; e termina com uma nota polêmica contra a música contemporânea, que, eliminando em demasia a redundância, se reduz a uma forma de ruído que nos impede de realizar o significado do discurso musical ouvido[39]. Em outros

▷ caixas de acordo com as duas letras iniciais. Teremos assim numa caixa BUR, BUS, BUT, BUM, em outra IBA, IBL, IBU, IBR etc. Extraído um trigrama ao acaso, leem-se as duas últimas letras (se extrairmos IBU, serão BU) e extrai-se um segundo trigrama da caixa dos BU. Se sair BUS procurar-se-á um trigrama iniciado por US e assim por diante. A sequência será regida pelas leis da probabilidade expostas acima.

39. Na polêmica com Pousseur, em *Incontri Musicali*, Nicolas Ruwet (analisando muito brilhantemente, à luz da metodologia linguística, a noção musical de grupo e procurando identificar unidades distintivas dentro do *grupo* sonoro nota que certos sistemas de oposições são encontrados em todas as línguas, pois possuem propriedades estruturais que os tornam notavelmente apropriados ao uso. Isso o leva a perguntar se em música o sistema tonal não possui justamente essas características privilegiadas. A tragédia de Webern consistiria então no fato de que ele estava consciente de mover-se num terreno estruturalmente instável, sem ter bases *de comparação* suficientemente sólidas, nem sistemas *de oposições* suficientes.

174

termos, ele percebe a oscilação entre desordem informativa e ininteligibilidade total, que já havia preocupado Moles, não como problema a resolver mas como perigo a evitar. Fazendo distinção entre incerteza desejável e incerteza indesejável, Meyer, apesar de ter clara a historicidade e a capacidade de evolução típica de cada mundo assuntivo, elimina a possibilidade, dentro de uma linguagem musical, de uma transformação das assunções da sensibilidade capaz de levar a mundos assuntivos completamente novos. A linguagem musical é então o sistema de probabilidades em que a improbabilidade é introduzida *con juicio*. De maneira que somos levados a pensar que, a longo prazo, o quadro das incertezas possíveis se tornará tão normal que passará a pertencer de direito às probabilidades, e tacitamente o que era antes informação se tornará mera redundância; coisa que comumente se dá na pior música ligeira, onde não há mais surpresa nem emoção, e uma nova canção de Claudio Villa apresenta-se tão previsível quanto os dizeres já impressos num cartão de boas festas comprado em papelaria, construído segundo regras banais e totalmente desprovido de informação adicional.

Cada ser humano vive dentro de um certo *modelo cultural* e interpreta a experiência com base no mundo de formas assuntivas que adquiriu: a estabilidade desse mundo é essencial para que possa mover-se razoavelmente em meio às provocações contínuas do ambiente e organizar as propostas constituídas pelos eventos externos em um conjunto de experiências orgânicas. Manter, portanto, nosso conjunto de assunções sem submetê-lo a mutações indiscriminadas é uma das condições de nossa existência de seres racionais. Mas entre manter o sistema de assunções *em condições de organicidade*, e mantê-lo *absolutamente inalterado*, há uma certa diferença. Outra condição de nossa sobrevivência enquanto seres pensantes é justamente a de saber fazer evoluir nossa inteligência e nossa sensibilidade de modo que cada experiência adquirida enriqueça e modifique o sistema das nossas assunções. O mundo das formas assuntivas deve manter-se orgânico no sentido de que deve crescer harmoniosamente, sem saltos, sem deformações, mas *deve crescer* e, crescendo, modificar-se. Em última análise, é essa a diferença que torna tão dinâmico e progressivo o modelo cultural do homem ocidental comparado com o de certos povos primitivos. Os povos primitivos são tais, não porque o modelo cultural originariamente elaborado fosse bárbaro e inaproveitável (pois, pelo contrário, adaptava-se à situação para a qual havia sido imaginado), mas por não ter esse modelo sabido evoluir; acomodando-se estaticamente nele, os representantes dessa cultura não foram mais capazes de interpretá-la em todas as suas possibilidades originais e continuaram aceitando as assunções originárias como fórmulas ocas, elementos de ritual, tabus invioláveis.

Temos poucos motivos para reputar universalmente superior o modelo cultural ocidental moderno, mas um deles é justamente sua plasticidade, sua capacidade de responder aos desafios das circunstâncias pela elaboração contínua de novos módulos de adaptação e novas justificações da experiência (aos quais a sensibilidade individual e coletiva se adapta, embora com maior ou menor tempestividade).

De fato, tudo isso também aconteceu nas formas da arte, no âmbito daquela "tradição" que parece imutável e imutada, mas que na realidade nada mais fez que estabelecer continuamente novas regras e novos dogmas com base em constantes revoluções. Todo grande artista, dentro de um sistema dado, violou continuamente suas regras, instaurando novas possibilidades formais e novas exigências da sensibilidade: depois de Beethoven o tipo de expectativas apresentado pelo espectador ao ouvir uma sinfonia de Brahms era sem dúvida diferente e mais vasto do que as que eram disponíveis antes de Beethoven, após a lição de Haydn.

Todavia, as poéticas da nova música (e com elas a arte contemporânea em geral – e enfim todos aqueles que consideram a arte contemporânea expressão de imprescindíveis exigências de nossa cultura) reprovam na tradição clássica o fato de que essas novidades formais e essas expectativas da sensibilidade eram imediatamente organizadas no interior de um novo mundo de formas assuntivas, que elegiam como valor preferencial o complemento, a satisfação final da expectativa, encorajando e celebrando o que Henri Pousseur chama de *inércia psicológica*. A tonalidade cria uma polaridade em torno da qual gira toda a composição, sem afastar-se dela a não ser por breves momentos: as crises, portanto, são introduzidas para secundar a inércia auditiva, reconduzindo-a ao polo de atração. Pousseur observa que a própria introdução duma nova tonalidade no desenvolvimento de uma peça exigia um artifício capaz de vencer a custo esta inércia: *a modulação*. Mas a modulação, subvertendo o conjunto hierárquico, introduz por sua vez um novo polo de atração, uma nova tonalidade, um novo sistema de inércia.

Tudo isso não se dava por acaso: as exigências formais e psicológicas da arte refletiam as exigências religiosas, políticas e culturais de uma sociedade baseada na ordem hierárquica, na noção absoluta de autoridade, na presunção mesma de uma verdade imutável e unívoca cuja necessidade se reflete na organização social, e que as formas da arte celebram e reproduzem em seu nível[40].

As experiências das poéticas contemporâneas (e, apesar do discurso ter-se desenvolvido quase sempre sobre as formas musicais, sabemos perfeitamente que a situação interessa a toda arte de hoje) nos dizem que a situação mudou.

---

40. "A música clássica fornece uma representação do mundo e das relações deste com o homem sensivelmente abstrata e, em certos aspectos, concretamente geral. Baseada essencialmente numa estética da repetição, da individuação atual do que é atual no que é diferente, do imóvel no fugaz, ela ainda volta a ligar-se, em cada uma de suas manifestações, inclusive nas menores, aos velhos mitos do Eterno Retorno, a uma concepção cíclica, periódica, do tempo, como um contínuo dobrar-se do devir sabre si mesmo. Nessa música todo o dinamismo temporal acaba sendo sempre recomposto, sempre reabsorvido num elemento de base perfeitamente estático, todos os eventos são inexoravelmente hierarquizados, integralmente subordinados, em substância, a uma única origem, um único fim, um único centro absoluto com o qual aliás se identifica o ego do ouvinte, cuja consciência é assim assimilada à de um deus [...] A audição musical de tipo clássico reflete a submissão total, a subordinação ►

A busca de uma abertura de segundo grau, da ambiguidade e da informação como valor primeiro da obra representam a recusa da *inércia psicológica* como contemplação da *ordem reencontrada*.

Agora a ênfase é dada ao processo, à possibilidade de individuar *muitas ordens*. A recepção de uma mensagem estruturada de modo aberto faz com que a *expectativa* de que se falou não implique tanto uma *previsão do esperado* quanto uma *expectativa do imprevisto*. Assim, o valor de uma experiência estética tende a emergir não quando uma crise, depois de aberta, se fecha consoante os costumes estilísticos adquiridos, e sim quando – imergindo-nos numa série de crises contínuas, num processo em que domine a improbabilidade – exercemos uma liberdade de escolha. Então instauramos, no interior dessa desordem, sistemas de probabilidade puramente provisórios e tentativas complementares de outros que – simultaneamente ou em segunda instância – poderemos por sua vez assumir, gozando da equiprobabilidade de todos eles e da disponibilidade aberta do processo global.

Dissemos que só uma psicologia que cuide do momento genético das estruturas pode permitir-nos justificar essas tendências da arte contemporânea. E na verdade a psicologia parece aprofundar hoje seu discurso na mesma direção em que o aprofundam as poéticas da obra aberta.

Informação e Percepção

A mesma temática informacional pôde convergir na pesquisa psicológica, abrindo caminhos bastante fecundos. Ombredane[41], ao examinar o velho problema de uma percepção que é no fundo uma *deformação* do objeto (no sentido de que

---

▷ incondicionada do ouvinte a uma ordem autoritária e absoluta: cujo caráter tirânico era ulteriormente acentuado, na época clássica propriamente dita, pelo fato da audição musical constituir também uma reunião social, à qual os membros da sociedade iluminada dificilmente podiam subtrair--se." H. Pousseur, La nuova sensibilità musicale, *Incontri Musicali*, maio 1958; ver também "Forma e pratica musicale", *Incontri Musicali*, ago. 1959.

41. Intervenção ao Simpósio La Perception, p. 95-98.

há variação do objeto conforme a predisposição do percep-
tor), reconhece, juntamente com outros estudiosos já citados,
que o processo de exploração se imobiliza afinal por efeito
de uma decisão, dando origem a uma forma que se crista-
liza e se impõe. Mas à pergunta "de onde vêm estas formas?"
Ombredane recusa-se a dar a resposta gestáltica inspirada nos
princípios do isomorfismo e examina, ao invés, a gênese do
fenômeno estrutural à luz do fator experiência.

> Se compararmos os diferentes pontos de vista [...] constatare-
> mos que o caráter fundamental da percepção é o fato de ela resultar
> de um processo *flutuante*, que comporta trocas incessantes entre
> predisposição do sujeito e configurações possíveis do objeto, e que
> essas configurações do objeto são mais ou menos *estáveis* ou *instá-
> veis* dentro de um sistema espácio-temporal mais ou menos *isolado*,
> característico do *episódio comportamental* [...] A percepção pode
> ser expressa em termos de probabilidade, de acordo com o que se
> vê na termodinâmica ou na teoria da informação.

De fato, o percebido apresentar-se-ia como a configuração sensível, momentaneamente estabilizada, sob a qual se manifesta
o reagrupamento mais ou menos redundante das informações
úteis que o receptor extraiu do campo estimulante, no decor-
rer da operação perceptiva. Isso porque o próprio campo estimulante oferece a possibilidade de se extrair dele um número
indeterminado de modelos com redundância variável; mas
também porque aquilo que os gestaltistas chamam de "boa
forma" é, na realidade, aquele que, entre todos os modelos,
"requer uma informação mínima e comporta uma redundância máxima". Assim, a boa forma corresponderia "ao estado de
probabilidade máxima de um conjunto perceptivo flutuante".
Apercebemo-nos então de que, traduzida em termos de
probabilidade estatística, a noção de boa forma perde toda
conotação de necessidade ontológica e não comporta mais,
como seu correspondente, uma estrutura prefixada dos processos perceptivos, um código definitivo da percepção.
O campo estimulante de que fala Ombredane, que oferece
várias possibilidades de agrupamento redundante graças à sua

indeterminação, não se opõe à boa forma como se oporia ao percebido um informe não perceptível. Num campo estimulante, o sujeito individua a forma mais redundante quando a isso é solicitado por propósitos especiais, mas ele também pode renunciar à boa forma em favor de outros modelos de coordenação, que permanecem possíveis em perspectiva.

Quer do ponto de vista operativo, quer tipológico, Ombredane pensa que se poderia caracterizar diversos tipos de exploração do campo estimulante:

> Poder-se-ia distinguir o indivíduo que encurta sua exploração e resolve desfrutar uma estrutura percebida antes de ter aproveitado todos os elementos de informação que poderia colher; o indivíduo que prolonga sua exploração, proibindo-se de adotar as estruturas que se lhe apresentam; o indivíduo que harmoniza as duas atitudes, seja para confrontar mais decisões possíveis, seja para integrá-las da maneira melhor num percebido unitário progressivamente construído. A elas poderíamos acrescentar o indivíduo que desliza de uma a outra estrutura sem tomar consciência das incompatibilidades que podem existir entre elas – como se dá no onirismo. Se a percepção é um "compromisso", existem diversos modos de comprometer-se ou de evitar comprometer-se em direção a uma pesquisa de informações úteis.

Esta rápida resenha tipológica vai desde os limites do mórbido até os do quotidiano: mas permite uma vasta área de possibilidades perceptivas, justificando a todas. É desnecessário frisar o valor que essas hipóteses psicológicas podem apresentar dentro das finalidades de nosso discurso estético. Somente acrescentaremos que, estabelecidas tais premissas, o psicólogo deverá perguntar-se em que medida uma aprendizagem baseada em exercícios perceptivos e operações intelectuais de tipo inédito irá modificar os esquemas de reações habituais (em que medida, portanto, o exercício da informação transformará aquilo que ofende os códigos e os sistemas de expectativas em elemento de um novo código e de um novo sistema de expectativas). É um problema que a estética e a fenomenologia do gosto verificaram através de séculos de experiência (ainda que ao nível das macroestruturas perceptivas), demonstrando que novos exercícios formativos modificam o sentido das formas, nossas expectativas acerca das formas, nosso modo de reconhecer a própria realidade[42].

A poética da obra aberta apresenta-nos justamente uma possibilidade histórica deste tipo: o afirmar-se de uma cultura que admite, diante do universo das formas perceptíveis e das operações interpretativas, a complementaridade de inspeções e soluções diferentes; a justificação de uma descontinuidade da experiência, assumida como valor em lugar de uma continuidade convencionalizada, a organização de diferentes decisões explorativas reduzidas à unidade por uma lei que não lhes prescreva resultados absolutamente idênticos, mas que, pelo contrário, as encare como válidas justamente enquanto se contradizem e se completam, entram em oposição dialética gerando assim novas perspectivas e informações mais amplas.

No fundo, um dos elementos de crise para a civilização burguesa contemporânea é dado pela incapacidade, por parte do homem médio, de subtrair-se a sistemas de formas adquiridas que lhe são fornecidos de fora, que ele não conquistou através de uma exploração pessoal da realidade. Doenças sociais como o conformismo ou a heterodireção, o gregarismo e a massificação são justamente frutos de uma aquisição passiva de *standards* de compreensão e juízo, identificados com a "boa forma" tanto em moral quanto em política, em dietética como no campo da moda, ao nível dos gostos estéticos ou dos princípios pedagógicos.

42. Em resposta à crítica de Ruwet, citada na nota 38, diremos então que um sistema de oposições somente poderá ser julgado mais estável que outros na medida em que pudermos demonstrar que corresponde a *patterns* fixos e privilegiados do sistema nervoso. Se, ao contrário, esses processos puderem adaptar-se e modificar-se em função da evolução da situação antropológica em seu conjunto, então não se quebrará aquela cadeia isomórfica ideal que se supõe unir as estruturas de uma língua às estruturas da percepção e da inteligência (melhor: às supostas estruturas de uma suposta constância da mente humana)? E não se estabelecerá então, entre estruturas da língua e estruturas da mente, uma relação dialética no curso da qual tornar-se-á bastante difícil estabelecer quem modifica e quem é modificado?

As persuasões ocultas e as excitações subliminares de todos os tipos, desde a política até a publicidade comercial, contam com a aquisição pacífica e passiva de "boas formas" em cuja redundância o homem médio repousa sem esforço. Perguntamo-nos então se a arte contemporânea, educando para a contínua ruptura dos modelos e dos esquemas – escolhendo para modelo e esquema a efemeridade dos modelos e dos esquemas e a necessidade de seu revezamento, não somente de obra para obra, mas dentro de uma mesma obra – não poderia representar um instrumento pedagógico com funções libertadoras; e nesse caso seu discurso iria além do nível do gosto e das estruturas estéticas, para inserir-se num contexto mais amplo, e indicar ao homem moderno uma possibilidade de recuperação e autonomia.

A OBRA ABERTA NAS ARTES VISUAIS

Falar numa poética do Informal como sendo típica da pintura contemporânea implica uma generalização: saindo da categoria crítica, "informal" passa a ser qualificação de uma tendência geral da cultura de um período, de maneira a abranger, conjuntamente, figuras como Wols ou Bryen, os *tachistes* propriamente ditos, os mestres da *action painting,* da *art brut,* da *art autre* etc. A esse título, a categoria de informal entra na definição mais ampla de *poética da obra aberta*[1].

---

1. Gillo Dorfles, em seu *Ultime tendenze dell'arte d'oggi* (Milano: Feltrinelli, 1961), limita a definição de "informal" "àquelas formas de abstratismo onde falta não somente toda vontade e toda tentativa de figuração, mas também toda vontade sígnica e semântica" (p. 53). Entretanto, neste nosso ensaio, que trata das formas "abertas" da arte de hoje, cujos parâmetros orgânicos às vezes parecem não caber na noção tradicional de "forma", parece-nos oportuno falar de "informal" num sentido mais amplo. É exatamente esse o critério adotado no número único de *Il Verri* dedicado ao informal (junho de 1961), onde aparecem, além de uma nutrida série de ▶

Obra aberta como proposta de um "campo" de possibilidades interpretativas, como configuração de estímulos dotados de uma substancial indeterminação, de maneira a induzir o fruidor a uma série de "leituras" sempre variáveis; estrutura, enfim, como "constelação" de elementos que se prestam a diversas relações recíprocas. É nesse sentido que o informal na pintura se liga às estruturas musicais abertas da música pós-weberniana, bem como àquela poesia "novíssima" que já aceitou, por admissão de seus representantes, a definição de informal.

O informal pictórico poderia ser visto como o elo terminal de uma cadeia de experiências cujo objetivo é introduzir um certo "movimento" no interior da obra. Mas o termo "movimento" pode ter diversas acepções, e busca de movimento é também aquela, desenvolvida paralelamente à evolução das artes plásticas, que já encontramos nas pinturas rupestres ou na Niké de Samotrácia (busca, portanto, de uma representação, no traço fixo e imóvel, de um movimento próprio dos objetos reais representados). Outra forma de movimento obtém-se com a repetição da mesma figura, visando a representar uma personagem ou uma inteira história em momentos sucessivos de seu desenvolvimento; é a técnica adotada no tímpano do portal de Souillac com a história do clérigo Teófilo, ou a técnica da *Tapisserie de la Reine Mathilde* de Bayeux, verdadeira narrativa "fílmica" feita de muitos fotogramas justapostos. Tratava-se, porém, de uma representação do movimento por intermédio de estruturas

▷intervenções de filósofos, críticos, pintores, três densos ensaios, de G.C. Argan, R. Barilli, E. Crispolti. O presente texto, publicado no mesmo número, juntamente com os trabalhos acima citados, não considera, por isso mesmo, essas importantes contribuições à discussão sobre o informal, e recomenda-os para uma ampliação de horizontes e um complemento dos temas. (Acrescente-se que este ensaio foi escrito antes que, finda a "estação" do informal, as várias experiências antitéticas aqui citadas – arte cinética etc. – se caracterizassem como tais e fossem etiquetadas com termos tais como *op art e* similares. Achamos, portanto, que as análises deste texto permanecem válidas também para muitas pesquisas da arte pós-informal – e que, seja como for, servem para definir as características historicamente salientes da experiência informal [1966].)

substancialmente fixas; o movimento não atingia a estrutura da obra, a própria natureza do sinal.

Ao contrário, agir sobre a estrutura quer dizer tomar a direção esboçada por Magnasco, ou por Tintoretto, ou, melhor ainda, pelos impressionistas: o signo faz-se impreciso e ambíguo, na tentativa de dar uma impressão de animação interior. Mas a ambiguidade do signo não torna indeterminada a visão das formas representadas: sugere como que uma conatural vibratilidade delas, um contato mais íntimo com o ambiente, põe em crise os contornos, as distinções rígidas entre forma e forma, entre formas e luzes, entre formas e fundo. Porém, o olho é sempre induzido a reconhecer aquelas – e não outras – formas (apesar de já induzido a encarar a possibilidade de uma eventual dissolução, a promessa de uma fecunda indeterminação, ao assistir a uma crise das configurações tradicionais, um apelo ao informe, tal como se manifesta nas catedrais do último Monet).

A ampliação dinâmica das formas futuristas e a decomposição cubista sugerem, sem dúvida alguma, outras possibilidades de mobilidade das configurações; mas, enfim, a mobilidade é permitida justamente pela estabilidade das formas adotadas como dado inicial, reconfirmadas no momento mesmo em que são negadas através da deformação ou da decomposição.

É na escultura que encontramos outra decisão de *abertura da obra*: as formas plásticas de Gabo ou de Lippold convidam o fruidor a uma intervenção ativa, a uma decisão motora em favor de uma poliedricidade do dado inicial. A forma, definida em si, é construída de modo a resultar ambígua e visível, sob diversos ângulos, de diversos modos[2].

2. Aparentemente, as declarações de poética de um Gabo não harmonizam com a ideia de obra aberta. Em carta de 1944 a Herbert Read (em Read, *The Philosophy of Modern Art*, London: Faber & Faber, 1952) Gabo fala do absoluto e do exato nas linhas, de imagens da ordem e não do caos: "Todos nós construímos a imagem do mundo como gostaríamos que ele fosse e esse nosso mundo espiritual será sempre aquilo que fazemos e como o fazemos. É a Humanidade sozinha que o forma numa certa ordem, fora de uma massa de realidades incoerentes e inimigas. Isso é o ▶

Quando o fruidor circum-navega a forma, ela lhe aparece como várias formas. O mesmo já se dava parcialmente com a construção barroca e com o abandono da perspectiva frontal privilegiada. Obviamente, a possibilidade de ser vista de diversas perspectivas pertence a toda obra de escultura, e o Apolo de Belvedere visto de lado apresenta-se diferente de quando é visto de frente. Mas, a não ser quando a obra é construída de modo que exige a visão frontal exclusiva (pensemos nas estátuas-coluna das catedrais góticas), a forma vista sob várias perspectivas visa sempre a obter a convergência da atenção para o resultado total – em relação ao qual os aspectos de perspectiva são complementares e permitem uma apreciação global. O Apolo visto por trás sugere o Apolo total, a visão frontal reafirma a visão precedente, uma leva a desejar a outra como complemento, ainda que imaginativo. A forma completa reconstrói-se pouco a pouco na memória e na imaginação.

Ao contrário, a obra de Gabo, vista de baixo, faz-nos intuir a coexistência de perspectivas variáveis que se excluem

▷que me parece ser construtivo. Eu escolhi a exatidão de minhas linhas." Mas relacionemos essas afirmações com o que o próprio Gabo dizia em 1924 no *Manifesto do Construtivismo*: ordem e exatidão são os parâmetros baseados nos quais a arte molda a organicidade da natureza, sua formatividade interna, o dinamismo de seu crescimento. Portanto a arte, embora seja uma imagem concluída e definida, é capaz de oferecer, através de elementos *cinéticos*, aquele processo contínuo, que é crescimento natural. Tal como uma paisagem, uma dobra do terreno, uma mancha sobre um muro, a obra de arte presta-se a diversas visualizações e apresenta perfis cambiantes, a arte reflete em si, graças às suas características de ordem e exatidão, a mobilidade dos eventos naturais. E uma obra definida, podemos dizer que se faz imagem duma natureza "aberta". E Read, embora cético para com outras formas de ambiguidade plástica, observa: "A peculiar visão da realidade comum ao construtivismo de Gabo ou de Pevsner não tem sua origem nos aspectos superficiais da civilização mecânica, nem numa redução dos dados visuais a seus 'planos cúbicos' ou 'volumes plásticos' [...] mas numa visão do processo estrutural do universo físico, tal como é revelado pela ciência moderna. O melhor preparo à apreciação da arte construtivista é o estudo de Whitehead ou de Schroedinger [...] A arte – é a sua função máxima – aceita a multiplicidade universal que a ciência investiga e revela, mas a reduz à concretude de um símbolo plástico." (p. 233)

186

reciprocamente. Satisfaz-nos em nossa perspectiva atual e deixa-nos perturbados e curiosos ante a suspeita de que se possa imaginar simultaneamente a totalidade das perspectivas (o que, na realidade, é praticamente impossível)[3].

Calder dá um passo à frente: agora a própria forma se move sob nossos olhos e a obra torna-se "obra em movimento". Seu movimento compõe-se com o do espectador. A rigor jamais deveria haver dois momentos, no tempo, em que a posição recíproca da obra e do espectador pudessem reproduzir-se de modo igual. O campo das escolhas não é mais sugerido, é real, e a obra é um campo de possibilidades. Os "vidrinhos" de Munari, as obras em movimento da novíssima vanguarda, levam às últimas consequências essas premissas[4].

3. Ezra Pound manifesta impressão semelhante perante as obras de Brancusi: "Brancusi escolheu uma tarefa terrivelmente mais difícil: reunir todas as formas numa só é algo que exige tanto tempo quanto a contemplação do universo para qualquer budista [...] Poder-se-ia dizer que cada um dos milhares de ângulos sob os quais se considera uma estátua deveria ter vida própria (Brancusi permitir-me-á escrever: vida *divina*) [...] Mesmo o extremado adorador da arte mais execrável admitirá que é mais fácil construir uma estátua que agrade considerada de *um* ângulo, do que fazer uma capaz de satisfazer o espectador em qualquer ângulo pelo qual seja olhada. Compreende-se que é mais difícil comunicar essa 'satisfação formal' com a ajuda de uma única massa, que provocar um interesse visual efêmero por meio de combinações monumentais e dramáticas [...]". (Depoimento sobre Brancusi publicado em *The Little Review*, 1921)

4. Citemos, além dos célebres vidrinhos de Munari, certas experiências da última geração, como os *mirioramas* do Grupo T (Anceschi, Boriani, Colombo, Devecchi) e as estruturas transformáveis de Jacoov Agam, as "constelações móveis" de Pol Bury, os *rotorelief* de Duchamp ("o artista não realiza sozinho o ato de criação, pois o espectador estabelece o contato da obra com o mundo exterior, decifrando e interpretando suas qualificações profundas, e, agindo dessa forma, acrescenta sua contribuição ao processo criativo"), os objetos de composição renovável de Enzo Mari, as estruturas articuladas de Munari, as folhas móveis de Diter Rot, as estruturas cinéticas de Jesus Soto ("são estruturas cinéticas porque aproveitam o espectador como motor. Refletem o movimento do espectador, mesmo que seja apenas o de seus olhos. Preveem sua capacidade de mover-se, solicitam sua atividade sem violentá-la. São estruturas cinéticas, porque não contêm as forças que as animam. Porque as forças que as animam, seu dinamismo, são tomadas de empréstimo ao espectador", observa Claus Bremer), as máquinas de Jean Tinguely (que, deformadas pelo espectador e postas em rotação, desenham configurações sempre novas).

E eis que, ao lado dessas direções formativas, temos as do Informal, tomado no sentido mais amplo que já definimos. Não mais obra em movimento, pois o quadro está aí, sob os nossos olhos, definido de uma vez por todas, fisicamente, nos signos pictóricos que o compõem; nem obra que exija o movimento do fruidor, pelo menos não mais do que o exija qualquer quadro que pede para ser visto levando em conta as várias incidências da luz sobre as asperezas da matéria, sobre os relevos da cor. E, contudo, obra aberta com pleno direito – quase de modo mais maduro e radical – pois aqui os signos verdadeiramente se compõem como constelações nas quais a relação estrutural não é, de saída, determinada de modo unívoco, nas quais a ambiguidade do signo não é reconduzida (como para os impressionistas) a uma reafirmação final da distinção entre forma e fundo, mas o próprio fundo se torna tema do quadro (o tema do quadro torna-se fundo, como possibilidade de contínua metamorfose)[5].

Daí a possibilidade – por parte do fruidor – de escolher as próprias direções e coligações, as perspectivas privilegiadas por eleição, e de entrever, no fundo da configuração individual, as outras individuações possíveis, que se excluem mas coexistem, numa contínua exclusão-implicação recíproca. Portanto, daqui se originam dois problemas, trazidos não só por uma poética do Informal, mas por toda a poética da obra aberta: 1. as razões históricas, o *background* cultural dessa decisão formativa, a visão do mundo que ela comporta; 2. as possibilidades de "leitura" de tais obras, as condições comunicativas a que são submetidas, as garantias de uma relação de comunicação que não degenere no caos, a tensão entre a massa de informação intencionalmente posta ao dispor do fruidor e um mínimo de compreensão garantida,

---

5. Destarte, ainda que não seja constituído por elementos móveis, o quadro informal aperfeiçoa a tendência de vários tipos da escultura cinética, tornando-se, de objeto, "espetáculo", conforme observa Albino Galvano na nota "Arte come oggetto e arte come spettacolo" (*Il Verri*, número sobre o Informal, p. 184-187).

a adequação entre a vontade do figurador e a resposta do consumidor. Como se vê, em ambos os problemas não se faz questão do valor estético, da "beleza" das obras em discussão. O primeiro ponto pressupõe que as obras, para manifestarem de modo fecundo uma visão implícita do mundo, bem como os liames com toda uma condição de cultura contemporânea, satisfaçam, ao menos em parte, as condições indispensáveis àquele particular discurso comunicativo que se costuma definir como "estético". O segundo ponto examina as condições comunicativas elementares em cuja base, subsequentemente, seja possível empreender o exame de uma comunicatividade mais rica e profunda, caracterizada pela fusão orgânica de elementos multíplices, típica do valor estético. A discussão sobre as possibilidades estéticas do Informal constituirá portanto a terceira fase do discurso que desejamos desenvolver.

A Obra Como Metáfora Epistemológica

Com referência ao seu primeiro aspecto, o informal relaciona-se insofismavelmente com uma condição geral de todas as obras abertas. Trata-se de estruturas que se apresentam como *metáforas epistemológicas*, como resoluções estruturais de uma consciência teorética difundida (não de uma teoria determinada, mas de uma convicção cultural assimilada): representam a repercussão, na atividade formativa, de determinadas aquisições das metodologias científicas contemporâneas, e a reafirmação, na arte, daquelas categorias de indeterminação, de distribuição estatística, que regulam a interpretação dos fatos naturais. Dessa maneira, o Informal coloca em questão, pelos meios que lhe são próprios, as categorias da causalidade, as lógicas a dois valores, as relações de univocidade, o princípio do terceiro excluído.

Não se trata aqui da objeção do filósofo que se preocupa em encontrar a todo custo uma mensagem conceitual implícita nas atitudes tomadas pelas formas da arte. É um ato de autoconsciência dos mesmos artistas que, no próprio vocabulário que utilizam para suas declarações de poética, traem as influências culturais contra as quais reagem. Muitas vezes o uso acrítico da categoria científica para caracterizar um comportamento formativo é bastante perigoso; transportar um termo típico das ciências para o discurso filosófico ou para o discurso crítico impõe uma série de verificações e delimitações do significado, de maneira a determinar em que medida o emprego do termo tenha valor sugestivo e metafórico. É bem verdade que quem se escandaliza e teme pela pureza do discurso filosófico quando se defronta com o uso, em estética ou alhures, de termos tais como "indeterminação", "distribuição estatística", "informação", "entropia" etc., esquece que a filosofia e a estética tradicional sempre se valeram de termos como "forma", "potência", "germe" e assim por diante, que na origem nada mais eram do que termos físico-cosmológicos transpostos para outro campo. Mas também é verdade que justamente devido a essas desenvoltas comissões terminológicas foi possível discutir a filosofia tradicional do alto de atitudes analíticas mais rigorosas: pelo quê, alertados por essas lições, ao encontrarmos um artista que usa determinados termos da metodologia científica para designar suas intenções formativas, não nos arriscaremos a imaginar que as estruturas dessa arte refletem as presumidas estruturas do universo real; notaremos apenas que a circulação cultural de determinadas noções influenciou particularmente o artista em questão, de tal forma que sua arte quer e deve ser vista como a reação imaginativa, a metaforização estrutural, de certa visão das coisas (que as aquisições da ciência tornaram familiar ao homem contemporâneo). Nesse sentido, nossa pesquisa não terá o caráter de uma inspeção ontológica, mas de uma contribuição mais modesta à história das ideias.

São muitos os exemplos e poderiam ser extraídos de vários programas de exposições ou artigos críticos[6]. Como

6. Veja-se, por exemplo, a declaração dos jovens artistas de *mirioramas*: "Cada aspecto da realidade, cor, forma, luz, espaços geométricos e tempo astronômico, é o aspecto diverso com que se dá o ESPAÇO-TEMPO,▸

um especialmente significante, citamos o artigo de George Mathieu, "D'Aristote à l'abstraction lyrique"[7], em que o pintor procura delinear a passagem progressiva, na civilização ocidental, do *ideal* para o *real*, do *real* para o *abstrato* e do *abstrato* para o *possível*. É uma história genética das poéticas do Informal e da abstração lírica, e daquelas formas novas que a vanguarda descobre antes que a consciência comum saiba integrá-las. A evolução das formas apresenta-se a Mathieu paralela à dos conceitos científicos:

> Se assistimos ao desmoronar de todos os valores clássicos no domínio da arte, uma revolução paralela, igualmente profunda, se processa no campo das ciências, onde a recente anulação dos conceitos de espaço, a matéria, a paridade, a gravitação, o renascimento das noções de indeterminismo e probabilidade, de contradição, de entropia, postulam o despertar de um misticismo e as possibilidades de uma nova transcendência.

Concordamos em que, no plano metodológico, uma noção como a de indeterminismo não postula nenhuma possibilidade mística, mas somente permite descrever, com as devidas cautelas, alguns acontecimentos microfísicos; e em que não deve ser permitido, no plano filosófico, assumi-la

▷ ou melhor: modos diversos de perceber o relacionamento entre ESPAÇO e TEMPO. Consequentemente, consideramos a realidade como devir ininterrupto de fenômenos que se tornam perceptíveis para nós na variação. Desde que uma realidade entendida nesses termos tomou o lugar, na consciência do homem (ou somente em sua intuição), de uma realidade fixa e imutável, reconhecemos nas artes uma tendência a expressar a realidade em seus termos de devir. Portanto, considerando a obra como uma realidade feita com os mesmos elementos que constituem aquela realidade que nos circunda, é preciso que a própria obra esteja em contínua variação". Outros artistas falam da introdução da dimensão *tempo* na vida interior da obra. Alhures falou-se de *relação de indeterminação* colocada no domínio da imagem já pelos próprios cubistas. Também foi dito, a propósito de Fautrier, que "ele estabelece um novo espaço intersideral e participa das pesquisas científicas atuais" (Verdet). E ouviu-se falar também de realidades nucleares representadas pela nova pintura. Mathieu falou de *épisthemologie du décentrement*. Todas elas, expressões não verificadas, mas que mesmo assim qualificam estados de espírito que não podem ser deixados de lado.

7. *L'Oeil*, abril de 1959.

com demasiada desenvoltura: mas se o pintor, Mathieu no caso, a aceita desse modo e faz dela um estímulo imaginativo, não podemos contestar-lhe o direito de fazê-lo. Deveremos, ao invés, examinar se do estímulo à estruturação de signos pictóricos conservar-se-á certa analogia entre a visão das coisas implícita na noção metodológica e aquela manifestada pelas novas formas. Como já dissemos em outra parte, a poética do barroco, no fundo, reage a uma nova visão do cosmo introduzida pela revolução copernicana, sugerida quase em termos figurais pela descoberta da elipticidade das órbitas planetárias realizada por Kepler – descoberta que põe em crise a posição privilegiada do círculo como símbolo clássico de perfeição cósmica. E assim como a pluriperspectiva da construção barroca se ressente dessa concepção – não mais geocêntrica e, portanto, não mais antropocêntrica – de um universo ampliado rumo ao infinito, eis que hoje também, como o faz o próprio Mathieu mais adiante em seu artigo, em teoria é possível estabelecer paralelos entre o advento das novas geometrias não euclidianas e o abandono das formas geométricas clássicas operado pelos *fauves* e pelo cubismo; entre o aparecimento, no campo da matemática, dos números imaginários e transfinitos e da teoria dos conjuntos, e o surgimento da pintura abstrata; entre as tentativas de axiomatização da geometria por Hilbert, e as primeiras tentativas do neoplasticismo e do construtivismo:

Finalmente a Teoria dos Jogos, de von Neumann e Morgenstern, um dos acontecimentos científicos mais importantes do nosso século, demonstrou-se especialmente fecunda em suas aplicações à arte atual, como evidenciou magistralmente Toni del Renzio a propósito da *action painting*. Nesse vasto campo, que agora vai do possível ao provável, nessa nova aventura do indeterminismo que rege as leis da matéria inanimada, viva ou psíquica, os problemas colocados pelo Chevalier de Méré a Pascal, três séculos atrás, estão tão superados quanto as noções de *hasard-objectif* de Dali ou de meta-ironia de Duchamp. As novas relações do acaso com a causalidade, a introdução do antiacaso positivo e negativo, constituem mais uma confirmação da ruptura de nossa civilização com o racionalismo cartesiano.

Não vale a pena nos determos nas extremadas afirmações científicas do pintor citado e na sua convicção metafísica de que o indeterminismo rege as leis da matéria inanimada, viva e psíquica. Mas não podemos pretender que a ciência introduza cautelosamente conceitos válidos num âmbito metodológico definido e que toda a cultura de um período, intuindo seu significado revolucionário, renuncie a apossar--se deles com a violência selvagem da reação sentimental e imaginativa. É verdade que o princípio da indeterminação e a metodologia quântica nada dizem a respeito da estrutura do mundo, pois somente nos informam acerca de certo modo de descrever alguns aspectos do mundo; mas, em compensação, nos dizem que alguns valores que acreditávamos absolutos, válidos como estruturas metafísicas do mundo (lembremos o princípio da causalidade ou do terceiro excluído), têm o mesmo valor convencional dos novos princípios metodológicos adotados, e, além do mais, não são indispensáveis para a explicação deste mundo ou para a fundação de outro. Daí, nas formas da arte, mais do que a instauração rigorosa de valores equivalentes aos novos conceitos, encontrarmos a negação dos antigos. E simultaneamente a tentativa de sugerir, ao lado de uma nova atitude metodológica diante da provável estrutura das coisas, uma imagem possível deste novo mundo, uma imagem de que a sensibilidade ainda não se apoderou, pois a sensibilidade está sempre em atraso em relação às aquisições da inteligência, e ainda hoje somos levados ancestralmente a pensar que "o sol se ergue" mesmo que já faça três séculos e meio que nossos antepassados aprendem na escola que o sol não se move.

Daí a função de uma arte aberta como metáfora epistemológica: num mundo em que a descontinuidade dos fenômenos pôs em crise a possibilidade de uma imagem unitária e definitiva, esta sugere um modo de ver aquilo que se *vive*, e vendo-o, aceitá-lo, integrá-lo em nossa sensibilidade. Uma obra aberta enfrenta plenamente a tarefa de oferecer uma imagem da descontinuidade: não a descreve, ela própria é a descontinuidade. Ela se coloca como mediadora entre a abstrata categoria da metodologia científica e a matéria viva de nossa sensibilidade; quase como uma espécie de esquema transcendental que nos permite compreender novos aspectos do mundo.

É nessa chave que devem ser interpretados os emocionados protocolos de leitura que a crítica nos proporciona diante de obras informais, quase que se entusiasmando pelas novas e imprevistas liberdades que um campo de estímulos tão aberto e tão ambíguo oferece à imaginação:

> Dubuffet lida com realidades primordiais e com o *mana* as correntes mágicas que ligam os seres humanos aos objetos que os cercam. Mas sua arte é muito mais completa do que qualquer tipo de arte primitiva. Já fiz referência às multíplices ambiguidades e zonas de significado. Muitas destas são criadas pela complexa organização espacial da tela, pela intencional confusão das escalas, pelo hábito que tem o artista de ver e representar as coisas simultaneamente sob diversos ângulos [...] Trata-se de uma experiência óptica bastante complexa, pois não somente nosso ponto de vista nunca deixa de variar, não somente há uma grande quantidade de impasses ópticos, de perspectivas que evocam uma estrada que termina no meio de uma planície, ou ao pé de um rochedo, mas, além disso, somos constantemente atraídos pelo quadro, por uma superfície constantemente plana sobre a qual não foi usada nenhuma das técnicas tradicionais. Esta visão múltipla, entretanto, é absolutamente normal: é assim que vemos as coisas durante um passeio pelo campo, subindo pequenas colinas ou seguindo caminhos sinuosos. Esta tendência a ver as coisas colocando-nos alternativa ou sucessivamente em pontos diversos do espaço indica também, evidentemente, uma relatividade – ou uma presença simultânea do tempo[8].

> Fautrier pinta uma caixa como se o conceito de caixa ainda não existisse; e, mais do que um objeto, pinta um debate entre sonho e matéria, um caminhar tateante em direção à caixa, na esfera de incerteza onde o possível e o real se tocam. O artista tem a sensação exata de que as coisas poderiam ser diferentes [...][9]

8. James Fitzsimmons, *Jean Dubuffet*, Bruxelles: Éditions de la Connaissance, 1958, p. 43.

9. A. Berne-Joffroy, Les Objets de J. Fautrier, NRF, maio 1955.

A matéria de Fautrier [...] é uma matéria que não se simplifica, mas vai sempre adiante, complicando-se, captando e assimilando significações possíveis, incorporando aspectos ou momentos do real, saturando-se de experiência vivida [...][10]

Bem outros e diversamente apropriados os atributos que convém assegurar à representação [de Dubuffet]: em primeiro lugar, os atributos da infinidade, da indistinção, da indiscrição (tomados, esses termos, em seu significado etimológico). Olhar através, segundo a óptica da matéria, significa com efeito ver desmoronar os perfis nocionais, dissolverem-se e desaparecerem aspectos de coisas e pessoas; ou, se ainda subsistirem corpúsculos, vestígios, presenças providas de alguma definição formal, discerníveis pelo olhar, essa óptica impõe que os coloquemos em crise, que os inflacionemos multiplicando-os, confundindo-os num rodopiar de projeções e desdobramentos [...][11]

O "leitor" se excita, portanto, ante a liberdade da obra, sua infinita proliferabilidade, ante a riqueza de suas adjunções internas, das projeções inconscientes que a acompanham, ante o convite que o quadro lhe faz a não deixar-se determinar por nexos causais e pelas tentações do unívoco, empenhando-se numa transação rica em descobertas cada vez mais imprevisíveis.

Desses "protocolos de leitura", talvez o mais rico e mais preocupante seja o de Audiberti, quando nos relata o que *vê* na pintura de Camille Bryen:

Finalmente, nela não há mais *abstrato* do que *figurativo*. A íntima sêmola do fêmur das íbis, e mesmo dos encanadores, encerra, como um álbum, como um ab-homem de família, toda sorte de cartões-postais, Dôme des Invalides, grande hotel New-grand em Yokohama. A refração atmosférica repercute no tecido mineral as miragens mais bem compostas. Hordas de estafilococos submedulares alinham-se para desenhar a silhueta do tribunal de comércio de Manton. [...] O infinito da pintura de Bryen parece-me assim mais qualificado do que se se restringisse a ilustrar a habitual relação

10. G.C. Argan, Da Bergson a Fautrier, *Aut Aut*, jan. 1960.
11. R. Barilli, *Jean Dubuffet, Matériologies*, Milano: Galleria del Naviglio, 1961.

da imóvel pintura corrente com o que precede e o que se seguirá. Repito, é preciso, que a meus olhos ela possui isto, em si, que ela realmente se mexe. Ela se mexe em todos os chamados do espaço, do lado do passado, do lado do futuro. Ela mergulha na vegetação venenosa do fundo ou, ao contrário, fora dos abismos da cárie dentária dos mosquitos, sobe para o piscar de nossos olhos e o aperto de nossas mãos. As moléculas que a compõem ao mesmo tempo de substância química pictórica e de energia visionária, palpitam e se ajustam sob a ducha horizontal do olhar. Surpreende-se aqui o fenômeno da criação contínua, ou da revelação contínua. Uma "pena", uma pintura de Bryen não atesta, como qualquer outra, como tudo aqui embaixo, a junção permanente das ordens de operação de Bolsa, do exocutículo das aranhas e das madeiras gritantes dos cobaltos, não... Quando terminada, apresentável e assinada, levada à sua proporção social e comercial, espera a atenção ou a contemplação daquele que a vê e de quem faz um vidente, as formas ou não formas que propõe ao primeiro contato modificam-se no espaço à frente da tela e da folha e à frente, também, da alma deste vidente, à frente! Elas parem, pouco a pouco o astro faz seu ninho, cenários e perfis secundários alternadamente preponderantes. Em camadas transparentes eles se aplicam na imagem fundamental. Ao nível da pintura, manifesta-se, como se diz vulgarmente, uma cibernética. Enfim, teremos visto a obra de arte ab-humanizar-se, desatar-se da assinatura do homem, atingir uma movimentação autônoma, que mesmo os contadores de elétrons, por menos que se saiba ao certo onde articulá-los, se divertiriam em medir[12].

Nesse "protocolo" temos, reunidos, os limites e as possibilidades de uma obra aberta. Se metade das reações anotadas nada têm a ver com um efeito estético, e são puras divagações pessoais sugeridas pelos sinais, também esse fato deve, contudo, ser levado em consideração: será este limite do "leitor" em questão, mais interessado nos livres jogos de sua própria imaginação, ou um limite da obra que assume aqui a função que poderia ter, para outra pessoa, a mescalina? Mas além desses problemas extremos, destacamos aqui, elevadas ao mais alto grau, as possibilidades de uma livre inspeção, de uma inesgotada revelação de contrastes e oposições, que

12. Jacques Audiberti, *L'Oeuvre-Boîte*, Paris: Gallimard, 1952, p. 26-35.

proliferam a cada passo. A tal ponto que, assim como o leitor escapa ao controle da obra, a certa altura a obra parece escapar ao controle de quem quer que seja, inclusive do autor, e prosseguir o discurso *sponte sua*, como um cérebro eletrônico enlouquecido. Então, não há mais um campo de possibilidades; mas o indistinto, o originário, o indeterminado em estado selvagem, o todo e o nada.

Audiberti fala de liberdade cibernética e a palavra nos introduz no centro da questão: questão que justamente pode ser esclarecida através da análise das capacidades comunicativas da obra em termos de teoria da informação.

Abertura e Informação

A teoria da informação, em suas formulações no campo matemático (não em suas aplicações práticas à técnica cibernética)[13], fala-nos de uma diferença radical entre "significado" e "informação". *O significado* de uma mensagem (e também é mensagem comunicativa a configuração pictórica que comunica exatamente não referências semânticas, mas uma certa quantidade de relações sintáticas perceptíveis entre seus elementos) se estabelece na proporção da ordem, da convencionalidade e, portanto, da "redundância" da estrutura. O significado torna-se tanto mais claro e inequívoco quanto mais observo as regras da probabilidade, as leis organizativas prefixadas – e reiteradas através da repetição dos elementos previsíveis. Ao contrário, quanto mais a estrutura se torna improvável, ambígua, imprevisível e desordenada, tanto mais aumenta a *informação*. Informação entendida, portanto, como possibilidade informativa, incoatividade de ordens possíveis.

Em algumas condições de comunicação tem-se em mira o *significado*, a *ordem*, o *óbvio*: é o caso da comunicação de uso prático, da carta ao símbolo visual de sinalização

---

13. Acerca dos esclarecimentos que se seguem, ver o capítulo anterior, "Abertura, Informação, Comunicação".

rodoviária, que visam a ser compreendidos univocamente, sem possibilidade de equívocos e interpretações pessoais. Em outros casos, ao contrário, devemos buscar o valor *informação*, a riqueza ilimitada dos significados possíveis. É o caso da comunicação artística e do efeito estético – que uma pesquisa, do ponto de vista da informação, ajuda a explicar, sem, contudo fundamentá-lo definitivamente.

Já dissemos que toda forma de arte, ainda que adote as convenções da linguagem comum ou símbolos figurativos aceitos pela tradição, fundamenta seu valor justamente numa novidade de organização do material disponível, que para o fruidor constitui sempre um acréscimo de informação. Mas através de arrojos originais e de rupturas provisórias da ordem das previsões, a arte "clássica" no fundo visa a reconfirmar as estruturas aceitas pela sensibilidade comum à qual se dirige, opondo-se a determinadas leis de redundância apenas para reconfirmá-las de novo, ainda que de maneira original. Pelo contrário, a arte contemporânea parece visar como valor primeiro à quebra intencional das leis da probabilidade que regem o discurso comum, pondo em crise os seus pressupostos, no instante mesmo em que os usa para deformá-lo. Quando o poeta escreve "Fede è sustanzia di cose sperate" (Fé é substância de coisas esperadas), adota as leis gramaticais e sintáticas da linguagem de sua época para comunicar um conceito já admitido pela teologia corrente: comunica-o de modo especialmente fecundo, pois organiza termos cuidadosamente escolhidos tendo por base leis inesperadas e relações originais, fundindo tão estreita e genialmente o conteúdo semântico com os sons e com o ritmo geral da frase, que a torna nova, intraduzível, vivaz e persuasiva (capaz portanto de dar ao ouvinte um alto índice de informação que não é, porém, informação semântica, capaz de enriquecer a consciência com referentes exteriores implicados, mas informação estética, informação que diz respeito à riqueza daquela forma determinada, à mensagem como ato de comunicação voltado principalmente para uma auto-explicação).

Por outro lado, o poeta contemporâneo que diz "Ciel dont j'ai dépassé la nuit" (Céu em que passei a noite), embora realize a mesma operação do poeta antigo (organizando numa relação peculiar conteúdos semânticos, material sonoro, ritmos), o faz evidentemente com outra intenção: não pretende reconfirmar de maneira "bela", de maneira "agradável" uma linguagem aceita e ideias adquiridas, mas romper as convenções da linguagem aceita e os módulos costumeiros de concatenação das ideias, para propor um uso inesperado da linguagem e uma lógica dessueta das imagens, de tal forma que proporcione ao leitor um tipo de informação, uma possibilidade de interpretações, um feixe de sugestões, que estão no antípoda do significado como comunicação de uma mensagem unívoca.

Ora, nosso discurso em torno da informação tem por objetivo justa e unicamente esse aspecto da comunicação artística, independentemente das outras conotações estéticas de uma mensagem. Trata-se de determinar até que ponto essa vontade de novidade informativa se concilia com as possibilidades de comunicação entre autor e fruidor. Consideremos uma série de exemplos musicais. Nesta frase, extraída de um pequeno minueto de Bach, *Notenbüchlein für Anna Magdalena Bach*,

podemos notar imediatamente como a adesão a uma convenção probabilista e a certa redundância concorrem para tornar claro e unívoco o significado da mensagem musical. A regra de probabilidade é a da gramática tonal, em cujos moldes a sensibilidade do ouvinte ocidental pós-medieval é habitualmente educada: nela, os intervalos não constituem simples diferenças de frequência, mas implicam na introdução de relações orgânicas dentro do contexto. O ouvido escolherá sempre o caminho mais fácil para captar essas relações, segundo um "índice de racionalidade" baseado nos chamados dados "objetivos" da percepção, e sobretudo no pressuposto das convenções linguísticas assimiladas. Nos primeiros dois tempos do primeiro compasso tocam-se os graus do acorde perfeito de *fá maior*; no terceiro tempo o *sol* e o *mi* implicam uma harmonia dominante, que tem por evidente finalidade a reconfirmação da tônica através do mais elementar dos movimentos cadenciais; com efeito, no segundo compasso a tônica é pontualmente rebatida. Se assim não fosse – neste início de minueto – seria fatal supor um erro de impressão. É tudo tão claro e linguisticamente consequente que mesmo um amador pode inferir, a partir dessa linha melódica, as eventuais relações harmônicas, isto é, qual seria o "baixo" dessa frase. Completamente diverso é o que acontece numa composição serial de Webern; uma série de sons apresenta-se como uma constelação em que não existem direções privilegiadas, convites unívocos ao ouvido. Falta uma regra, um centro tonal que obrigue a prever o desenvolvimento da composição numa direção única. A essa altura, os resultados são ambíguos: a uma sequência de notas pode suceder qualquer outra, que a sensibilidade não pode prever mas somente, quando muito – se for educada –, aceitar no momento em que lhe é comunicada:

Do ponto de vista harmônico, em primeiro lugar (pelo que entendemos as relações de altura em todos os sentidos, simultâneos e sucessivos) constataremos que cada som, na música de Webern, é seguido imediatamente, ou quase que imediatamente, por um dos sons, ou até por ambos, que formam com ele um intervalo cromático. Porém, na maioria das vezes, esse intervalo não se apresenta como um semitom, como segunda menor (que, em geral, ainda é essencialmente condutora, melódica, um "encadeamento", e se refere sempre à deformação elástica de um mesmo campo harmônico descrito acima), mas sim sob forma ampliada da sétima maior ou da nona menor. Considerados e tratados como malhas elementares da tessitura relacional, esses intervalos impedem a valorização sensível e automática das oitavas (operação sempre realizável pelo ouvido, dada sua simplicidade), fazem desviar o sentido da instauração de relações de frequência, opõem-se à imagem de um espaço auditivo "retilíneo" [...][14]

14. Henri Pousseur, La nuova sensibilità musicale, *Incontri Musicali*, n. 2, 1958.

A esse tipo de mensagem, que já é mais ambígua do que a precedente – e traz consigo, com um significado menos unívoco, uma maior riqueza de informação – segue-se, como realização mais adiantada, a composição eletrônica, onde, não só um conjunto de sons nos é apresentado fundido num "grupo" em que é impossível ao ouvido desenredar as relações de frequência (nem é intenção do compositor conduzir à identificação dessas relações, sua intenção é fazer com que seja percebido o emaranhado dessas relações em toda sua fecundidade e ambiguidade), mas também os próprios sons apresentados constam de frequências inéditas, desprovidas da feição familiar de *nota musical*, e nos transportam decididamente para fora do mundo auditivo habitual, onde a presença de probabilidades recorrentes nos conduz amiúde e quase passivamente na esteira de resultados previsíveis e adquiridos. Aqui, o campo de significados se torna mais rico, a mensagem se abre para resultados diversos, a informação aumenta consideravelmente. Tentemos, porém, agora, levar essa imprecisão – e essa informação – para além do limite extremo: exasperemos a presença simultânea de todos os sons, enriqueçamos a urdidura. Chegaremos ao *som branco*, a soma indiferenciada de todas as frequências. Ora, o som branco, que a rigor deveria proporcionar-nos a maior informação possível, *não informa absolutamente mais nada*. Nosso ouvido, além de achar-se desprovido de qualquer indicação, não é sequer capaz de "escolher". Assiste, passivo e impotente, ao espetáculo do magma original. Existe, portanto, um limiar além do qual a riqueza de informação faz-se "ruído".

Reparemos que o ruído também pode se tornar sinal. No fundo, a música concreta e certos exemplos de música eletrônica nada mais são do que uma organização de ruídos tratados como sinais. Mas o problema da transmissão de uma mensagem desse gênero consiste justamente nisto: o problema da coloração dos ruídos brancos é o problema do mínimo de ordem a ser acrescido ao ruído para conferir-lhe uma identidade, um mínimo de forma espectral[15].

15. Ver a seção "A Informação, a Ordem e a Desordem", supra, p. 154-156

Algo de parecido também ocorre no campo dos sinais figurativos. Um exemplo de comunicação redundante segundo módulos clássicos, que se presta particularmente a um discurso em termos de informação, é o do mosaico. No mosaico, cada tessela pode ser apreciada como unidade de informação, um *bit*, e a informação total nos é dada pela soma das unidades. Ora, as relações que se estabelecem entre as tesselas de um mosaico tradicional (tomemos, por exemplo, O *Cortejo da Imperatriz Teodora*, em São Vital de Ravena) não são absolutamente casuais e obedecem a rigorosas regras de probabilidade. Primeira entre todas, a convenção figurativa pela qual o fato pictórico deve reproduzir o corpo humano e a natureza real, convenção implícita, a tal ponto baseada em nossos esquemas perceptivos habituais que imediatamente leva o olho a relacionar as tesselas entre si segundo as linhas de delimitação dos corpos, ao passo que, por seu lado, as tesselas que delimitam os contornos são caracterizadas por uma unidade cromática. As tesselas não *sugerem* a presença de um corpo; através de uma distribuição altamente redundante, devido às repetições em cadeia, *insistem* num determinado contorno, sem possibilidade de equívoco. Se um sinal negro representa a pupila, uma série de outros sinais, devidamente dispostos, lembrando a presença dos cílios e das pálpebras, reitera a comunicação em foco e induz a identificar sem ambiguidade alguma a presença do olho. Mas, serem dois os olhos, e simétricos, constitui outro elemento de redundância; e não julguemos supérflua essa observação, pois no desenho de um pintor moderno poderá ser suficiente um único olho para sugerir um rosto visto de frente; o fato de aqui serem os olhos sempre e rigorosamente dois, significa adotar e seguir determinadas convenções figurativas; as quais, em termos de teoria da informação, são leis de probabilidade dentro de um sistema dado. Temos aqui, portanto, uma mensagem figurativa dotada de significado unívoco e de uma cota de informação limitada.

Tomemos agora uma folha de papel branco, dobremo-la ao meio e borrifemos uma das metades com tinta. A configuração resultante será altamente casual, absolutamente desordenada. Dobremos de novo a folha ao meio, de modo a fazer com que a superfície da metade manchada coincida com a superfície da metade ainda branca. Reaberta a folha, encontrar-nos-emos diante de uma configuração que já recebeu certa ordem através da forma mais simples de disposição segundo as leis da probabilidade, segundo a forma mais elementar de redundância, que é a repetição simétrica dos elementos. Entretanto, o olho, embora se encontre diante de uma configuração altamente ambígua, dispõe de pontos de referência, mesmo que sejam os mais óbvios: encontra indicações de direção, sugestões de relações. Está ainda livre, muito, muito mais do que diante do mosaico de Ravena, e, contudo é induzido a reconhecer algumas figuras de preferência a outras. São figuras dessemelhantes, para cujo reconhecimento ele carreia suas tendências inconscientes, e a variedade das respostas possíveis é sinal da liberdade, da ambiguidade, do poder de informação típico da configuração proposta. Existem, todavia, algumas direções interpretativas, a tal ponto que o psicólogo que propõe o teste sentir-se-á desorientado e preocupado se a resposta do paciente estiver muito fora de um campo de respostas prováveis.

Suponhamos agora que aquelas unidades de informação, que eram as tesselas do mosaico ou as manchas de tinta, se transformem em diminutos pedacinhos de cascalho que, distribuídos uniformemente, levados a um ponto de grande coesão e comprimidos com força por um rolo compressor, constituam a pavimentação rodoviária chamada "macadame". Quem olhar para uma pavimentação desse tipo percebe a copresença de inúmeros elementos distribuídos quase que estatisticamente; nenhuma ordem rege sua aglomeração; a configuração é abertíssima e possui, em seu limite, o máximo de informação possível, pois estamos em condições de ligar com linhas ideais qualquer elemento a outro, sem que nenhuma sugestão nos obrigue a um sentido diferente. Encontramo-nos aqui na mesma situação do ruído branco acima citado: o máximo de equiprobabilidade estatística na distribuição, em vez de aumentar as possibilidades de informação, nega-as. Isto é, mantém-nas no plano matemático, mas nega-as no plano da relação comunicativa. O olho não encontra mais indicações de ordem.

Também aqui a possibilidade de uma comunicação tanto mais rica quanto mais aberta está no delicado equilíbrio entre um mínimo de ordem admissível e um máximo de desordem. Esse equilíbrio assinala o limiar entre o indistinto de todas as possibilidades e o campo de possibilidades.

É esse, portanto, o problema de uma pintura que aceite a riqueza das ambiguidades, a fecundidade do informe, o desafio do indeterminado. Pintura que pretenda oferecer ao olhar a mais livre das aventuras e ao mesmo tempo constituir um fato comunicativo, a comunicação do máximo *ruído*, marcada, todavia, por uma intenção que o qualifique como sinal. Caso contrário, tanto faria para o olho inspecionar livremente leitos de estradas e manchas sobre muros, sem necessidade de transportar para a moldura de uma tela essas livres possibilidades de mensagem que a natureza e o acaso colocam ao nosso dispor. Repare-se bem que a intenção por si só é suficiente para marcar o ruído como sinal: a transposição pura e simples de um pedaço de saco para dentro do âmbito de um quadro basta para caracterizar a matéria bruta como artefato. Mas aí intervêm as modalidades de caracterização, a capacidade de persuasão das sugestões de direção ante a diminuída liberdade do olho.

Frequentemente, a modalidade de caracterização pode ser puramente mecânica, equivalente ao artifício metalinguística constituído pelas aspas: quando circunscrevo uma fenda na parede com um traço de giz, escolho-a e proponho-a como configuração dotada de alguma sugestão, e naquele traço crio-a como fato comunicativo e como obra artificial. Aliás, naquele momento, faço até mais do que isso, caracterizo-a segundo uma direção de "leitura" quase unívoca. Outras vezes a modalidade pode ser bem mais complexa, dentro da própria configuração, e as direções de ordem por mim inseridas na figuração podem visar à conservação do

204

máximo de indeterminação possível e todavia orientarem o fruidor ao longo de um determinado feixe de probabilidades, excluindo outras. E o pintor se empenha numa intenção desse gênero, mesmo quando dispõe a mais casual de suas configurações, mesmo quando distribui seus sinais de modo quase estatístico. Creio que Dubuffet, oferecendo ao público suas mais recentes *Matériologies*, nas quais é bastante evidente a referência a leitos de estradas ou a terrenos despojados de quaisquer intenções de ordem – e que, portanto desejam colocar o fruidor perante todas as sugestões de uma matéria informe e livre de assumir qualquer determinação – ficaria, contudo, perplexo se alguém reconhecesse em seu quadro o retrato de Henrique v ou de Joana D'Arc e atribuiria essa improbabilíssima forma de relacionamento a estados de espírito que beiram o patológico.

Herbert Read, num perplexo discurso sobre o tachismo intitulado "Seismographic Art"[16], pergunta-se se o jogo de livres reações sentido diante da mancha na parede ainda seria uma reação estética. Uma coisa, diz ele, é um objeto imaginativo, e outra é um objeto que evoca imagens; no segundo caso, o artista não é mais o pintor e sim o espectador. Falta, portanto, numa mancha o elemento de controle, a forma introduzida para guiar a visão. Desse modo, a arte tachista, renunciando à forma-controle, renunciaria à beleza, enfatizando o valor *vitalidade*.

Confessemos que, se a dicotomia, a luta, fosse estabelecida entre o valor da vitalidade e o da beleza, o problema poderia deixar-nos indiferentes: se no âmbito de nossa civilização o valor vitalidade, enquanto negação da forma, se tornasse realmente preferido (e, portanto, preferível segundo a necessidade irracional das vicissitudes do gosto) em detrimento do valor da beleza, nada de mal haveria em renunciar à beleza.

Mas aqui o problema é diferente: está em jogo a possibilidade da comunicação de um ato de vitalidade; a provocação

---

16. *The Tenth Muse*, London: Routledge & Kegan, 1957, p. 35s.

intencional de certo jogo de livres reações. Vivemos numa civilização que ainda não escolheu a vitalidade incondicionada do sábio zen, que contempla feliz as livres possibilidades do mundo ao seu redor, o jogo das nuvens, os reflexos na água, os sulcos nos campos, os reflexos do sol nas folhas molhadas, colhendo neles a reconfirmação do triunfo incessante e proteiforme do Todo. Vivemos numa civilização para a qual o convite à liberdade das associações visuais e imaginativas ainda é provocado através da disposição artificial de um artefato que obedece a determinadas intenções sugestivas. E na qual se pede ao fruidor não só que persiga livremente as associações que o conjunto de estímulos artificiais lhe sugere, como também que julgue, no próprio momento em que desfruta (e após, refletindo sobre seu gozo e, em segunda instância, comprovando-o), o objeto manufaturado que lhe provocou aquela dada experiência fruitiva. Em outros termos, estabelece-se mais uma dialética entre a obra proposta e a experiência que dela tenho, e se pede sempre, implicitamente, que se qualifique a obra com base em minha experiência e que se controle minha experiência com base na obra. E, ao limite, que se encontrem as razões de minha experiência na maneira particular em que a obra foi feita: julgando-lhe o *como*, os meios usados, os resultados obtidos, as intenções adaptadas, as pretensões não realizadas. E o único instrumento de que disponho para julgar a obra é justamente a adequação entre minhas possibilidades fruitivas e as intenções implicitamente manifestadas pelo autor, quando da sua formação.

Portanto, mesmo na afirmação de uma arte da *vitalidade*, da *ação*, do *gesto*, da matéria triunfante, da completa casualidade, estabelece-se uma dialética inelimável entre obra e abertura de suas leituras. Uma *obra é aberta* enquanto permanece *obra*, além desse limite tem-se a abertura como *ruído*.

Não cabe à estética estabelecer qual seja o "limiar", mas sim ao ato crítico realizado diante de cada quadro, o ato crítico que reconhece até que ponto a abertura completa de várias possibilidades fruitivas fica, todavia, intencionalmente ligada a um campo que orienta a leitura e dirige as escolhas. Um campo que torna comunicativa a relação e não a dissolve no diálogo absurdo entre um sinal, que não é sinal, mas ruído, e uma recepção, que não é recepção mas devaneio solipsista[17].

Forma e Abertura

Um típico exemplo de tentação da vitalidade é encontrado num ensaio dedicado por André Pieyre de Mandiargues a Dubuffet[18]: em *Mirobolus, Macadam & C.*, diz ele, o pintor alcançou seu ponto extremo. O que ele nos mostra são seções de terreno no estado elementar, vistas perpendicularmente; não há mais abstração alguma, só a presença imediata da matéria para que possamos gozá-la em toda a sua concreção. Contemplamos aqui o infinito em estado de pó:

> Pouco antes da exposição, Dubuffet escrevia-me que suas *texturologies* levam a arte a um ponto perigoso, onde as diferenças entre o objeto suscetível de funcionar como máquina para pensar, como écran de meditações e vidências, e o objeto mais vil e desprovido

17. O problema da dialética entre obra e abertura pertence àquela série de questões da teoria da arte que antecedem toda discussão crítica concreta. A poética da *obra aberta* indica certa tendência geral de nossa cultura, é o que Riegl chamaria de *Kunstwolen*, que Panofsky define melhor como "sentido último e definitivo, encontrável em diversos fenômenos artísticos, independentemente das próprias decisões conscientes e atitudes psicológicas do autor". Nesse sentido, uma noção desse gênero (por ex., justamente, a dialética entre *obra* e *abertura*) é um conceito que não indica como os problemas artísticos são *resolvidos*, mas sim, como são *propostos*. O que não significa que tais conceitos sejam definidos a *priori*, mas que são *legitimados a priori*, isto é, propostos como categorias explicativas de uma tendência geral – categorias elaboradas após uma série de levantamentos sobre as várias obras. Qual seja a solução a ser dada em cada caso a uma dialética assim *formulada*, é tarefa do crítico definir concretamente. (Veja-se Erwin Panofsky, Sul rapporto tra la storia dell'arte e la teoria dell'arte, *La prospettiva come "forma simbolica"*, Milano: Feltrinelli, 1961, p. 178-214.)

18. Jean Dubuffet ou le point extrême, *Cahiers du Musée de Poche*, n. 2, p. 52.

de interesse tornam-se extremamente sutis e incertas. É fácil compreender que as pessoas interessadas pela arte se alarmem quando esta é levada a um ponto tão extremo que a distinção entre o que é arte e o que não é mais nada corre o risco de tornar-se embaraçosa.

Mas se o pintor individua a vertente de um equilíbrio precário, o fruidor ainda pode empenhar-se no reconhecimento de uma mensagem intencional, ou então abandonar-se ao fluxo vital e incontrolado de suas imponderáveis reações. É essa segunda estrada a escolhida por Mandiargues quando coloca no mesmo plano as sensações que tem diante das *texturologies* e as que experimenta diante do correr lamacento e riquíssimo do Nilo; e quando nos lembra o prazer concreto de quem afunda as mãos na areia de uma praia e deixa correr os olhos sobre o escorregar dos minúsculos grãos entre os dedos, as palmas acariciadas pela tepidez da matéria. Uma vez escolhido esse caminho, por que ainda olhar para o quadro, infinitamente mais pobre de possibilidades do que a areia verdadeira, o infinito da matéria natural ao nosso dispor? Evidentemente, porque só o quadro organiza a matéria bruta, sublinhando-a como bruta, mas delimitando-a como campo de sugestões possíveis; é o quadro que, antes de campo de *escolhas a realizar*, já é um campo de *escolhas realizadas*; até que o crítico, antes de começar seu hino à vitalidade, inicia um discurso sobre o pintor, sobre o que este propôs; e chega à incontrolada associação somente depois que sua sensibilidade foi dirigida, controlada, endereçada pela presença de sinais que, por livres e casuais que sejam, são todavia fruto de uma intenção, e, portanto, *obra*.

Portanto, mais afinada com uma consciência ocidental da comunicação artística parece-nos ser a inspeção crítica que visa a identificar, dentro do acidental e do fortuito em que a obra se substancia, os elementos de "exercício" e "prática" através dos quais o artista consegue desencadear as forças do casual no momento apropriado, fazendo de sua obra uma *chance domestiquée*, "uma espécie de par motor cujos polos não se esgotam ao entrar em contato, mas deixam subsistir intacta a diferença de potencial"[19]. Em Dubuffet poderão ser as aspirações geométricas com as quais intervém para cortar *a texturologie* a fim de impor-lhe um freio e uma direção; motivo pelo qual será sempre o pintor a "jouer sur le clavier des évocations et des références"[20]. Poderá ser a presença do desenho de Fautrier, que integra e corrige a liberdade da cor, numa dialética de limite e de não limite[21], em que "o signo contém a dilatação da matéria".

E mesmo nas mais livres explosões da *action painting*, o pulular das formas que acomete o espectador, permitindo-lhe a máxima liberdade de reconhecimentos, não é apenas o registro de um evento telúrico casual: é o registro de um

19. Veja-se Renato Barilli, La pittura di Dubuffet, *Il Verri*, out. 1959; em que são feitas também referências aos textos de Dubuffet, em *Prospectus aux amateurs de tout genre* (Paris, 1946) e especialmente a seção "Notes pour les fins-lettrés".

20. Lembra ainda Barilli [art. citado]: "Os *Tableaux d'assemblage* [1957] exploram metodicamente, como já dissemos, o choque entre a atividade da *texturologie* e a intervenção, como cesuras e esquemas lineares, do *faber*; o resultado é um produto que simultaneamente converge para dois limites (em sentido matemático): de um lado, o aflato cósmico, o caos germinal pululante de presenças; de outro, o rígido cerramento nocional; a resultante é justamente, como dissemos em outro lugar, um infinito por assim dizer descontínuo, isto é, uma euforia lúcida e controlada, obtida através da intensa multiplicação dos elementos, cada qual mantendo todavia uma nítida definição formal."

21. Veja-se a análise efetuada por Palma Bucarelli em *Jean Fautrier, Pittura e materia*, Milano: Il Saggiatore, 1960. Veja-se à p. 67 a análise da contínua oposição entre o fervilhar da matéria e o limite das silhuetas, e a diferença estabelecida entre a liberdade do infinito sugerida, e a angústia de um não limite visto como possibilidade negativa da obra. À p. 97: "nestes *Objetos* o contorno é independente do coágulo de tinta, que todavia constitui um dado claro de existência: é algo que vai além da matéria, designa um espaço e um tempo, isto é, enquadra a matéria numa dimensão da consciência". Esses são somente exemplos de certas leituras críticas, das quais não pretendemos extrapolar aparatos categoriais válidos para toda experimentação informal. Todas as vezes em que essa dialética entre desenho e cor deixar de existir (pensamos em Matta, Imai ou Tobey), a busca deverá desenvolver-se em outro sentido. No último Dubuffet, as subdivisões geométricas da *texturologie* não mais subsistem e contudo ainda é possível realizar sobre sua tela uma busca de direções sugeridas, de escolhas realizadas.

gesto. E um gesto é um plano com direção espacial e temporal, de que o signo pictórico é o relatório. Podemos, reversivelmente, percorrer o signo em todas as direções, mas o signo é o campo de direções reversíveis que o gesto – irreversível desde que esboçado – nos impôs, através do qual o gesto original nos orienta na busca do gesto perdido, busca que termina ao reencontrar-se o gesto, e, nele, a intenção comunicativa[22]. Pintura que tem a liberdade da natureza, mas uma natureza em cujos sinais podemos reconhecer a mão do criador, uma natureza pictórica que, como a natureza do metafísico medieval, fala continuamente do ato original. E, portanto, comunicação humana, passagem de uma *intenção* para uma *recepção*; e mesmo que a recepção seja aberta – pois aberta era a intenção, não intenção de comunicar um *unicum* e sim uma pluralidade de conclusões – ela é o terminal de uma relação comunicativa que, como todo ato de informação, se baseia na disposição, na organização de uma forma dada. Nesse sentido, portanto, Informal quer dizer negação das formas clássicas em direção unívoca, não abandono da forma como condição básica para a comunicação. O exemplo do Informal, como o de toda obra aberta, nos levará portanto não a decretar a morte da forma, e sim uma mais articulada noção do conceito de forma, *a forma como campo de possibilidades*.

Descobrimos aqui que essa arte da vitalidade e do casual ainda se submete às categorias básicas da comunicação

22. "Nesta pintura o gesto tem um papel importante, mas duvidoso que ele nasça de improviso, sem controle ou reflexão, sem que haja necessidade de refazê-lo, aquele gesto, uma vez após outra, até criar uma forma que possua um significado seu. Ao contrário é crença comum que essa pintura seja o resultado de um breve momento de inspiração e violência. Mas em Nova York são muito poucos os que trabalham desse modo [...] Um exemplo dessa confusão nos é dado pela pintura de Jackson Pollock. Perguntamo-nos: como é possível que o pintor faça pingar gotas de tinta sobre uma tela (posta no chão), desenhando e compondo assim um quadro? Mas o gesto desenhado não é menos deliberado e intencional, quer o pincel toque ou não a tela; digamos que Pollock executou o gesto no ar, acima da tela, e que a tinta que pinga do pincel siga seu gesto". David Lund, Nuove correnti della pittura astratta, *Mondo Occidentale*, set. 1959.

(instaurando sua informatividade na possibilidade de uma formatividade): além disso, reencontrando em si as conotações da organização formal, nos dá as chaves para reencontrar a própria possibilidade de um reconhecimento estético. Olhemos um quadro de Pollock: a desordem dos signos, a desintegração dos contornos, a explosão das configurações nos convida ao jogo pessoal das relações instauráveis; contudo, o gesto original, fixado no signo, nos orienta em direções dadas, nos reconduz à intenção do autor. Ora, isso acontece só e exclusivamente porque o gesto não permanece como algo de estranho ao sinal, um referente ao qual o signo remeta por convenção (não é o hieróglifo da vitalidade que, frio e reproduzível em série, evoca convencionalmente a noção de "livre explosão da vitalidade"): gesto e signo encontraram aqui um equilíbrio peculiar, irreproduzível, feito de uma feliz adesão dos materiais imóveis na energia formante, de um relacionamento recíproco dos signos, capaz de nos levar a fixar a atenção sobre certas relações que são relações formais, de signos, mas ao mesmo tempo relações de gestos, relações de intenções. Temos uma fusão de elementos – assim como na palavra poética do versificador tradicional se alcança, em momentos privilegiados, a fusão entre som e significado, entre valor convencional do som e emoção, ênfase de pronunciação. Esse tipo particular de fusão é o que a cultura ocidental reconhece como a característica da arte, *o resultado estético*. E o intérprete que, no próprio momento em que se abandona ao jogo das livres relações sugeridas, volta continuamente ao objeto para nele encontrar as razões da sugestão, a mestria da provocação, a essa altura não desfruta mais unicamente sua própria aventura pessoal, mas desfruta a qualidade própria da obra, sua qualidade estética. E o livre jogo das associações, uma vez que é reconhecido como originado pela disposição dos signos, passa a participar dos conteúdos que a obra apresenta fundidos em sua unidade, fonte de todos os dinamismos imaginativos consequentes. Desfruta-se então (e descreve-se, pois outra coisa não faz qualquer intérprete de uma obra informal) a qualidade de uma forma, de uma obra, que é *aberta* justamente porque é *obra*.

Percebemos assim que se estabeleceu, na base de uma informação quantitativa, um tipo mais rico de informação, a informação estética[23].

A primeira informação consistia em extrair da totalidade dos signos o maior número dos impulsos imaginativos (de sugestões) possíveis: a possibilidade de carrear para o conjunto dos signos o maior número das integrações pessoais compatíveis com as intenções do autor. E é esse o valor visado intencionalmente pela obra aberta, ao passo que as formas clássicas o implicam como condição necessária da interpretação mas não o consideram como preferível, tendendo mesmo, propositadamente, a reduzi--lo a limites determinados.

A segunda informação consiste em relacionar os resultados da primeira informação com as qualidades orgânicas reconhecidas como sua origem: e a encaixar como aquisição

---

23. Um exemplo dessa relação nos é dado, na arte figurativa clássica, pela relação entre significado *iconográfico* e significado *estético* total. A convenção iconográfica é um elemento de redundância: um homem barbudo que tem junto a si um menino, e ao seu lado um bode, é – na iconografia medieval – Abraão. A convenção *insiste* na reafirmação do personagem e do caráter. Típico o exemplo oferecido por Panofsky (La descrizione e l'interpretazione del contenuto, op.cit.) a propósito de *Judite e Holofernes* de Maffei. A mulher da figura leva sobre uma bandeja uma cabeça decepada e uma espada. O primeiro elemento nos levaria a pensar em Salomé, o segundo em Judite. Mas, pelas convenções iconográficas barrocas, nunca se dá o caso de uma Salomé com a espada, enquanto que não é raro que Judite seja vista levando a cabeça de Holofernes numa bandeja. O reconhecimento, ademais, é favorecido por outro elemento de redundância iconográfica, a expressão da cabeça decapitada (que faz pensar mais num perverso do que num santo). Dessa forma, a redundância de elementos esclarece o significado da mensagem e confere uma informação quantitativa ainda que limitadíssima. Mas a informação quantitativa intervém para favorecer a informação estética, o gozo do resultado orgânico total e o juízo sobre a realização artística. Como observa Panofsky: "quem conceber o quadro como sendo a representação de uma jovem dada aos prazeres, tendo nas mãos a cabeça de um santo, esteticamente também deverá julgar de modo muito diverso de quem vê na jovem uma heroína protegida por Deus, tendo nas mãos a cabeça de um sacrílego".

agradável a consciência de que estamos fruindo o resultado de uma organização consciente, de uma intenção formativa; da qual cada reconhecimento é fonte de prazer e de surpresa, de conhecimento sempre mais rico do mundo pessoal ou do *background* cultural do autor, que seus módulos formativos implicam e comportam.

Assim, na dialética entre *obra* e *abertura*, o persistir da obra é garantia das possibilidades comunicativas e ao mesmo tempo das possibilidades de fruição estética. Os dois valores estão implícitos um no outro e intimamente conexos (ao passo que numa mensagem convencional, num sinal rodoviário, o fato comunicativo subsiste sem o fato estético, de forma a consumir a comunicação na percepção do referente, e não somos induzidos a retornar ao sinal para desfrutarmos no seio da matéria organizada a eficácia da comunicação adquirida). A abertura, por seu lado, é garantia de um tipo de fruição particularmente rico e surpreendente, que nossa civilização procura alcançar como valor dos mais preciosos, pois todos os dados de nossa cultura nos induzem a conceber, sentir, e, portanto, *ver*, o mundo segundo a categoria da possibilidade.

ENREDO E CASUALIDADE

A Experiência da Televisão e a Estética

A experiência da televisão sugeriu, desde o início, uma série de reflexões teóricas, a ponto de induzir alguns a falar, incautamente, como em geral acontece nesses casos, em *estética da televisão*.

No âmbito da terminologia filosófica italiana, entende-se por estética a indagação especulativa sobre o fenômeno arte em geral, sobre o ato humano que o produz e sobre as características generalizáveis do objeto produzido. Torna-se, portanto, se não impróprio, pelo menos incômodo passar a um uso mais desabusado do termo, falando, por exemplo, em "estética da pintura" ou "do cinema"; a não ser que se deseje, com isso, indicar uma indagação sobre problemas particularmente evidentes na experiência pictórica ou cinematográfica, capazes, porém, de permitir uma reflexão em nível mais elevado e aplicável a todas as artes; ou capazes de esclarecer certas atitudes humanas que sejam objeto de reflexão teorética e contribuam para uma compreensão mais profunda no plano da antropologia filosófica. Quando, porém, se indicam como "estética" de qualquer arte discursos técnicos ou perceptivos, análises estilísticas ou juízos críticos, então poderemos ainda falar em estética, mas somente se atribuirmos ao termo uma acepção mais ampla e uma especificação mais concreta – o que se dá em outros países. Querendo, porém, permanecer fiéis à terminologia tradicional italiana (por razões de compreensão, ao menos), será mais útil falar em *poéticas*, ou análises técnico-estilísticas, atribuindo a tais exercícios a grande importância que têm e reconhecendo que amiúde são mais perspícuos do que muitas "estéticas" filosóficas, mesmo no plano teorético.

Diante do fenômeno televisivo e das estruturas operativas que aciona, será, pois, interessante examinar a contribuição que a experiência de produção televisiva pode proporcionar à reflexão estética, quer a título de reafirmação de posições já consolidadas, quer como estímulo – perante um fato não enquadrável em categorias dadas – ao alargamento e à reformulação de algumas definições teoréticas.

Tornar-se-á especialmente útil, numa segunda etapa, verificar qual seja a relação intercorrente entre as estruturas comunicativas do discurso televisivo e as estruturas "abertas" que a arte contemporânea nos vem propondo em outros campos.

Estruturas Estéticas da Transmissão Direta

1. Estabelecidas tais premissas, se formos examinar os discursos até agora conduzidos em torno do fato televisivo, tornamo-nos conscientes de que deles emergiram alguns temas notáveis, mas que a discussão desses temas, utilíssima para um desenvolvimento artístico da televisão, não traz nenhuma contribuição estimulante à estética. Por

contribuição estimulante entendemos "algo de novo", que rejeite as justificativas já existentes e solicite a revisão das definições abstratas que pretendem referir-se a ela.

Ora, falou-se em "espaço" televisivo – determinado pelas dimensões do vídeo e pelo tipo característico de profundidade proporcionado pelas objetivas nas câmaras de televisão; notaram-se as peculiaridades do "tempo" televisivo – que, frequentemente, se identifica com o tempo real (na transmissão direta de acontecimentos ou espetáculos), sempre especificado pela relação com seu espaço e com um público em predisposição psicológica característica; e falou-se também da especialíssima relação comunicativa entre televisão e público, renovada pela própria disposição ambiental dos receptores, agrupados em entidades numéricas e qualitativamente diferentes das entidades dos espectadores de outros espetáculos (de forma que permite ao indivíduo a margem máxima de isolamento, e coloca em segundo plano o fator "coletividade"). Todos esses são problemas que o roteirista, o diretor, o produtor de televisão enfrentam continuamente: e constituem pontos de interrogação e de programa para uma poética da televisão.

Todavia, o fato de cada meio de comunicação artística ter seu "espaço", seu "tempo" e sua relação peculiar com o fruidor, no plano filosófico se traduz justamente na constatação e definição do fato em si.

Os problemas ligados à operação televisiva nada mais fazem que reconfirmar o discurso filosófico que atribui a todo "gênero" de arte o diálogo com uma "matéria" própria e a instauração de uma gramática e de um léxico próprios. Nesse sentido, essa problemática televisiva não oferece ao filósofo mais do que as outras artes já lhe tenham proposto.

Essa conclusão poderia ser definida se, pelo fato de falarmos em "estética", tomássemos em consideração apenas o aspecto claramente "artístico" (no sentido mais convencional e limitativo do termo) do meio de televisão, isto é, a produção de dramas, comédias, óperas líricas, espetáculos em sentido tradicional. Mas, dado que uma reflexão estética ampla toma em consideração todos os fenômenos comunicativo-produtivos, para descobrir-lhes a cota de artístico e de estético, a contribuição mais interessante à nossa pesquisa nos vem justamente daquele tipo todo especial de comunicação que é exclusivo do meio de televisão: a *transmissão direta* dos acontecimentos.

Algumas das características da transmissão direta mais relevante para os nossos fins já foram focalizadas por diversas fontes. Antes de mais nada, captar e pôr no ar um acontecimento no mesmo instante em que ele acontece coloca-nos diante de uma *montagem* – falamos em montagem, pois, como é sabido, o acontecimento é captado por três ou mais câmaras para se pôr no ar, de cada vez, a imagem considerada mais idônea – uma montagem improvisada e simultânea ao fato captado e montado. Filmagem, montagem e projeção, três fases que na produção cinematográfica são bem distintas, sendo cada uma delas dotada de fisionomia própria, aqui se identificam. Disso deriva a já citada identificação de tempo real e tempo televisivo sem que nenhum expediente narrativo possa reduzir a duração temporal, que é a do acontecimento transmitido.

É fácil observar que de tais fatos já surgem juntos problemas artísticos, técnicos, psicológicos, tanto do ponto de vista da produção quanto da recepção; por exemplo, introduz-se no campo da produção artística uma dinâmica dos reflexos que parecia típica de certas modernas experiências de locomoção e de outras atividades industriais. Mas, quando se tenta uma aproximação ainda maior dessa experiência comunicativa com uma problemática artística, introduz-se outro fato.

A transmissão direta nunca se apresenta como representação especular do acontecimento que se desenvolve, mas *sempre* – ainda que às vezes em medida infinitesimal – como interpretação dele. Para transmitir um acontecimento, o diretor de televisão coloca as três ou mais câmaras de modo que sua disposição lhe proporcione três ou mais pontos de vista complementares, quer todas as câmaras apontem para um mesmo campo visual, quer (como pode acontecer numa corrida de bicicletas) estejam deslocadas em três pontos diferentes, para acompanharem o movimento de um móvel qualquer. É verdade que a disposição das câmaras fica sempre condicionada às possibilidades técnicas, mas não a ponto de impedir, já nessa fase preliminar, uma margem de *escolha*.

A partir do momento em que o acontecimento tem início, o diretor recebe em três vídeos as imagens fornecidas pelas câmaras, com as quais os operadores – a uma ordem do diretor – podem *escolher* determinados planos nos limites de seu campo visual, dispondo de certo número de objetivas que permitem restringir ou alargar o campo e sublinhar determinados valores de profundidade. Nesse ponto, o diretor se defronta com outra *escolha*, pois deve mandar definitivamente para o ar uma das três imagens e montar em sucessão as imagens escolhidas. A escolha torna-se, assim, composição, narração, a unificação discursiva de *imagens* analiticamente isoladas no contexto de uma série mais ampla de acontecimentos copresentes e intersecantes.

É bem verdade que, atualmente, a maioria das transmissões de televisão é feita sobre acontecimentos que oferecem uma margem muito escassa à iniciativa interpretativa: num jogo de futebol, o centro de interesse é constituído pelos movimentos da bola, e não é fácil permitir-se divagações. Contudo, mesmo aqui, no uso das objetivas, na acentuação de valores de iniciativa pessoal ou valores de equipe, nestes e em outros casos intervém uma escolha, embora casual ou canhestra. Por outro lado, há exemplos de acontecimentos de que o espectador recebe uma interpretação propriamente dita, uma indubitável decantação narrativa.

Para citar exemplos quase históricos, em 1956, durante a transmissão de um debate entre dois economistas, ouvia-se às vezes a voz de um dos interlocutores, que apresentava a pergunta com timbre seguro e agressivo, enquanto a câmara dava a imagem do interrogado, nervoso e suado, amarfanhando um lenço entre as mãos: era inevitável, de um lado, certa enfatização dramática do fato, aliás apropriada, e do outro, uma tomada de posição, mesmo que involuntária: o público era distraído dos aspectos lógicos do encontro e impressionado por seus aspectos emotivos, com o que se falseava a verdadeira relação de força, que deveria ser constituída pela qualidade dos argumentos e não pelo aspecto físico dos interlocutores. Se nesse caso o problema da interpretação foi mais esboçado do que resolvido, lembraremos ao invés a filmagem das cerimônias nupciais de Ranieri III de Mônaco e Grace Kelly. Aqui, os acontecimentos prestavam-se realmente a focalizações diferentes. Havia o acontecimento político e diplomático, a parada faustosa e vagamente operetística, o romance sentimental divulgado pelas revistas etc. Ora, a filmagem televisiva orientou-se quase sempre para uma narrativa cor-de-rosa-sentimental, acentuando os valores "românticos" do acontecimento, oferecendo um relato colorido, desprovido de intenções mais rigorosas.

Durante um desfile de bandas militares, enquanto um destacamento norte-americano, com evidentes funções representativas, executava um trecho, as câmaras focalizaram o príncipe que, inclinado para sacudir a poeira das calças, sujadas quando se apoiava no balaústre do terraço de onde presenciava a parada, sorria divertido para a noiva. É razoável pensar que qualquer diretor teria efetuado a mesma escolha (em linguagem jornalística, tratava-se de um "flagrante"), todavia não deixou de ser uma escolha. E com ela se determinava a tonalidade que dominaria toda a narração subsequente. Se naquele momento tivesse sido mandada para o ar a imagem da banda norte-americana em uniforme de gala, também dois dias depois, na transmissão da cerimônia nupcial da catedral, os espectadores estariam acompanhando os movimentos do alto prelado que celebrava o ritual: ao contrário, as câmaras permaneceram quase permanentemente focalizadas no rosto da noiva, colocando em evidência a emoção que deixava transparecer. Isso significa que, por coerência narrativa, o diretor conservava no mesmo tom todos os capítulos de seu relato, e que as premissas de dois dias atrás continuavam condicionando seu discurso. No fundo, o diretor satisfazia os gostos e as expectativas de um público, mas em outra medida os instituía. Embora determinado por fatores técnicos e sociológicos, movia-se, contudo numa dimensão de relativa autonomia, *narrando*.

Uma narração segundo um princípio embrional de coerência, realizada e concebida simultaneamente: o que poderíamos, portanto, chamar de relato de *impromptu*. Eis um aspecto do fenômeno televisivo que interessa ao estudioso de estética; problemas análogos são levantados, por exemplo, pelos cantares dos aedos e dos bardos e pela *Commedia dell'Arte* – onde encontramos o mesmo princípio de improvisação, mas, por outro lado, maiores possibilidades de autonomia criativa, menores imposições externas e de qualquer forma nenhuma referência a uma realidade em processo. Um estímulo problemático mais acentuado é oferecido hoje pela forma própria da composição *jazz*, a *jam-session*, onde os componentes de um conjunto escolhem um tema e o desenvolvem livremente, improvisando e ao mesmo tempo orientando essa improvisação dentro de uma linha de congenialidade que lhes permite uma criação *coletiva, simultânea, extemporânea* e, todavia (nos casos bem sucedidos, escolhidos através de fita magnética) *orgânica*.

Esse fenômeno leva a rever e ampliar muitos conceitos estéticos, e, de qualquer maneira, a usá-los com maior tolerância, mormente no que diz respeito ao processo de produção e à personalidade do autor, à identificação de tentativa e resultado, de obra concluída e antecedentes – onde, aliás, os antecedentes preexistem sob forma de hábito do trabalho em conjunto e sob a forma de recurso a astúcias tradicionais, como o *riff*[1] ou certas soluções melódico-harmônicas de

---

1. "Termo de gíria, provavelmente cunhado pelos músicos negros norte-americanos, para definir uma frase musical geralmente breve e incisiva (original às vezes, outras... já muito conhecida, uma espécie de lugar-comum musical) executada quase sempre com insistência rítmica crescente e repetida mais vezes ("ostinato"), ou então intercalada como ▶

repertório, todos fatores que constituem, ao mesmo tempo, um limite à felicidade inventiva. Por outro lado reconfirmam-se certas reflexões teóricas acerca do poder condicionante, no crescimento do organismo artístico, de certas premissas estruturais; fatos melódicos que exigem um determinado desenvolvimento, a ponto de todos os executantes o preverem e executarem como que por acordo, reconfirmam a temática da forma formante – embora a relacionem com certas questões de linguagem e de retórica musical que a condicionam anteriormente, integrando a invenção propriamente dita[2].

Problemas idênticos podem ser suscitados pela transmissão televisiva direta. Onde: a. tentativa e resultado identificam-se quase que completamente – todavia, embora simultaneamente e portanto com escasso tempo para a escolha, as três imagens constituem a tentativa, e uma delas o resultado; b. obra e antecedentes coincidem – mas as câmaras são dispostas previamente; c. evidencia-se de maneira atenuada o problema da forma formante; d. os limites da invenção não são impostos pelo repertório e sim pela presença de fatos exteriores. A esfera de autonomia apresenta-se, portanto, muito mais escassa, é menor a plenitude artística do fenômeno.

2. Essa seria a conclusão definitiva se reconhecêssemos como limite o fato de a "narração" ser modelada sobre uma série de eventos autônomos, eventos que, de certo modo, são escolhidos, mas que se oferecem a essa escolha, eles e não outros, já dotados de uma lógica própria, dificilmente superável e redutível. Contudo, essa *condição* nos parece constituir a verdadeira *possibilidade* artística da transmissão televisiva direta. Examinemos a estrutura da "condição" para dela podermos

▷frase de passagem, para obter certo colorido musical e um acentuado efeito de tensão". (*Enciclopedia del Jazz*, Milano: Messaggerie Musicali, 1953.)

2. Cabem aqui as várias questões sobre mecânica da improvisação (individual) em música. Veja-se o estudo de W. Jankelewitch, *La Rhapsodie*, Paris: Flammarion, 1955.

deduzir algo sobre as possibilidades da narração. Um procedimento desse tipo é encontrado em Aristóteles.

Escrevendo sobre a unidade de um enredo, ele observa que "muitas, aliás, inúmeras coisas podem acontecer a uma pessoa, sem que, contudo, algumas delas cheguem a constituir uma unidade: e mesmo as ações da pessoa podem ser muitas, sem contudo delas resultar uma ação única"[3]. Ampliando o conceito, no contexto de um determinado campo de acontecimentos entrelaçam-se e justapõem-se eventos muitas vezes desprovidos de nexos recíprocos e desenvolvem-se situações diversas em direções diversas. Um mesmo grupo de fatos encontra, de um certo ponto de vista, seu complemento em outro conjunto de fatos, enquanto que, focalizado sob outro prisma, prolonga-se em mais outros fatos. Que de um ponto de vista factual todos os eventos daquele campo dispõem de uma justificativa própria, independentemente de qualquer nexo, é evidente: justificam-se pelo próprio fato de acontecerem. Mas é igualmente evidente que, ao considerá-los, sentimos a necessidade de ver todos aqueles fatos sob uma luz unitária: e, se for o caso, isolamos alguns deles que nos parecem providos de nexos recíprocas, deixando de lado os outros. Em outras palavras, agrupamos os fatos em formas. Em outros termos, unificamo-los em outras tantas "experiências".

Empregamos o termo "experiência" inspirando-nos na formulação deweyana, que nos parece útil à finalidade de nosso discurso: "temos uma experiência quando o material experimentado procede rumo ao complemento. Então e somente então ela se integra e se distingue das outras experiências na corrente geral da experiência [...] Numa experiência, correr significa correr de algo para algo"[4]. Desse modo, são "experiências" um trabalho bem feito, um jogo determinado, uma ação levada a cabo segundo o fim programado.

3. *Poetica*, 1451a 15. As citações são extraídas da tradução Valgimigli (3. ed., Bari: Laterza, 1946).

4. John Dewey, *Arte come esperienza*, trad. Maltese, Firenze: La Nuova Italia, 1951; cap. III, p. 45-46.

Assim como no balanço de nossa atividade diária isolamos as experiências completadas das experiências esboçadas e dispersas – e podemos até deixar de lado experiências insofismavelmente completas só por não nos interessarem naquele momento, ou por não termos percebido conscientemente seu verificar-se – no âmbito de um campo de acontecimentos isolamos plexos de experiências, segundo nossos interesses mais prementes e a atitude moral e emotiva que preside aquela nossa observação[5].

É claro que do conceito deweyano de "experiência" nos interessa aqui, não tanto o caráter de participação total num processo orgânico (que é sempre uma interação entre nós e o ambiente), quanto seu aspecto formal. Interessa-nos o fato de que uma experiência aparece como *realização*, como *complemento*, como *fulfillment*.

E nos interessa a atitude do observador que, mais do que viver experiências, procura adivinhar a reconstrução de experiências alheias; a atitude do observador que opera uma *mimese de experiências* – e, nesse sentido, vive certamente uma experiência própria de interpretação e mimese.

O fato dessas mimeses de experiência terem qualidades estéticas próprias deve-se a serem elas fim de uma *interpretação* que é, ao mesmo tempo, *produção*, pois foi *escolha* e *composição* – ainda que de acontecimentos que estavam pedindo relevantemente para serem escolhidos e compostos.

Aquela qualidade estética será tanto mais evidente quanto intencionalmente nos pusermos a identificar e escolher experiências num mais amplo contexto de eventos, com a única finalidade de reconhecê-las e reproduzi-las, pelo menos mentalmente. Trata-se da busca e da instituição de

---

5. Tal como a definimos, a experiência parece uma predicação de forma, cujas razões objetivas últimas não parecem claras. A única objetividade verificável consiste, contudo, na relação que leva à realização da experiência enquanto percebida. Nesse ponto, porém, o discurso iria além da pura constatação de uma atitude que, aqui, nos é suficiente por enquanto.

224

uma coerência e de uma unidade no variar, para nós contingentemente caótico, dos eventos; é a busca de um todo completado em que as partes componentes "devem ser coordenadas de tal modo que, deslocando ou suprimindo uma delas, fique deslocado e quebrado todo o conjunto". Com o quê, novamente voltamos a Aristóteles[6] e percebemos que essa atitude de individuação e reprodução de experiências é para ele a poesia.

A história não nos apresenta um fato único "mas um período único de tempo, isto é, abarca e abrange todos os fatos que aconteceram naquele período de tempo em relação a um ou mais personagens; e cada um desses fatos se encontra numa relação puramente casual com os outros"[7]. A história é para Aristóteles como a fotografia panorâmica daquele campo de eventos a que antes fizemos menção; a poesia consiste em isolar nesse campo uma experiência coerente, uma relação genética de fatos, enfim, uma ordenação dos fatos segundo uma perspectiva de valor[8].

Todas essas observações nos permitem voltar ao nosso argumento original, reconhecendo na transmissão direta televisiva uma atitude artística e, ao limite, uma potencialidade estética, conexas à possibilidade de isolar "experiências" do modo mais satisfatório. Em outras palavras, de dar "forma" – facilmente perceptível e apreciável – a um grupo de eventos.

Na transmissão ao vivo de um acontecimento, a alta dramaticidade, um incêndio[9], por exemplo, a congérie dos eventos que cabem no contexto "incêndio no lugar x" é cindível em mais veios narrativos, que podem ir desde uma pasmada epopeia do fogo destruidor até a apologia do bombeiro, desde

6. *Poetica*, 1451a 30.
7. *Poetica*, 1459a 20.
8. Veja-se Luigi Pareyson, *Il verisimile nella poetica di Aristotele*, Torino: Università di Torino, 1950.
9. Deixando de lado o exemplo do incêndio, nos Estados Unidos já se verificaram casos em que câmaras de televisão acorreram ao local de acidentes não previstos como acontecimentos em programa e contudo jornalisticamente interessantes.

o drama dos salvamentos até a caracterização da feroz ou compadecida curiosidade do público que assiste.

3. Esse reconhecimento de artisticidade na operação televisiva e suas perspectivas consequentes já poderiam parecer ponto pacífico se a condição de extemporaneidade própria da transmissão direta não abrisse um novo problema. A propósito da experiência lógica – mas podemos estender o exemplo a todos os demais tipos de experiência – John Dewey observa que "na realidade, numa experiência de pensamento, as premissas surgem somente quando se manifesta uma conclusão"[10]. Em outras palavras, o ato de predicação formal não é um ato de dedução que se desenvolve silogisticamente, mas uma tentativa constantemente realizada sobre as solicitações da experiência, na qual o resultado final convalida e institui – efetivamente só então – os movimentos iniciais[11]; o *antes* e o *depois* reais de uma experiência se organizam ao término de uma série de tentativas exercidas sobre todos os dados em nosso poder no âmbito dos quais existiam *antes* e *depois* meramente cronológicos, misturados a muitos outros, e só ao término da predicação essa mescla de dados se decanta e sobram os *antes* e os *depois* essenciais, os únicos que contam para os fins daquela experiência.

Perceberemos, portanto, que o diretor de televisão se encontra na situação embaraçosa de ser obrigado a identificar as fases lógicas de uma experiência no próprio momento em que ainda são fases cronológicas. Ele pode isolar uma linha narrativa no contexto dos eventos, mas diferentemente do mais "realista" dos artistas, não tem nenhuma margem de reflexão *a posteriori* sobre esses eventos, e, por outro lado, falta-lhe a possibilidade de determiná-los *a priori*. Deve manter a unidade de seu enredo enquanto este se desenvolve *factualmente*, e se desenvolve de mistura

10. Op. cit., p. 48.
11. Sobre essa dinâmica da tentativa, seja quanto à lógica, seja quanto à estética, ver os capítulos II e V da já citada *Estetica: Teoria della formatività*, de Luigi Pareyson.

a outros enredos. Ao movimentar as câmaras segundo um interesse, de certo modo o diretor deve inventar o evento no mesmo momento em que ele de fato acontece, e deve inventá-lo de modo que seja idêntico àquilo que realmente acontece; paradoxo à parte, deve intuir e prever o lugar e o instante da nova fase de seu enredo. Sua operação artística tem, portanto, um limite desconcertante, mas ao mesmo tempo sua atitude produtiva, se eficaz, tem sem dúvida uma qualidade nova; e podemos defini-la como uma peculiaríssima congenialidade com os eventos, uma forma de hipersensibilidade, de intuitividade (mais vulgarmente, de "faro") que lhe permita *crescer* com o evento, *acontecer* com o acontecimento. Ou, pelo menos, saber individuar instantaneamente o acontecimento logo que aconteça e focalizá-lo antes que já esteja terminado[12].

O crescimento de sua narração aparece, portanto, metade como efeito da arte e metade como obra da natureza; seu produto será uma estranha interação de espontaneidade e artifício, onde o artifício define e escolhe a espontaneidade, mas a espontaneidade guia o artifício, em sua concepção e em sua realização. Artes como a jardinagem ou a hidráulica já ofereceram exemplo de um artifício que determinava os movimentos presentes e os resultados futuros das forças naturais, envolvendo-os no jogo orgânico da obra; mas, no caso da transmissão direta televisiva, os eventos da natureza não se inserem em quadros formais que os tivessem previsto, mas pedem aos quadros que nasçam

---

12. Gostaríamos de evidenciar que tal atitude corresponde a uma disposição sucessiva de partes, guiada por um todo que ainda não está presente mas que orienta a operação. Essa *wholeness* (inteireza, totalidade) que guia sua descoberta no âmbito de um campo circunscrito lembra-nos a concepção gestáltica. O evento a narrar preconfigura-se ditando leis à operação configuradora. Mas – como nos faria observar a psicologia transacional – o configurador institui a *wholeness* com escolhas e limitações sucessivas, envolvendo no ato de configuração sua personalidade no próprio momento em que, intuindo o inteiro, a ele se adequa. De forma que a *wholeness* alcançada aparece como a atuação de um possível que não era objetivo antes que um sujeito instituísse sua objetividade.

junto com eles, que os determinem no momento mesmo em que são por eles determinados.

Mesmo no momento em que sua obra se encontra no nível artesanal mínimo, o diretor de televisão vive, todavia, uma aventura formativa tão desconcertante que constitui um fenômeno artístico de extremo interesse, e a qualidade estética de seu produto, por grosseira e débil que seja, continua sendo capaz de abrir perspectivas estimulantes a uma fenomenologia da improvisação.

Liberdade dos Eventos e Determinismos do Hábito

1. Desenvolvida essa análise descritiva das estruturas psicológicas e formais que se configuram no fenômeno da transmissão direta, antes de mais nada deveríamos perguntar-nos que futuro, que possibilidades artísticas esse gênero de "conto" televisivo apresenta fora da prática normal. Uma segunda pergunta diz respeito à indubitável analogia entre esse tipo de operação formativa, que se serve das contribuições do acaso e das decisões autônomas de um "intérprete" (do diretor que "executa" com uma margem de liberdade o tema "aquilo-que-acontece-aqui-agora"), e aquele fenômeno típico da arte contemporânea que nos ensaios precedentes designamos como *obra aberta*.

Parece-nos que uma resposta à segunda questão ajudará a esclarecer a primeira. Na transmissão direta, sem dúvida alguma, configura-se uma relação entre a vida na amorfa abertura de suas mil possibilidades e o *plot*, o enredo que o diretor institui organizando, ainda que de *impromptu*, nexos unívocos e unidirecionais entre os eventos *escolhidos* e montados em sequência.

Já se viu que a montagem narrativa é um elemento importante e decisivo, a tal ponto que, para definirmos a estrutura da transmissão direta, precisamos recorrer àquela que é a poética do enredo por excelência, a poética aristotélica – com base na qual é possível descrever as estruturas tradicionais seja do drama teatral seja do romance, pelo menos daquele romance que, por convenção, chamamos de *bem-feito*[13].

Mas a noção de enredo é apenas um elemento da poética aristotélica e a crítica moderna deixou bem claro que o enredo é somente a organização exterior dos fatos que serve para manifestar uma direção mais profunda do fato trágico (e narrativo): a ação[14]. Édipo que investiga as causas da pestilência e, descobrindo-se assassino do pai e esposo da mãe, cega-se – este é o enredo. Mas a ação trágica se estabelece num nível mais profundo, e nela se desenrola a complexa história do fado e da culpa com suas leis imutáveis, uma espécie de sentimento dominante da existência e do mundo. O enredo é absolutamente unívoco, a ação pode colorir-se de mil ambiguidades e abrir-se a mil possibilidades interpretativas: o enredo de Hamlet pode ser contado até mesmo por um ginasiano e ter o consenso de todos; a ação de Hamlet fez e fará correr rios de tinta, pois é *uma*, mas não é *unívoca*.

Ora, a narrativa contemporânea tem-se orientado cada vez mais rumo a uma dissolução do enredo (entendido como estabelecimento de nexos unívocos entre aqueles eventos que resultam essenciais ao desenlace final) para construir pseudo-histórias baseadas na manifestação de fatos "estúpidos" e inessenciais. Inessenciais e estúpidos são os fatos que acontecem a Leopold Bloom, à Sra. Dalloway, às personagens de Robbe-Grillet. No entanto, são todos altamente *essenciais* desde que sejam julgados segundo outra noção da escolha narrativa, e todos concorrem para delinear uma ação, um desenvolvimento psicológico, simbólico ou alegórico, e comportam um discurso implícito sobre

13. Para uma discussão sobre a noção de "romance bem-feito" e sobre sua crise, recomendamos J. Warren Beach, *Tecnica dei Romanzo Novecentesco*, Milano: Bompiani, 1948.

14. Para uma discussão sobre enredo e ação recomendamos F. Fergusson, *Idea di un teatro*, Parma: Guanda, 1957, e a H. Gouhier, *L'Oeuvre théâtrale*, Paris: Flammarion, 1958 (em especial o capítulo III, Action et intrigue).

o mundo. A natureza desse discurso, sua possibilidade de ser entendido de modos multíplices e de estimular soluções diferentes e complementares é o que podemos definir como "abertura" de uma obra narrativa: na recusa do enredo realiza-se o reconhecimento do fato de que o mundo é um nó de possibilidades e de que a obra de arte deve reproduzir essa fisionomia.

Ora, enquanto o romance e o teatro (Ionesco, Beckett, Adamov, obras como *The Connection*) enveredavam decididamente por esse caminho, outra arte fundamentada no enredo, o cinema, parecia preferir disso abster-se. Abstenção motivada por numerosos fatores, não sendo seu destino social o menos importante deles, mesmo porque o cinema, enquanto as outras artes se enfurnavam no laboratório da experiência sobre estruturas abertas, era no fundo obrigado a manter relações com o grande público e a fornecer aquela contribuição de dramaturgia tradicional que constitui uma exigência profunda e razoável de nossa sociedade e cultura – e aqui gostaríamos de insistir sobre o fato de que não se deve identificar uma poética da obra aberta como a única poética contemporânea possível, mas como uma das manifestações, talvez a mais interessante, de uma cultura que, não obstante, tem também outras exigências a satisfazer e pode satisfazê-las em altíssimo nível, empregando modernamente estruturas operativas tradicionais: daí o motivo de um filme fundamentalmente "aristotélico" como *No Tempo das Diligências* constituir um monumento exemplar de "narrativa" contemporânea.

Repentinamente – é o caso de dizê-lo – viram-se aparecer nas telas cinematográficas obras que rompiam decididamente com as estruturas tradicionais do enredo para mostrarem-nos uma série de eventos desprovidos de nexos dramáticos, entendidos convencionalmente, um relato em que não acontece nada, ou acontecem coisas que já não têm a aparência de fato narrado, mas sim de fato acontecido por acaso. Pensamos nos dois exemplos mais ilustres dessa nova maneira, *L'avventura* e *la notte*, de Antonioni (o primeiro de modo mais radical, o segundo em medida mais indireta e com maior número de liames com uma visão tradicional).

Não se trata somente do fato de esses filmes terem aparecido por efeito da decisão experimental de um diretor: o que vale é que foram aceitos pelo público, criticados, vituperados, mas afinal aceitos, assimilados como fato talvez discutível mas possível. Cabe perguntar se foi apenas por acaso que esse modo de narrar pôde ser proposto a uma audiência cuja sensibilidade comum já se afizera, de alguns anos a esta parte, à lógica da transmissão televisiva: quer dizer, a um tipo de relato que, por mais concatenado e consequente que pareça, sempre acaba por usar a sucessão bruta dos eventos naturais como matéria-prima; relato que, embora tenha um fio condutor, se perde continuamente na anotação inessencial, e onde também é possível não acontecer nada por longo tempo, como quando a câmara espera a chegada de um corredor que não aparece, e se demora sobre o público e sobre os prédios vizinhos, sem outra razão a não ser o fato de que as coisas são assim e não há nada a fazer.

Diante de um filme como *L'avventura*, perguntamo-nos se em muitos momentos ele não poderia ter sido o resultado de uma transmissão direta. E o mesmo nos ocorre no tocante a grande parte da festa noturna de *La notte*, ou ao passeio da protagonista entre os garotos que soltam fogos no terreno baldio.

Nasce então o problema de saber se a transmissão direta, como concausa ou simples fenômeno contemporâneo, não se inserirá nesse panorama de pesquisas e resultados aplicados a uma maior abertura das estruturas narrativas e suas possibilidades de reproduzir a vida na multiplicidade de suas direções, sem impor-lhe nexos prefixados.

2. Mas aqui devemos tomar consciência de um equívoco: a da vida em sua imediatez não é abertura, é casualidade. Para fazer dessa casualidade um nó de possibilidades reais é preciso introduzir nela um módulo organizativo. Em suma, escolher os elementos de uma constelação, entre os

quais estabelecer nexos polivalentes, mas unicamente *após* a escolha.

A abertura de *L'avventura* é efeito de uma montagem que propositadamente excluiu a casualidade "casual" para introduzir nela somente elementos de casualidade "desejada". O conto, como enredo, não existe, justamente porque há no diretor a *vontade preconcebida* de comunicar um sentido de suspensão e de indeterminação, uma frustração dos instintos "romanescos" do espectador a fim de forçá-lo a introduzir-se ativamente no centro da ficção (que já é vida filtrada) para orientar-se através de uma série de juízos intelectuais e morais. A abertura pressupõe, portanto, a longa e cuidadosa organização de um *campo de possibilidades*.

Ora, nada impede que uma cuidada transmissão direta saiba colher, entre os fatos, aqueles que se prestam a uma organização aberta desse tipo. Mas intervêm aqui dois fatores vinculantes, que são a *natureza* do meio comunicativo e seu destino social – isto é, sua *sintaxe* peculiar e seu *auditório*.

Justamente por estar em contato imediato com a vida como casualidade, a transmissão direta é induzida a dominá-la recorrendo ao gênero de organização mais tradicionalmente esperável, o de tipo aristotélico, regido por aquelas leis de casualidade e necessidade que são, afinal, as leis de verossimilhança.

Em *L'avventura*, Antonioni, em dado momento, cria uma situação de tensão: numa atmosfera abrasada pelo sol do meio-dia, um homem derrama intencionalmente um tinteiro sobre o desenho elaborado *en plein air* por um jovem arquiteto. A tensão requer uma solução, e num *western* tudo acabaria numa briga de efeito libertador. A briga justificaria psicologicamente ofendido e ofensor, e os atos de ambos encontrariam uma motivação. No filme de Antonioni, ao invés, não acontece nada disso: a briga parece estourar mas não estoura, gestos e paixões são reabsorvidos no mormaço físico e psicológico que domina toda a situação. Ora, uma indeterminação radical como essa é o resultado final duma longa decantação do tema. A violação de todas as expectativas que implicaria qualquer critério de verossimilhança linear é tão desejada e intencional que não pode ser outra coisa senão o fruto de um cálculo exercido sobre o material imediato: de maneira que os eventos parecem casuais justamente porque não são casuais.

A transmissão de televisão que acompanha um jogo de futebol, ao contrário, não pode eximir-se de resolver todo o acúmulo de tensões e soluções postergadas na conclusão final do gol (ou, à falta do gol, no erro, no tento perdido que quebra a sequência e faz explodir o grito do público). E admitamos também que tudo isso seja imposto pela específica função jornalística da transmissão, que não pode deixar de documentar aquilo que o próprio mecanismo do jogo implica necessariamente. Mas, feito o gol, o diretor ainda poderia escolher entre a imagem da multidão delirante – anticlímax apropriado, fundo congenial à distensão psíquica do espectador que descarregou sua emoção – ou então poderia mostrar de improviso, genial e polemicamente, um trecho da rua vizinha (mulheres à janela ocupadas nos afazeres cotidianos, gatos enroscados ao sol), ou então qualquer imagem absolutamente estranha ao jogo, qualquer evento circunstante que se ligue à imagem precedente apenas por sua nítida, violenta estranheza – sublinhando assim uma interpretação limitativa, moralista ou documentária do jogo, ou até a ausência de toda interpretação, a recusa de todo nexo e liame previsível, como numa apática manifestação de niilismo que poderia ter, se conduzida com mão de mestre, o mesmo efeito de certas descrições absolutamente objetivas do *nouveau roman*.

Isso o diretor poderia: só no caso, porém, de que a transmissão fosse direta apenas na aparência, e na verdade resultasse de uma longa elaboração, da aplicação de uma nova visão das coisas que se rebela contra o mecanismo instintivo com que somos levados a interligar os eventos segundo a verossimilhança. E lembramos que, para Aristóteles, a verossimilhança poética é determinada pela verossimilhança retórica: quer dizer que é lógico e natural que aconteça num enredo aquilo que, de acordo com o raciocínio, cada um de nós seria levado a esperar na vida normal, aquilo que, quase por convenção, segundo os mesmos lugares-comuns do discurso, se pensa que deve acontecer, estabelecidas determinadas premissas. Nesse sentido, portanto, o que o diretor é levado a entrever como resultado fantasticamente apropriado do discurso artístico é o que o público é levado a esperar como resultado apropriado, à luz do bom senso, de uma sequência real de eventos.

3. Ora, o desenvolvimento da transmissão direta é determinado pelas expectativas, pelas exigências específicas de seu público; público que, no mesmo momento em que solicita uma notícia sobre o que acontece, imagina o que acontece em termos de romance bem feito – e reconhece a vida como real somente quando ela lhe aparece independente da casualidade, reunificada e escolhida como enredo[15]. Isso porque o romance de enredo corresponde, em sua expressão tradicional, ao modo habitual, mecanizado, geralmente razoável e funcional com que nos movemos por entre os eventos reais, conferindo significados unívocos às coisas. Enquanto que somente no romance experimental se encontra a decisão de dissociar os nexos habituais, com base nos quais se interpreta a vida, não para encontrar uma não vida, mas para experimentar a vida sob novas perspectivas, aquém das convenções esclerosadas. Isso, porém, requer uma decisão cultural, um estado de ânimo "fenomenológico", uma vontade de pôr entre parênteses as tendências adquiridas, vontade que falta ao espectador que olha para o vídeo para receber uma notícia e para saber – com legitimidade – *como vai acabar*.

---

15. De fato, *é* natural que a vida seja mais semelhante a *Ulisses* do que a *Os Três Mosqueteiros:* todavia, qualquer um de nós está mais inclinado a pensar na vida em termos de *Os Três Mosqueteiros* do que em termos de *Ulisses:* ou melhor, pode rememorar a vida e julgá-la somente repensando-a como romance bem-feito.

Não é impossível que na vida, no mesmo momento em que os jogadores das duas equipes em campo estão concluindo uma ação, no ponto mais alto de tensão, os espectadores nas arquibancadas percebam o sentido da inutilidade do todo e se abandonem a gestos improváveis, uns deixando o estádio, outros adormecendo ao sol, outros ainda entoando hinos religiosos. Se isso acontecesse, a transmissão direta que o mostrasse organizaria uma admirável não história, sem por isso dizer nada de inverossímil: a partir daquele dia, tal possibilidade passaria a pertencer ao repertório do verossímil.

Mas, até prova em contrário, essa solução é, segundo a opinião corrente, inverossímil, e o espectador de televisão espera como verossímil seu oposto – o entusiasmo dos presentes – e é isso que a transmissão direta deverá proporcionar-lhe.

4. Além dessas coerções devidas à relação funcional entre televisão como instrumento de informação e um público que solicita um produto de tipo determinado, existe também, como já vimos, uma coerção de tipo sintático, determinada, por sua vez, pela natureza do processo de produção e pelo sistema de reflexos psicológicos do diretor.

A vida em sua casualidade já é suficientemente dispersiva para desconcertar o diretor que procura interpretá-la narrativamente. Ele se arrisca a perder continuamente o fio da meada e reduzir-se a fotógrafo do irrelato e do indiferenciado. Não do irrelato voluntário – sob cuja comunicação se oculta uma definida intenção ideológica –, mas do irrelato factual sofrido. Para fugir a essa dispersão, deve continuamente justapor aos dados o esquema de uma organização possível. E deve fazê-lo de *impromptu*, isto é, em frações de tempo mínimas.

Ora, nesse espaço de tempo, o primeiro tipo de nexo entre dois eventos que se apresenta como psicologicamente mais fácil e imediato, é o que se fundamenta no hábito, o hábito do verossímil segundo a opinião corrente. Como já dissemos, correlacionar dois eventos segundo nexos inusitados requer decantação, reflexão crítica, decisão cultural, escolha ideológica. Seria, portanto, preciso que interviesse aqui um novo tipo de hábito, o de ver as coisas de modo inusitado, de maneira a tornar instintivo o estabelecimento do não nexo, o nexo excêntrico, enfim – para usarmos termos musicais – um nexo serial ao invés de tonal.

Esse hábito formativo corresponde a uma verdadeira educação da sensibilidade e só pode ser adquirido após uma assimilação mais profunda das novas técnicas narrativas. O diretor de telerreportagens não tem tempo para desenvolvê-lo nem a presente organização cultural lhe solicita algo nesse sentido. O único nexo possível que sua educação – como a de todo indivíduo normal que não se deteve particularmente no estudo das mais recentes técnicas descritivas do cinema e do romance contemporâneo, adotando-lhes as razões – lhe permite é aquele estabelecido pela convenção de verossimilhança, e, portanto, a única solução sintática possível é a correlação segundo a verossimilhança tradicional (pois todos estaremos de acordo em admitir que não existem leis das formas enquanto formas, mas leis das formas enquanto interpretáveis pelo homem, pelo que as leis de uma forma sempre devem coincidir com os hábitos de nossa imaginação).

Cabe ainda acrescentar que não só o diretor de televisão, mas qualquer pessoa, mesmo um escritor familiarizado com as novas técnicas, posto diante de uma situação vital imediata, enfrentá-la-ia segundo os esquemas de compreensibilidade fundados no hábito e na noção comum de causalidade, justamente porque esses nexos ainda são, no atual estado de nossa cultura ocidental, os mais cômodos para nossa movimentação dentro da vida cotidiana. No verão de 1961, Alain Robbe-Grillet sofreu um desastre aéreo, após o qual, incólume, foi entrevistado pela imprensa: como ressaltou *L'Express* num artigo muito sutil, a narração que o romancista, emocionadíssimo, fez do acidente, tinha todas as aparências da narração tradicional, era, em suma, aristotélica, balzaquiana, talvez carregada de *suspense*, de emoção, de participação subjetiva, dotada de um começo, de um clímax e de um final apropriado. O repórter objetava que Robbe-Grillet deveria ter narrado o acidente no mesmo estilo impessoal, objetivo, desprovido de lances teatrais, enfim, não narrativo, com que escreve seus romances; e propunha a deposição do escritor de seu trono de pontífice das novas técnicas narrativas. A argumentação era ótima como *boutade*, mas quem a tivesse levado a sério suspeitando de insinceridade do romancista (que num momento crucial parecia ter abdicado de sua visão das coisas para assumir aquela contra a qual polemiza habitualmente), teria sido vítima de um grande equívoco. De fato, ninguém pretenderia que um cientista adepto das geometrias não euclidianas, necessitando medir seu quarto para a construção de um armário, usasse a geometria de Riemann; ou que um fautor da teoria da relatividade, perguntando as horas a um motorista de passagem, enquanto está parado na calçada, acertasse seu relógio com base nas transformações de Lorentz. Novos parâmetros para ver o mundo são assumidos para operar sobre realidades propostas experimentalmente em laboratório, através de abstrações imaginativas ou então no âmbito de uma realidade literária, mas podem ser inadequadas para nossa movimentação entre os fatos comuns, não por serem falsos perante eles, mas porque neste âmbito ainda podem resultar mais úteis – pelo menos por enquanto – os parâmetros tradicionais usados por todos os outros seres com que mantemos relações diárias.

A interpretação de um fato que nos acontece e ao qual devemos responder imediatamente – ou que precisamos imediatamente descrever, transmitindo-o com a câmara de televisão – é um dos casos típicos em que as convenções usuais ainda resultam as mais apropriadas.

5. Essa é a situação da linguagem televisiva em certa fase de seu desenvolvimento, num dado período cultural, numa situação sociológica dada que confere ao meio comunicativo

uma dada função em relação a um dado público. Nada proíbe imaginar a concorrência de diversas circunstâncias históricas em que a transmissão direta possa tornar-se um meio de educação para exercícios mais livres da sensibilidade, para aventuras associativas repletas de descobertas, e, portanto, para uma diferente dimensão psicológica e cultural. Mas uma descrição das estruturas estéticas da telerreportagem deve levar em consideração os dados reais e ver o meio e suas leis em relação a uma dada situação de fruição. Nesses limites, uma transmissão direta que lembrasse *L'avventura* teria muitas possibilidades de ser uma péssima transmissão direta, dominada por uma casualidade incontrolada. E então a referência cultural poderia apresentar apenas um sabor irônico.

Num período histórico em que se configuram as poéticas da obra aberta, nem todos os tipos de comunicação artística precisam visar propositadamente a esse objetivo. A estrutura de enredo entendida aristotelicamente permanece típica de muitos produtos de amplo consumo, que apresentam uma função própria importantíssima e podem alcançar cumes muito altos (pois o valor estético não se identifica a todo custo com a novidade das técnicas – ainda que o uso de técnicas novas possa ser um sintoma daquela originalidade técnica e imaginativa que é condição importante para alcançar um valor estético). A transmissão direta, que permaneceu como um dos baluartes residuais daquela profunda exigência de enredo que há em cada um de nós – e que qualquer forma de arte, qualquer gênero velho ou novo sempre cuidará de satisfazer também em épocas futuras – deverá ser julgada segundo as exigências que satisfaz e segundo as estruturas com que as satisfaz.

Por outro lado, restar-lhe-ão muitas outras possibilidades de discurso aberto e de explorações e declarações sobre a indeterminação profunda dos eventos cotidianos: e será então que o registro do evento dominante, montado segundo regras de verossimilhança, se irá enriquecer de notações marginais, de rápidas inspeções sobre aspectos da realidade circunstante, inessenciais aos fins da ação primordial, mas alusivos porque dissonantes, como outras tantas perspectivas sobre possibilidades diferentes, sobre direções divergentes, sobre outra organização que se poderia impor aos eventos.

Então, efeito pedagógico não descurável, o espectador poderia ter a sensação, ainda que vaga, de que a vida não se esgota nos acontecimentos que ele acompanha com avidez, e que portanto ele próprio não se esgota naqueles acontecimentos. Então a notação *diversiva*, capaz de subtrair o espectador à fascinação hipnótica a que o enredo o submete, agiria como motivo de "estranhamento", ruptura abrupta de uma atenção passiva, convite ao julgamento ou, de qualquer forma, estímulo de libertação em relação ao poder persuasivo do vídeo.

ZEN E OCIDENTE

Este ensaio data de 1959, quando o zen começava a despertar curiosidade na Itália*. Estivemos em dúvida quanto a inseri--lo ou não na segunda edição desta obra, por dois motivos: 1. A "vague" do zen acabou por não deixar sinais dignos de nota na produção artística fora da América do Norte, e o discurso apresenta-se hoje muito menos urgente do que há oito anos atrás; 2. Embora nosso ensaio circunscreva muito explicitamente a experiência zen entre os fenômenos de "moda" cultural, pesquisando, mas não pregando suas razões, houve leitores apressados (ou de má-fé) que o denunciaram como manifesto, como desavisada tentativa de transplante – coisa que, ao contrário, é claramente criticada no último parágrafo do ensaio.

* Ainda que houvesse antes algum interesse esparso pelo assunto, o zen-budismo no Brasil foi introduzido pelo escritor Nelson Coelho, também por volta de 1959-1961. O primeiro livro aqui publicado sobre a matéria foi *Introdução ao Zen-Budismo*, de D.T. Suzuki, em 1961, pela Civilização Brasileira. (N. da T.)

Seja como for, resolvemos conservar o capítulo porque:

1. os fenômenos culturais que a moda zen simbolizava permanecem válidos nos Estados Unidos – e no mundo inteiro estão se estabelecendo formas de reação a-ideológica, místico-erótica, à civilização industrial (mesmo que às vezes apelando para os alucinógenos);
2. não devemos, nunca, tolerar a chantagem da estupidez alheia.

"Durante os últimos anos, nos Estados Unidos, uma pequena palavra japonesa, de som sibilante e pungente, começou a manifestar-se através de referências casuais ou exatas nos lugares mais diversos, nas conversas das senhoras, nas reuniões acadêmicas, nos coquetéis entre amigos etc. Essa pequena e excitante palavra é 'zen'!" Assim escrevia, ao fim da década de 1950, uma revista norte-americana de grande difusão, ao focalizar um dos fenômenos culturais e de costumes mais curiosos dos últimos tempos. Note-se bem: o budismo zen ultrapassa os limites do "fenômeno de costume", pois representa uma especificação do budismo que mergulha suas raízes nos séculos e que influenciou profundamente as culturas chinesa e japonesa; basta pensar que as técnicas da esgrima, do tiro com o arco, as artes do chá e do arranjo de flores, a arquitetura, a pintura, a poesia nipônica sofreram a influência dessa doutrina, quando não constituíram sua expressão direta. Mas, para o mundo ocidental, o zen tornou-se fenômeno de costume há poucos anos, e há poucos anos o público começou a perceber as referências ao zen contidas em discursos críticos aparentemente independentes: zen e a *beat generation*, zen e psicanálise, zen e a música de vanguarda nos Estados Unidos, zen e a pintura informal, e, finalmente, zen e a filosofia de Wittgenstein, zen e Heidegger, zen e Jung etc. As referências começam a tornar-se suspeitas, o filólogo desconfia de um embuste, o leitor comum desnorteia-se, qualquer pessoa sensata se revolta decididamente quando vem a saber que

R.L. Blyth escreveu um livro sobre zen e a literatura inglesa, identificando situações "zen" nos poetas ingleses, de Shakespeare e Milton a Wordsworth, Tennyson, Shelley, Keats, até os pré-rafaelitas. Todavia, o fenômeno existe, pessoas dignas da máxima consideração se ocuparam dele, Inglaterra e Estados Unidos estão produzindo livros em massa sobre o assunto, que vão da simples divulgação ao estudo erudito, e, especialmente na América do Norte, grupos de pessoas vão ouvir as palavras dos mestres zen emigrados do Japão, principalmente do dr. Daisetz Teitaro Suzuki, um ancião que dedicou sua vida à divulgação dessa doutrina no Ocidente, escrevendo uma série de volumes e qualificando-se como a máxima autoridade no assunto.

Será, portanto, o caso de perguntarmos quais possam ser os motivos do *sucesso* do zen no Ocidente: por que o *zen* e por que *agora*. Certos fenômenos não acontecem por acaso. Nessa descoberta do zen pelo Ocidente pode haver muita ingenuidade e bastante superficialidade na troca de ideias e sistemas, mas, se o fato aconteceu, é porque determinada conjuntura cultural e psicológica favoreceu o encontro.

Não é aqui que se deverá dar uma justificativa interna do zen: a esse respeito existe uma literatura bastante rica, mais ou menos especializada, à qual se pode recorrer para os necessários aprofundamentos e verificações orgânicas do sistema[1]. O que mais nos interessa aqui é ver quais os elementos do zen que puderam fascinar os ocidentais e encontrá-los preparados para recebê-los.

Há no zen uma atitude fundamentalmente anti-intelectualista, de elementar e decidida aceitação da vida em sua imediação, sem tentar justapor-lhe explicações que a

---

1. Citamos, em especial: Heinrich Dumoulin, *Zen Geschichte und Gestalt,* München: Franke, 1959; Christmas Humphreys, *Zen Buddhism*, London: Allen & Unwin, 1958; N. Senzaki; P. Reps, *Zen Flesh, Zen Bones*, Tóquio: Tuttle, 1957; Chen-Chi-Chang, *The Practice of Zen*, NewYork: Harper, 1959; D.T. Suzuki, *Introduction to Zen Buddhism*, London: Rider, 1949; Robert Powel, *Zen and Reality*, London: Allen & Unwin, 1961; A.W. Watts, *La via defo Zen*, Milano: Feltrinelli, 1960; para uma bibliografia mais vasta, ver A.W. Watts, *Lo Zen*, Milano: Rompiani, 1959.

tornariam rígida e a matariam, impedindo-nos de colhê-la em seu livre fluir, em sua positiva descontinuidade. E talvez tenhamos dito a palavra exata. A descontinuidade é, tanto nas ciências quanto nas relações comuns, a categoria de nosso tempo: a cultura ocidental moderna destruiu definitivamente os conceitos clássicos de continuidade, de lei universal, de relação causal, de previsibilidade dos fenômenos, em suma, renunciou à elaboração de fórmulas gerais que pretendem definir o conjunto do mundo em termos simples e definitivos. Novas categorias ingressaram na linguagem contemporânea: ambiguidade, insegurança, possibilidade, probabilidade. É extremamente perigoso misturar as coisas e assimilar, como estamos fazendo, ideias provenientes dos mais diversos setores da cultura contemporânea com suas acepções precisas e distintas, mas o próprio fato de um discurso como este ser vagamente possível e de alguém poder indulgentemente aceitá-lo como correto, significa que todos esses elementos da cultura contemporânea estão unificados por um estado de espírito fundamental: a consciência de que o universo ordenado e imutável de outrora, no mundo contemporâneo, representa, quando muito, uma nostalgia, mas já não é nosso. Daqui – e será preciso dizê-lo? – nasce a problemática da crise, pois é preciso uma firme estrutura moral e muita fé nas possibilidades do homem para aceitar despreocupadamente um mundo no qual parece impossível introduzir módulos de ordem definitivos.

Repentinamente, alguém encontrou o zen; avalizada por sua venerável idade, essa doutrina vinha ensinar-nos que o universo, o todo, é mutável, indefinível, fugaz, paradoxal; que a ordem dos eventos é uma ilusão de nossa inteligência esclerosada, que toda tentativa para defini-la e fixá-la em leis está condenada ao fracasso. Mas que justamente na plena consciência e aceitação alegre dessa condição está a extrema sabedoria, a iluminação definitiva; e que a crise eterna do homem não surge porque ele deve definir o mundo e não o consegue, mas porque quer defini-lo e não deve. Derradeira proliferação do budismo mahayana, o zen

sustenta que a divindade está presente na viva multiplicidade de todas as coisas, e que a beatitude não consiste em
subtrair-se ao fluxo da vida para desvanecer na inconsci-
ência do Nirvana como nada, mas sim, no aceitar todas as
coisas, no ver em cada uma delas a imensidade do todo, ser
felizes da felicidade do mundo que vive e ferve de eventos.
O homem ocidental descobriu no zen o convite a realizar
essa aceitação, renunciando aos módulos lógicos e estabelecendo unicamente contatos diretos com a vida.

Por isso, hoje, nos Estados Unidos, costuma-se distinguir
entre Beat Zen e Square Zen. Square Zen é o zen "quadrado",
regular, ortodoxo, para o qual se voltam as pessoas que sentem confusamente ter encontrado uma fé, uma disciplina, um
"caminho" de salvação (e quantas não existem nos Estados
Unidos, irrequietas, confusas, disponíveis, prontas a passar
da Christian Science ao Exército da Salvação, e agora, por que
não, ao zen), e guiadas pelos mestres japoneses participam
de verdadeiros cursos de exercícios espirituais, aprendendo
a técnica do "sitting"*, passando longas horas de silenciosa
meditação, controlando a respiração para chegarem a subverter, segundo os ensinamentos de alguns mestres, a posição cartesiana, afirmando "Respiro, logo existo". Beat Zen é,
pelo contrário, o zen adotado como bandeira pelos *hypsters*
do grupo de São Francisco, os Jack Kerouac, os Ferlinghetti,
os Ginsberg, encontrando nos preceitos e na lógica (aliás na
"ilógica") zen as indicações para um certo tipo de poesia,
além de módulos qualificados para uma recusa do *american
way of life*; a *beat generation* revolta-se contra a ordem existente sem procurar mudá-la, mas colocando-se à sua margem e "procurando o significado da vida numa experiência
subjetiva mais do que num resultado objetivo"[2]. Os *beatniks*

* Técnica especial usada pelos orientais e especialmente pelos budis-
tas relativa à posição em que o adepto deve sentar-se para orar. Deriva
das posições ioga. (N. da T.)
2. Ver Alan W. Watts, Beat Zen, Square Zen and Zen, *Chicago Review*,
summer 1958 (número único sobre o zen). Sobre as relações entre zen
e *beat generation*, ver também R.M. Adams, *Strains of Discords*, Ithaca:
Cornell University Press, 1958, p. 188.

se aproveitam do zen como qualificação para seu individualismo anárquico: e como ressaltou Harold E. McCarthy num estudo sobre o "natural" e o "inatural" no pensamento de Suzuki[3], aceitaram sem muitas discriminações certas afirmações do mestre japonês, segundo as quais os princípios e os modos da organização social são artificiais. Essa espontaneidade soou sugestivamente aos ouvidos de uma geração já educada por certo tipo de naturalismo e nenhum dos *hypsters* refletiu sobre o fato de que o zen não recusa a socialidade *tout court*, mas recusa uma socialidade conformada para procurar uma socialidade espontânea, cujas relações se fundamentam numa adesão livre e feliz, cada qual reconhecendo o outro como parte de um mesmo corpo universal. Sem perceberem que nada fizeram além de adotar os modos exteriores de um conformismo oriental, os profetas da *beat generation* desfraldaram o zen como justificativa para suas vagabundagens religiosas noturnas e suas sagradas intemperanças. Com a palavra Jack Kerouac:

> A nova poesia norte-americana, representada pela San Francisco Renaissance – quer dizer Ginsberg, eu, Rexroth, Ferlinghetti, McClure Corso, Gary Snyder, Phil Lamantia, Philip Whalen, pelo menos na minha opinião – é um gênero da velha e nova loucura poética zen, escrever tudo aquilo que vem à cabeça da maneira como vem, poesia que volta às origens, verdadeiramente ORAL, como diz Ferlinghetti, não um chato sofisma acadêmico... Estes novos puros poetas se confessam pelo simples prazer da confissão. São CRIANÇAS... Eles CANTAM, rendem-se ao ritmo. O que é diametralmente oposto à chutada de Eliot que nos recomenda suas regras lamentáveis e desoladoras tais como o "correlativo" e assim por diante, nada mais do que um conjunto de prisão de ventre e, enfim, de castração da máscula necessidade de cantar livremente... Mas a San Francisco Renaissance é a poesia de uma nova Santa Loucura como a dos tempos antigos (Li Po, Hanshan, Tom O Bedlam, Kit Smart, Blake), e também é uma disciplina mental tipificada no *haiku*, isto é, o método de visar diretamente às coisas, puramente, concretamente, sem abstrações nem explicações, *wham wham the true blue song of man*[4].

3. The Natural and Unnatural in Suzuki's Zen, *Chicago Review*.
4. The Origins of Joy in Poetry, *Chicago Review*, spring 1958.

Assim Kerouac, em *Dharma Bums*, descreve suas vaga-bundagens pelos bosques, repletas de meditações e aspira-ções a uma completa liberdade; é a própria autobiografia de uma presumida iluminação (de um *satori*, diriam os mestres zen) alcançada numa série de êxtases silvestres e solitários:

sob o luar eu vi a verdade: aqui, isto é *Isto* [...] o mundo como é o Nirvana, estou procurando o Céu além, enquanto que o Céu está aqui, o Céu nada mais é do que este pobre triste mundo. Ah, se eu pudesse compreender, se eu pudesse esquecer-me de mim mesmo, e dedicar minhas meditações à libertação, à consciência e à beati-tude de todas as criaturas vivas, eu compreenderia que tudo quanto existe é êxtase.

Mas surge a dúvida de que esse seja exatamente o Beat Zen, um zen personalíssimo, e de que, quando Kerouac afirma "Não sei. Não me interessa. Não faz nenhuma diferença", – nessa declaração não haja tanto desapego quanto certa hos-tilidade, uma autodefesa raivosa, muito distante do sereno e afetuoso desprendimento do verdadeiro "iluminado".

Em seus êxtases bucólicos Kerouac descobre que "qual-quer coisa é boa para sempre, e, para sempre e para sem-pre"; e escreve I WAS FREE com letras maiúsculas: mas essa é pura excitação, e afinal trata-se de uma tentativa de comu-nicar aos outros uma experiência que o zen considera inco-municável, e de comunicá-la através de artifícios emotivos, lá onde o zen oferece ao neófito a longa, decenal medita-ção sobre um problema paradoxal para depurar a mente sobrecarregada no xeque total da inteligência. Não será então o Beat Zen um zen fácil demais, feito para indiví-duos propensos ao desprendimento, que o aceitariam como os fanáticos de quarenta anos atrás elegiam o super-homem nietzscheano como estandarte de sua intemperança? Onde foi parar a pura e silenciosa serenidade do mestre zen e a "*máscula* necessidade de cantar livremente" na imitação catuliana de Allen Ginsberg (*Malest Cornifici tuo Cattulo*) que solicita compreensão para a sua honesta propensão pelos adolescentes, e conclui: "You're angry at me. For all my lovers? – It's hard to eat shit, without having vision – & when they have eyes for me it's Heaven"?

Ruth Fuller Sasaki, senhora norte-americana que em 1958 recebeu as ordens de sacerdote zen (grande honra para um ocidental e, além do mais, mulher), representante de um zen muito *square*, afirma: "No Ocidente o zen parece estar atravessando uma fase cultual. O zen não é um culto. O problema dos ocidentais é querer acreditar em algo, e, simultaneamente, querer fazê-lo da maneira mais fácil. Zen é um trabalho de autodisciplina e estudo que dura toda a vida." Decerto, não é este o caso da *beat generation*, mas há quem se pergunte se mesmo a atitude dos jovens anárquicos individualistas não representa um aspecto complementar de um sistema de vida zen; o mais compreensivo é Alan Watts, que, no artigo citado, menciona um apólogo indiano segundo o qual existem dois "caminhos", o do gato e o do macaco; o gatinho não faz força para viver, porque a mãe o leva na boca; o macaco segue o caminho do esforço, porque se mantém agarrado às costas da mãe, segurando-se a ela. Os *beatniks* seguiriam o caminho do gatinho. E com muita indulgência Watts conclui, em seu artigo sobre Beat e Square Zen, que, se alguém quiser passar alguns anos num mosteiro japonês, não há razão para não fazê-lo; mas, se outros preferem roubar automóveis e ficar o dia inteiro escutando discos de Charlie Parker, afinal os Estados Unidos são um país livre.

Existem, porém, outras áreas da vanguarda onde podemos encontrar influências zen mais interessantes e exatas: mais interessantes porque aqui o zen não serve tanto para justificar uma atitude ética quanto para promover estratégias estilísticas; e mais exatas, justamente, porque a referência pode ser controlada com base nas peculiaridades formais da corrente ou do artista. Uma característica fundamental tanto da arte quanto da não lógica zen é a recusa da simetria. A razão disso é intuitiva: afinal, a simetria representa um módulo de ordem, uma rede lançada sobre a espontaneidade, o efeito de um cálculo, e o zen tende a deixar crescer os seres e os eventos sem preordenar os resultados. As artes da esgrima e da luta recomendam constantemente uma atitude de flexível adaptabilidade ao tipo de ataque levado a efeito, uma renúncia à resposta calculada, um convite à reação como desenvolvimento da ação do adversário. E no teatro kabuki, a disposição em pirâmide invertida, que caracteriza as relações hierárquicas das personagens no palco, sempre é parcialmente alterada e "desequilibrada", de modo que a ordem sugerida tenha sempre algo de natural, espontâneo, imprevisto[5]. A pintura clássica zen não só aceita todos esses pressupostos, enfatizando a assimetria, mas valoriza também o espaço como entidade positiva em si, não como receptáculo das coisas que nele sobressaem, mas como sua matriz: nesse tratamento do espaço há a presunção da unidade do universo, uma onivalorização de todas as coisas: homens, animais e plantas são tratados no estilo impressionista, confundindo-se com o fundo. Isso significa que, nessa pintura, há uma prevalência da mancha sobre a linha; certa pintura japonesa contemporânea amplamente influenciada pelo zen é uma verdadeira pintura *tachiste*, e não é por acaso que nas atuais exposições de pintura informal os japoneses estão sempre bem representados. Nos Estados Unidos, pintores como Tobey ou Graves são explicitamente considerados representantes de uma poética abundantemente embebida de zenismo, e na crítica corrente, a referência à assimetria zen para qualificar as atuais tendências da *art brut* aparece com certa frequência[6].

Por outro lado, é evidente – e foi afirmado repetidas vezes – que nas produções da "arte informal" há uma clara tendência à abertura, uma exigência de não concluir o fato

5. Veja-se, por exemplo, Earle Ernst, *The Kabuki Theatre*, London: Secker Warburg, 1956, p. 182-184.
6. Veja-se a nota de Gillo Dorfles em *Il divenire delle arti*, Torino: Einaudi, 1959, p. 81 (*Il tendere verso l'asimmetrico*). Mais tarde Dorfles retomou esse tema num amplo ensaio dedicado ao zen, inicialmente publicado na *Rivista di Estetica* e depois em *Simbolo, Comunicazione, Consumo*, Torino: Einaudi, 1962.

plástico numa estrutura definida, de não determinar o espectador a aceitar a comunicação de *uma* dada configuração; e de deixá-lo disponível a uma série de fruições livres, em que ele escolhe os resultados formais que lhe parecem congeniais. Num quadro de Pollock não nos é apresentado um universo figurativo acabado; o ambíguo, o *viscoso*, o assimétrico intervêm nele justamente para permitir que o impulso plástico-colorístico prolifere continuamente numa incoatividade de formas possíveis. Nesse oferecimento de possibilidades, nesse pedido de liberdade fruitiva, está uma aceitação do indeterminado e uma recusa da casualidade unívoca. Não poderíamos imaginar um seguidor da *action painting* procurando na filosofia aristotélica da substância a justificativa de sua arte. Quando um crítico se refere à assimetria e à abertura zen, podemos mesmo adiantar ressalvas filológicas; quando um pintor exibe justificativas em termos zen, podemos desconfiar da clareza crítica de sua atitude: mas não podemos negar uma fundamental identidade de atmosfera, uma referência comum ao movimento como não-definição de nossa posição no mundo. Uma autorização da aventura na *abertura*.

Mas onde a influência zen se fez sentir de maneira mais sensível e paradoxal foi na vanguarda musical norte-americana. Referimo-nos em especial a John Cage, a figura mais discutida da música norte-americana (sem dúvida, a mais paradoxal de toda a música contemporânea), o músico com que muitos compositores pós-webernianos e eletrônicos estão frequentemente em polêmica, sem poder subtrair-se à sua fascinação e ao inevitável magistério de seu exemplo. Cage é o profeta da desorganização musical, o sumo-sacerdote do acaso: a desagregação das estruturas tradicionais, que a nova música serial procura com uma decisão quase científica, encontra em Cage um eversor desprovido de qualquer inibição. São conhecidos seus concertos em que dois executantes, alternando emissões de sons com longos períodos de silêncio, extraem do piano as sonoridades mais heterodoxas, dedilhando suas cordas, percutindo seus lados

250

e, enfim, levantando-se e sintonizando um rádio num comprimento de onda escolhido ao acaso, de maneira a poder inserir qualquer contribuição sonora (música, palavras ou distúrbio indistinto) no fato executivo. A quem o interpela a respeito das finalidades de sua música, Cage responde citando Lao Tsé e advertindo o público de que só se chocando com a completa incompreensão e medindo a própria estultice ele poderá colher o profundo sentido do Tao. A quem lhe objeta que a sua música não é música, Cage responde que, com efeito, não pretende fazer música; a quem propõe questões demasiado sutis, a resposta é o pedido para repetir a pergunta: se a pergunta for repetida, pede que se repita mais uma vez a questão; ao terceiro pedido de repetição, o interlocutor toma consciência de que a expressão: "Por favor, quer repetir a pergunta?" não constitui um pedido mas a própria resposta à pergunta. Na maioria das vezes, Cage prepara, para seus contraditores, respostas pré-fabricadas, boas para qualquer pergunta, visto que querem ser desprovidas de sentido. O ouvinte superficial se satisfaz ao pensar em Cage como num blefador que nem mesmo é muito hábil, mas suas constantes referências às doutrinas orientais deveriam alertar-nos a seu respeito: antes de ser visto como músico de vanguarda, deve ser encarado como o mais inopinado dos mestres zen, e a estrutura de seus contraditores é perfeitamente idêntica à dos *mondo*, as típicas perguntas com respostas absolutamente casuais, com que os mestres japoneses levam o discípulo à iluminação. No plano musical pode-se discutir eficazmente a respeito do destino da nova música, se reside no completo abandono à felicidade do acaso ou na disposição de estruturas "abertas", todavia orientadas segundo módulos de possibilidade formal[7]: mas no plano filosófico, Cage é intocável, sua dialética zen perfeitamente ortodoxa, sua função de pedra de escândalo e de estimulador das

7. Como exemplo de duas atitudes críticas opostas, vejam-se no n. 3 (ago. 1959) de *Incontri Musicali* os ensaios de Pierre Boulez (Alea) e Heinz-Klauss Metzger (J. Cage o della liberazione).

inteligências sopitadas, inigualável. E é o caso de perguntar se ele está contribuindo para o esoterismo zen ou para o campo musical, procurando uma lavagem mental de hábitos musicais adquiridos. O público italiano teve oportunidade de conhecer John Cage na qualidade de concorrente de *Lascia o raddoppia?* (Deixa ou Dobra?)*, empenhado em responder sobre cogumelos; e divertiu-se diante desse excêntrico norte-americano que organizava concertos para cafeteiras de pressão e liquidificadores, perante os olhos estarrecidos de Mike Bongiorno**, e provavelmente deve ter concluído que se encontrava diante de um palhaço capaz de explorar a imbecilidade das massas e a condescendência dos *mass media*. Mas, na realidade, Cage enfrentava essa experiência com o mesmo humorismo desinteressado com que o seguidor zen enfrenta qualquer evento da vida, com que os mestres zen chamam-se uns aos outros "velho saco de arroz", com que o professor Suzuki, interrogado sobre o significado de seu primeiro nome – Daisetz –, que lhe foi dado por um sacerdote zen, responde que significa "grande estupidez" (enquanto que na realidade significa "grande simplicidade"). Cage divertia-se em colocar Bongiorno e o público perante o não senso da existência, assim como o mestre zen obriga o discípulo a refletir sobre *o koan*, o enigma sem solução do qual deverá surgir a derrota da inteligência, e a iluminação. Há muitas dúvidas quanto a Mike Bongiorno ter ficado iluminado, mas Cage poderia ter-lhe respondido como respondeu a uma velha senhora que, depois de um seu concerto em Roma, levantou-se para dizer-lhe que sua música era escandalosa, repugnante e imoral: "Era uma vez, na China, uma senhora belíssima que fazia enlouquecer de amor todos os homens da cidade; uma vez caiu nas profundezas de um lago e assustou os peixes." E afinal, além dessas atitudes práticas, a própria música de Cage

---

* Programa da televisão italiana no estilo de *O Céu é o Limite*. (N. da T.)

** Famoso apresentador do programa-concurso *Lascia o raddoppia?*, comparável ao nosso Sílvio Santos. (N. da T.)

revela – mesmo que seu autor não falasse dela explicitamente – muitas e exatas afinidades com a técnica do nô e das representações do teatro kabuki, ainda que somente nas longuíssimas pausas alternadas com momentos musicais absolutamente pontuais. Quem teve oportunidade de acompanhar Cage na montagem da fita magnética com ruídos concretos e sonoridades eletrônicas, para seu *Fontana Mix* (para soprano e fita magnética), viu como ele atribuiu a várias fitas já gravadas uma linha de cor diferente; como, depois disso, conduziu essas linhas sobre um módulo gráfico de forma que elas se entrelaçassem ao acaso sobre uma folha de papel; e como, enfim, fixados os pontos intersecantes das linhas, escolheu e montou as partes da fita que correspondiam aos pontos pré-escolhidos pelo *hasard*, obtendo disso uma sequência sonora regida pela lógica do imponderável. Na consoladora unidade do Tao cada som vale todos os sons, cada encontro sonoro será o mais feliz e o mais rico de revelações: ao ouvinte restará somente abdicar de sua própria cultura e perder-se na pontualidade de um infinito musical reencontrado.

Isso quanto a Cage; autorizados a recusá-lo ou a circunscrevê-lo nos limites de um neodadaísmo de ruptura; autorizados a pensar, e não é impossível, que seu budismo nada mais seja que uma escolha metodológica que lhe permite qualificar sua aventura musical. Eis, todavia, outro veio pelo qual o zen pertence de direito à cultura ocidental contemporânea.

Dissemos neodada: e é mister perguntar se um dos motivos pelos quais o zen teve penetração no Ocidente não seria o fato de as estruturas imaginativas do homem ocidental se terem tornado ágeis graças à ginástica surrealista e às celebrações do automatismo. Há muita diferença entre este diálogo: "O que é Buda? Três libras de linho", e este outro: "O que é o roxo? Uma mosca dupla."? Formalmente não. Os motivos são diferentes, mas é certo que vivemos num mundo disposto a acertar com culta e maligna satisfação os atentados à lógica.

Ionesco terá lido os diálogos da tradição zen? Não consta, mas não saberíamos dizer que diferença de estrutura há entre um *mondo* e esta tirada do *Salon de l'Automobile*: "Quanto custa este carro? Depende do preço". Há aqui a mesma circularidade aporética que se encontra nos *koan*, a resposta propõe novamente a pergunta e assim por diante até o infinito, até a razão assinar um ato de rendição aceitando o absurdo como textura do mundo. O mesmo absurdo de que estão impregnados os diálogos de Beckett. Com uma diferença, naturalmente: a zombaria de Ionesco e Beckett transpira angústia – e, portanto, nada tem a ver com a serenidade do sábio zen. Mas justamente aqui está o sabor de novidade da mensagem oriental, a razão indubitável de seu sucesso: ataca o mundo com os mesmos esquemas ilógicos aos quais está sendo acostumado por uma literatura de crise, dando-lhe a entender que justamente no fundo dos esquemas ilógicos, na sua completa assunção, é que está a solução da crise, a paz. Uma certa solução, uma certa paz: não a nossa, diria eu, não a que nós procuramos, mas, mesmo assim, para quem está com os nervos esgotados, uma solução e uma paz.

De qualquer forma, fossem mais ou menos autorizados esses veios, o zen, conquistando o Ocidente, convidou à reflexão mesmo os críticos mais acirrados. A psicanálise nos Estados Unidos tem-se apossado de métodos zen, a psicoterapia em geral encontrou um auxílio especial em algumas de suas técnicas[8]. Jung interessou-se pelos estudos do professor Suzuki[9] e essa aceitação, com perfeita serenidade, do não senso do mundo, resolvendo-o numa contemplação do divino, pode parecer o caminho para uma sublimação da neurose de nosso tempo. Um dos

---

8. Veja-se, por exemplo, Akihisa Kondo, Zen in Psychoterapy: The Virtue of Sitting, *Chicago Review*, summer 1958. Veja-se também E. Fromm; D.T. Suzuki; De Martino, *Zen Buddhism and Psychoanalysis*, New York: Harper & Brothers, 1960.

9. Ver o prefácio de C.G. Jung a D.T. Suzuki, *Introduction to Zen Buddhism*, London: Rider, 1949.

motivos a que mais recorrem os mestres zen quando aco-
lhem os discípulos, é o do esvaziamento da própria consciência de tudo aquilo que pode perturbar a iniciação. Um
discípulo apresenta-se a um mestre zen buscando a luz: o
mestre convida-o a sentar e lhe oferece uma chávena de
chá, segundo o complexo ritual que determina a cerimônia. Pronta a infusão, ele a despeja na chávena do visitante,
e continua a despejá-la mesmo quando o líquido começa a
transbordar. Finalmente o discípulo, alarmado, tenta fazê-
-lo parar, avisando-o de que a chávena está "cheia". Então
o mestre responde: "Como esta chávena, tu estás cheio de
tuas opiniões e de teus raciocínios. Como posso mostrar-te
o zen sem que tenhas antes esvaziado tua chávena?". Note-
mos que esse não é o convite de Bacon a livrar-se dos ídola,
ou o de Descartes a desembaraçar-se das ideias confusas: é
um convite a libertar-se de todas as perturbações e de todos
os complexos, ou melhor, da inteligência silogizante como
perturbação e como complexo; tanto que o passo seguinte
não será a experiência empírica e a pesquisa de novas ideias,
mas a meditação sobre *o koan*, portanto uma ação nitidamente terapêutica. Não é de estranhar que psiquiatras e psi-
canalistas tenham encontrado aqui indicações fascinantes.

Mas também em outros setores foram encontradas as
analogias. Quando, em 1957, saiu o *Der Satz vom Grund*, de
Heidegger, muitos notaram as implicações orientais de sua
filosofia e houve quem se referisse explicitamente ao zen,
observando que o ensaio do filósofo alemão fazia pensar
num diálogo com um mestre zen de Quioto, Tsujimura[10].

Quanto a outras doutrinas filosóficas, o próprio Watts,
na introdução a seu livro, fala de conexões com a semântica,
a metalinguagem, o neopositivismo em geral[11]. Atingindo as

10. Veja-se o artigo de Egon Vietta, Heidegger e il maestro Zen, *Frank-
furter Allgemeine Zeitung*, 17 abr. 1957. Ver também Niels C. Nielsen Jr.,
Zen Buddhism and the Philosophy of M. Heidegger, *Atti del XII Congresso
Internazionale di Filosofia*, v. X, p. 131.

11. Citaremos também a discussão publicada na revista *Philosophy East
and West* da Universidade de Honolulu: Van Meter Ames, Zen and American Philosophy, n. 5. 1955-1956, p. 305-320; D.T. Suzuki, Zen: A Reply to ►

raízes, as referências mais explícitas foram feitas a respeito da filosofia de Wittgenstein. Em seu ensaio *Zen and the Work of Wittgenstein*[12], Paul Wienpahl observa: "Wittgenstein alcançou um estado espiritual semelhante àquele que os mestres zen chamam de *satori*, e elaborou um método educativo que se assemelha ao método dos *mondo* e dos *koan*." À primeira vista, esse fato de encontrar a mentalidade zen na raiz do neopositivismo lógico pode parecer pelo menos tão estapafúrdio quanto seria encontrá-la em Shakespeare; mas convém lembrar que, pelo menos para encorajar tais analogias, há em Wittgenstein a renúncia à filosofia como explicação total do mundo. Há uma prioridade conferida ao fato atômico (e, portanto, "pontual") enquanto não relato, a recusa da filosofia como posição de relações gerais entre esses fatos e sua redução à pura metodologia de uma correta descrição deles. As proposições linguísticas não interpretam o fato, nem tampouco o explicam: elas o "mostram", indicando e reproduzindo fielmente suas conexões. Uma proposição reproduz a realidade como se fora uma das muitas projeções dela, mas nada pode ser dito acerca do acordo entre os dois planos: esse somente pode ser *mostrado*. Nem a proposição, mesmo que esteja de acordo com a realidade, é passível de comunicação, pois em tal caso não teríamos mais uma afirmação verificável a respeito da natureza das coisas, mas a respeito do comportamento de quem fez a afirmação (em suma, "hoje chove" não pode ser comunicada como "hoje chove", mas como "fulano disse que hoje chove").

E mesmo que quiséssemos expressar a forma lógica da proposição, também não seria possível:

As proposições podem representar a realidade total, mas não podem representar o que devem ter em comum com ela para poderem representá-la: a forma lógica. Para podermos representar a forma

▷ V.M. Ames", idem; Chen Chi-Chang, The Nature of Zen Buddhism, n. 6, 1956-1956, p. 333.

12. *Chicago Review*, summer 1958.

lógica deveríamos ter a capacidade de nos colocarmos, juntamente com as proposições, fora da lógica, isto é, fora do mundo.(4.12)

Essa recusa a sair do mundo e enrijecê-lo em explicações justifica as referências ao zen. Watts cita o exemplo do monge que, ao discípulo que o interrogava sobre o significado das coisas, responde erguendo o cajado; o discípulo explica com muita sutileza teológica o significado do gesto, mas o monge contesta que a explicação é demasiado complexa. O discípulo pergunta então qual é a exata explicação do gesto. O monge responde erguendo novamente o cajado. Leiamos agora Wittgenstein: "O que pode ser mostrado não pode ser dito."(4.1212.) A analogia ainda é exterior, mas fascinante; assim como é fascinante o empenho fundamental da filosofia wittgensteiniana, ou seja, demonstrar que os problemas filosóficos não podem ser resolvidos, pois são desprovidos de sentido; os *mondo* e os *koan* não têm outro objetivo.

O *Tractatus Logico-Philosophicus* pode ser visto como um crescendo de afirmações que chega a impressionar quem tiver familiaridade com a linguagem zen:

O mundo é tudo o que acontece [1]. As maiores proposições e os maiores problemas dentre os que foram expostos em torno de argumentos filosóficos não são falsos, mas são desprovidos de sentido. Não podemos, portanto, responder a perguntas desse gênero, mas unicamente afirmarmos sua falta de sentido. A maioria das proposições e dos problemas dos filósofos resulta do fato de não conhecermos a lógica de nossa linguagem [...] E portanto não nos surpreendamos se, na realidade, os problemas mais profundos nem sequer chegam a ser problemas [4.003]. O místico (das *Mystiche*) não está em *como* é o mundo, mas *no que é* [6.44]. A solução do problema da vida se entrevê no desvanecer-se desse problema [6.521]. Existe verdadeiramente o inexprimível. Ele se mostra; é o místico [6.522]. Minhas proposições são explicativas desta maneira: quem me compreende, afinal as reconhece desprovidas de significado, quando subiu através delas, sobre elas, para além delas. (Deve, por assim dizer, jogar fora a escada depois de ter subido por ela.) Deve passar acima dessas proposições: então verá o mundo do modo certo [6.54].

Não há necessidade de muitos comentários. Quanto à última afirmação, lembra estranhamente, como já notamos, o fato de a filosofia chinesa usar a expressão "rede de palavras" para indicar o enrijecimento da existência nas estruturas da lógica; e de os chineses dizerem: "A rede serve para pegar peixes: faça com que se pegue o peixe e se esqueça a rede." Jogar fora a rede, ou a escada, e ver o mundo: colhê-lo numa tomada direta, na qual toda palavra seja um empecilho: esse é o *satori*. Quem relaciona Wittgenstein ao zen pensa que existe unicamente a salvação do *satori* para quem tiver pronunciado no palco da filosofia ocidental estas palavras terríveis: "Do que não se pode falar, deve-se calar."

É bom lembrar que, quando o discípulo começa a sofismar com demasiada sutileza, os mestres zen o presenteiam com um sonoro bofetão, não para puni-lo, mas porque o bofetão é tomada de contato com a vida, sobre a qual não se pode raciocinar; sente-se e é só. Ora, Wittgenstein, após ter exortado muitas vezes seus próprios discípulos a não se ocuparem de filosofia, abandonou a atividade científica e o ensino universitário para entregar-se às atividades hospitalares, ao ensino humilde nas escolas primárias das aldeias austríacas. Em suma, escolheu a vida, a experiência, contra a ciência.

Todavia, é fácil fazer ilações e analogias a respeito de Wittgenstein e sair dos limites da exegese correta. Wienpahl sustenta que o filósofo austríaco aproximou-se de um estado de alma tão distanciado das teorias e dos conceitos que chegou ao ponto de crer que todos os problemas estivessem *resolvidos* porque *dissolvidos*. Mas o distanciamento de Wittgenstein será em tudo igual ao budista? Quando o filósofo escreve que a necessidade de uma coisa acontecer pelo fato de outra coisa ter acontecido, não é uma necessidade, pois se trata unicamente de uma necessidade lógica, Wienpahl interpreta isso facilmente: a necessidade se deve às convenções da linguagem, não é real, o mundo real se resolve num mundo de conceitos e, portanto, num mundo falso. Mas para Wittgenstein as proposições lógicas descrevem a infraestrutura do mundo (6.124). É verdade que são tauto-lógicas e que não dizem absolutamente nada a respeito do conhecimento efetivo do mundo empírico, mas não estão em *contraste* com o mundo e não *negam* os fatos: movem--se numa dimensão que não é a dos fatos, mas permitem descrevê-los[13]. Em suma, o paradoxo de uma inteligência vencida, a ser jogada fora após o uso, a ser jogada fora quando se descobriu que não serve, está tão presente em Wittgenstein quanto no zen, mas, para o filósofo ocidental subsiste, apesar da aparente escolha do silêncio, a necessidade de mesmo assim usar a inteligência para esclarecer pelo menos uma parte do mundo. Não devemos calar sobre tudo, somente sobre aquilo de que não se pode falar, isto é, a filosofia. Mas permanecem abertos os caminhos da ciência natural. Em Wittgenstein a inteligência é vencida por si mesma, pois nega-se no momento mesmo em que tenta oferecer-nos um método de verificação, mas o resultado final não é o silêncio completo, pelo menos nas intenções.

Por outro lado, é verdade que as analogias se estreitam cada vez mais – e o discurso de Wienpahl se torna mais persuasivo – com as *Philosophische Untersuchungen*. Cabe notar uma impressionante analogia entre uma afirmação dessa obra ("*A clareza* que estamos procurando é clareza *completa*. Mas isso significa simplesmente que os problemas filosóficos devem desaparecer *completamente*" [133]) e o diálogo entre o mestre Yao-Shan e um discípulo que lhe perguntava o que é que estava fazendo de pernas cruzadas (resposta: "Pensava no que está além do pensamento."; Pergunta: "Mas como fazes para pensar no que está além do pensamento?"; Resposta: "Não pensando"). Certas frases das *Indagações Filosóficas* – aquela, por exemplo, de que a tarefa da filosofia seria a de "ensinar à mosca o caminho

---

13. "Em oposição a atitudes de moldes bergsonianos encontramos nele a mais alta valorização da pura estrutura lógica da expressão: compreendê-la [...] significa alcançar uma compreensão autêntica da realidade." Francesco Barone, Il solipsismo linguistico di L. Wittgenstein, *Filosofia*, out. 1951.

da garrafa" – são novamente expressões de um mestre zen. E nas *Lecture Notes* de Cambridge, Wittgenstein indicou o objetivo da filosofia como sendo uma "luta contra a fascinação exercida pelas formas de representação", como um tratamento psicanalítico para libertar "quem sofrer de certas *câimbras* mentais produzidas pela consciência incompleta das estruturas de sua própria linguagem". É inútil lembrar o episódio do mestre que despeja o chá. O positivismo de Wittgenstein foi definido como "positivismo terapêutico" e aparece como ensino que, ao invés de dar a verdade, põe no caminho de obtê-la pessoalmente.

Ao final das contas, não podemos deixar de concluir que efetivamente existe em Wittgenstein o esvaecer da filosofia no silêncio, no momento mesmo em que se verifica a instauração de um rigoroso método de verificação lógica, de positiva tradição ocidental. Não se dizem coisas novas. Wittgenstein tem essas duas faces, e a segunda é a que foi aceita pelo positivismo lógico. Dizer que a primeira, a do *silêncio*, é uma face zen, na realidade significa fazer um hábil jogo de palavras para dizer que se trata de uma face *mística*. E Wittgenstein indubitavelmente faz parte da grande tradição mística alemã, colocando-se ao lado dos celebradores do êxtase, do abismo e do silêncio, de Eckhart a Suso e Ruysbroek. Há quem – como Ananda Coomaraswamy – tenha discorrido longamente sobre as analogias entre pensamento hindu e mística alemã, e Suzuki disse que no caso de Meister Eckhart é preciso falar em verdadeiro *satori*[14]. Mas aqui as equações se tornam fluidas e é o mesmo que dizer que o momento místico de abandono da inteligência classificadora é um momento recorrente na história do homem. E para o pensamento oriental é uma constante.

Dado *zen = misticismo*, podemos estabelecer muitas comparações. Parece-me que as pesquisas de Blyth sobre o

---

14. D.T. Suzuki, *Mysticism Christian and Buddhist*, London: Allen & Unwin, 1957, p. 79. Ver também Sohaku Ogata, *Zen for the West*, London: Rider, 1959, p. 17-20, em que é desenvolvida uma comparação entre os textos zen e páginas de Eckhart.

zen na literatura anglo-saxônica são desse tipo. Veja-se, por exemplo, a análise de uma poesia de Dante Gabriele Rossetti, em que se descreve um homem tomado de angústia à procura de uma resposta qualquer ao mistério da existência. Enquanto vaga pelos campos na vã procura de um sinal ou de uma voz, a certo ponto, caindo de joelhos no chão, em postura de oração, a cabeça dobrada contra as pernas, os olhos fixos a poucos centímetros das ervas, repentinamente entrevê uma euforbiácea silvestre (*Euphorbia amigdaloydes*) de típica florescência tríplice em forma de taça: "The woodspurge flowered, three cups in one."

Diante dessa visão, o espírito abre-se de repente, como numa iluminação repentina, e o poeta compreende:

> From perfect grief there need not be
> Wisdom or even memory:
> One thing then learnt remains to me,
> The woodspurge has a cup of three.

De todo o complicado problema que o vergava resta agora uma única verdade, simples, mas absoluta, inatacável: *a euforbiácea tem um cálice triplo*. É uma proposição atômica, e o resto é silêncio. Não há dúvida. É uma descoberta muito zen, como a do poeta P'ang Yun, que canta: "Que maravilha sobrenatural – que milagre é este! – Tiro água do poço – e carrego lenha!" Mas, assim como o próprio Blyth admite que esses momentos zen são involuntários, vale dizer que nos momentos de comunhão pânica com a natureza, o homem é levado a descobrir a absoluta e pontual importância de todas as coisas. Nesse plano, poder-se-ia fazer uma análise de todo o pensamento ocidental, até chegar, por exemplo, ao conceito de *complicatio* em Nicolau de Cusa. Mas esse seria outro discurso.

De todas essas "descobertas" e analogias, resta-nos, contudo, um dado de sociologia cultural: o zen fascinou alguns grupos de pessoas e ofereceu-lhes uma fórmula para definir novamente os momentos místicos da cultura ocidental e de sua história psicológica individual.

Isso aconteceu também porque, sem dúvida alguma, entre todos os matizes do pensamento oriental, frequentemente tão estranho à nossa mentalidade, o zen é o que poderia tornar-se mais familiar ao Ocidente, pelo fato de sua recusa do saber objetivo não ser recusa da vida, mas alegre aceitação dela, um convite a vivê-la mais intensamente, uma nova avaliação da própria atividade prática enquanto condensação, num gesto procurado com amor, de toda a verdade do universo, vivida na facilidade e na simplicidade. Um apelo à vida vivida, às próprias coisas: *zu den Sachen selbst.*

A referência a uma expressão husserliana é instintiva diante de expressões como a usada por Watts no artigo citado: "O zen quer que vocês tenham a coisa em si, *the thing itself,* sem comentários." Cabe lembrar que no aperfeiçoamento de um "ato", por exemplo, disparar setas com o arco, o discípulo do zen obtém o *Ko-tsu,* ou seja, certa facilidade de contato com a coisa em si na espontaneidade do ato; o *Kotsu* é interpretado como uma espécie de *satori* e o *satori* é visto em termos de "visão" do número (e poderíamos dizer visão das essências); um motivar, diríamos, a tal ponto a coisa conhecida que nos tornamos uma única coisa junto com ela[15]. Quem tiver alguma familiaridade com a filosofia de Husserl poderá relevar certas analogias inegáveis; e apesar de tudo na fenomenologia há uma referência à contemplação das coisas aquém dos enrijecimentos dos hábitos perceptivos e intelectuais; um "pôr entre parênteses" a coisa tal como nos habituamos a vê-la e interpretá-la comumente, para captar com absoluta e vital originalidade a novidade e a essencialidade de seu "perfil". Segundo a fenomenologia husserliana, devemos voltar à evidência indiscutível da experiência atual, aceitar o fluxo da vida e vivê-lo antes de separá-lo e fixá-lo nas construções da inteligência, aceitando-o naquela que é, como já foi dito, "uma cumplicidade

---

15. Veja-se, acerca da natureza do *Ko-tsu,* o artigo de Shiniki Hisamatsu, Zen and the Various Acts, *Chicago Review,* summer 1958.

primordial com o objeto". A filosofia como modo de sentir e como "cura". No fundo, curar-se desaprendendo, limpando o pensamento das preconstruções, reencontrando a intensidade original do mundo da vida (*Lebenswelt*). São palavras de um mestre zen enquanto despeja o chá para o discípulo?

> Nossa relação com o mundo como se manifesta incansavelmente em nós, não é nada que uma análise possa tornar mais claro: a filosofia nada pode a não ser recolocá-lo sob nossos olhos, oferecê-lo à nossa constatação [...] O único Logos que preexiste é o próprio mundo."

São palavras de Maurice Merleau-Ponty em sua *Phénoménologie de la perception*.

Se para os textos husserlianos a referência ao zen pode ter o valor de referência devida a certa agilidade de associações, para outras manifestações da fenomenologia podemos basear-nos em citações explícitas. Basta mencionar Enzo Paci, que em algumas ocasiões fez referência a certas posições do taoísmo e do zenismo para esclarecer algumas de suas atitudes[16]. E quem for ler ou reler os últimos dois capítulos de *Do Existencialismo ao Relacionismo* encontrará uma atitude de contato imediato com as coisas, um sentir os objetos em sua epifanicidade imediata, que tem muito do "retorno às coisas" dos poetas orientais, que sentem a profunda verdade do gesto com que tiram água do poço. E aqui também é interessante observar como a sensibilidade ocidental pode sentir nessas epifanias-contato da mística zen algo de muito semelhante à visão das árvores aparecida ao narrador da *Recherche*, atrás de uma curva da estrada, à moça-ave de James Joyce, à falena enlouquecida dos *Vecchi versi* de Montale etc.

Gostaria, contudo, que o leitor percebesse exatamente que aqui se tenta sempre explicar a razão pela qual o zen

---

16. Veja-se *Esistenzialismo e storicismo*, Milano: Mondadori, 1950, p. 273-280; e, mais explicitamente, a conversação radiofônica "La crisi dell'indagine critica" transmitida na série *La crisi dei valori nel mondo contemporaneo*, em agosto de 1957.

fascinou o Ocidente. Quanto a falar de uma validade absoluta da mensagem zen para o homem ocidental, eu apresentaria minhas mais amplas reservas. Mesmo diante de um budismo que celebra a aceitação positiva da vida, o espírito ocidental se destacará sempre dele, por uma ineliminável necessidade de reconstruir essa vida aceita, segundo uma direção desejada pela inteligência. O momento contemplativo não poderá ser senão um estágio de retomada, um tocar a mãe terra para recuperar energias; o homem ocidental nunca aceitará o desmembramento na contemplação da multiplicidade, mas irá perder-se sempre na tentativa de dominá-la e recompô-la. Se o zen lhe reafirmou, com sua voz antiquíssima, que a ordem eterna do mundo consiste em sua fecunda desordem e que toda tentativa de entrosar a vida segundo leis unidirecionais é um modo de perder o verdadeiro sentido das coisas, o homem ocidental criticamente aceitará reconhecer a relatividade das leis, mas voltará a introduzi-las na dialética do conhecimento e da ação sob forma de hipóteses de trabalho.

O homem ocidental aprendeu da física moderna que o Acaso domina a vida do mundo subatômico e que as leis e as previsões pelas quais nós nos fazemos guiar para compreendermos os fenômenos da vida cotidiana são válidas unicamente por expressarem médias estatísticas aproximadas. A incerteza tornou-se um critério essencial para a compreensão do mundo: sabemos que não podemos mais dizer "no instante x o elétron A se encontrará no ponto B", mas "no instante x haverá uma certa probabilidade de que o elétron A se encontre no ponto B". Sabemos que qualquer descrição nossa dos fenômenos atômicos é complementar, que uma descrição pode opor-se a outra, sem que uma seja verdadeira e a outra falsa.

Pluralidade e equivalência das descrições do mundo. É verdade, as leis causais caíram por terra, a probabilidade domina nossa interpretação das coisas: mas a ciência ocidental não se deixou apanhar pelo terror da desagregação. Não podemos justificar o fato de que leis de probabilidade possam ter valor, mas podemos aceitar o fato de que elas funcionam, afirma Reichenbach. A incerteza e a indeterminação são uma propriedade objetiva do mundo físico. Mas a descoberta desse comportamento do microcosmo e a aceitação das leis da probabilidade como único meio apto de conhecê-lo, devem ser entendidas como um resultado de altíssima ordem[17].

Há nessa aceitação a mesma alegria com que o zen aceita o fato de que as coisas são elusivas e mutáveis: a essa aceitação o taoísmo chama Wu.

Numa cultura subterraneamente fecundada por essa *forma mentis*, o zen encontrou ouvidos prontos a acolher sua mensagem como um sucedâneo mitológico da consciência crítica. Encontrou-se nele o convite a gozar o mutável numa série de atos vitais, ao invés de admiti-los unicamente como um frio critério metodológico. E tudo isso é positivo. Mas o Ocidente, mesmo quando aceita com alegria o mutável e recusa as leis causais que o imobilizam, não renuncia a redefini-lo através das leis provisórias da probabilidade e da estatística, pois – ainda que nessa nova e plástica acepção – a ordem e a inteligência que "distingue" são sua vocação.

17. Hans Reichenbach, *Modern Philosophy of Science*, London: Routledge & Kegan Paul, 1959, p. 67-78.

DO MODO DE FORMAR COMO
COMPROMISSO COM A REALIDADE

1. Conhecida cronista, que sabe colher maliciosamente as oscilações dos títulos da bolsa do *in* e do *out*, advertia recentemente em sua coluna social – nem sempre tão descomprometida como pretenderia parecer – que dentro em breve, quando formos tomados pelo desejo de pronunciar a palavra "alienação", melhor será taparmos a boca, pois isso pareceria terrivelmente fora de moda, vocábulo ao alcance de qualquer consumidor do último sucesso literário, ideia *reçue*, já superada, peça de repertório de qualquer Bouvard e Pécuchet* de nossos dias. E, posto que para o homem culto o fato de uma palavra estar ou não na moda não deveria influenciar o uso que dela se faz enquanto categoria

---

* Bouvard e Pécuchet: nomes dos protagonistas do romance homônimo, inacabado, de Gustave Flaubert, em que o autor faz uma crítica mordaz do diletantismo cultural da burguesia, satirizando o enciclopedismo e o positivismo. (N. da T.)

científica, o que deve realmente constituir-se em elemento de indagação e preocupação é o problema do motivo por que, numa determinada sociedade e numa determinada contingência histórica, uma palavra ganha os favores da moda; isso sim é que se constitui em noção primária de pesquisa e preocupação. Perguntamo-nos, então, por que essa palavra é hoje de uso tão corrente – note-se que isso muitos séculos após sua primeira aparição – e se o abuso que dela se faz transformando a *paixão* de denúncia em *afetação* de denúncia, não constituiria talvez o exemplo mais clamoroso e inadvertido de alienação que a história registra, evidente e ao mesmo tempo escondido como a carta roubada colocada justamente onde ninguém iria procurar por ela.

Em primeiro lugar, é preciso reconduzir a categoria às suas fontes e ao seu uso correto: com frequência o termo "alienação" é empregado indiferentemente nos dois sentidos de *alienação-em-algo* e de *alienação-de-algo*: o primeiro é o da tradição filosófica (o *Entfremdung* dos alemães) e o segundo, o do estranhamento das coisas (chamado pelos alemães *Verfremdung*) que implica outra ordem de problemas. *Alienar-se em algo* significa renunciar a si mesmo para entregar-se a um poder estranho, tornar-se outro em fazendo algo, e, portanto, não mais agir sobre alguma coisa, mas *ser agido por* alguma coisa que não é mais parte de nós.

Mas, no abuso que se faz do termo, está presente, amiúde, outra convicção: a de que esse algo que *nos* age e do qual dependemos nos é completamente estranho, um poder inimigo que nada tem em comum conosco, uma espécie de poder maléfico que nos subjugou à nossa revelia e que qualquer dia talvez possamos vencer; mas que também podemos não levar em conta, recusando-o, pois nós somos nós e Ele é o Outro, feito de outra carne e de outro sangue.

Nada nos impede de construir mitologias pessoais nas quais a categoria de alienação tome esse significado; contudo, na forma em que ela se definiu, primeiramente em Hegel e depois em Marx, "alienação" tinha outro sentido:

em termos mais simples (recusando uma linguagem que em Hegel está demasiado comprometida com toda uma sistemática; e aceitando o pressuposto de que uma série de definições conceituais seja traduzível mesmo fora do sistema), o homem, ao agir, aliena-se pelo fato de objetivar-se numa obra que ele realiza com seu próprio trabalho; quer dizer, aliena-se no mundo das coisas e das relações sociais; e aliena-se pelo fato de que, construindo coisas e relações, o faz obedecendo a leis de subsistência e desenvolvimento que ele próprio deve respeitar, amoldando-se a elas. Por seu lado, Marx censura a Hegel o não ter feito distinção entre objetivação (*Entausserung*) e alienação (*Entfremdung*): no primeiro caso, justamente, o homem torna-se coisa, expressando-se na natureza através do trabalho e dando lugar a um mundo no qual deve comprometer-se; mas quando o mecanismo desse mundo sobrepuja o homem, que se torna incapaz de reconhecê-lo como obra sua, isto é, quando o homem não consegue mais dominar as coisas que produziu para que sirvam aos seus fins, acabando per servir ele próprio aos fins dessas coisas (que podem eventualmente identificar-se com os fins de outros homens), então acha-se alienado; é a sua própria obra que lhe dita as ações, as emoções, as ideias. Quanto mais forte for essa alienação tanto mais o homem – apesar de agido – continuará acreditando ser o dono das próprias ações, e aceitará o mundo em que vive como o melhor dos mundos possíveis.

Portanto, enquanto para Marx a objetivação era um processo substancialmente positivo e não eliminável, a alienação constituía não uma situação de direito, mas de fato; e o fato, que era histórico, configurava-se como algo superável através de uma solução histórica, ou seja, o comunismo.

Em outros termos: o defeito de Hegel, para Marx, era ter reduzido o problema todo da alienação a um desenvolvimento do Espírito: a consciência aliena-se no objeto e somente ao reconhecer-se nele encontra o caminho da efetividade; mas nesse reconhecimento do objeto, constitui-se como consciência dele, e nessa tomada de consciência elimina a própria condição de alienação no objeto, negando-o. Polemizando com Hegel, escreve Marx:

a objetividade como tal representa uma condição de alienação do homem que não corresponde ao ser humano, à autoconsciência. Portanto a reintegração da essência do homem, estranhada, objetivada, gerada na condição de alienação, significa não somente eliminar a alienação como também a objetividade; em outras palavras, o homem representa um ser espiritualista, não objetivado [...] A reintegração do ser alienado e objetivado, ou a eliminação da objetividade na condição de alienação [...] possui também, ou talvez sobretudo, para Hegel, o significado de eliminar a objetividade, pois o que esbarra na alienação não é o caráter determinado do objeto, mas o caráter objetivo que ele tem para a consciência[1].

Portanto, a consciência, no seu constituir-se em autoconsciência, não somente teria a lucidez de eliminar a condição de alienação ao objeto, mas, em furioso desejo de absoluto, até mataria o objeto e resolveria o problema refugiando-se em si própria. Entendendo Hegel nesses termos, obviamente Marx teria que reagir: o objeto criado pela atividade humana, a realidade natural, a realidade da técnica e das relações sociais, existe; o mérito de Hegel foi definir o alcance e a função do trabalho humano, e portanto o objeto criado pelo trabalho não é renegado por nós, na medida em que nos tornamos autoconscientes e cônscios da liberdade que devemos adquirir em relação a ele. Assim, o trabalho não deve ser encarado como uma atividade do espírito (de modo que a oposição entre a consciência e o objeto desse conhecimento poderia resolver-se em simples jogo ideal de negações e afirmações), e sim como um produto do homem que exterioriza suas forças e que a essa altura deve acertar concretamente contas com aquilo que ele próprio criou. Se então o homem deve "retomar em si sua própria essência alienada", não poderá suprimir (dentro

---

1. Crítica da Dialética e da Filosofia Hegelianas em Geral, *Manuscritos Econômicos e Filosóficos*, de 1844. Dos *Manuscritos* foram tiradas também as citações de Marx.

de uma dialética espiritual) o objeto, mas deverá agir, na prática, de forma a suprimir a alienação, isto é, a mudar as condições dentro das quais se verificou, entre ele e o objeto por ele próprio criado, uma dolorosa e escandalosa cisão.

Essa cisão é de natureza econômica e social: a existência da propriedade privada faz com que o trabalho do homem se concretize num objeto independente de seu produtor, de maneira que o produtor se vai enfraquecendo à medida que produz novos objetos. É desnecessário repetir aqui como se configura essa situação: o operário depende das coisas que cria, cai sob domínio do dinheiro em que elas se transformam, e o trabalhador, quanto mais produz, mais passa a ser uma mercadoria como as coisas que produziu: "aquilo que é produto de seu trabalho, não é mais ele; e então, quanto maior for esse produto, tanto menor será ele próprio".

Solução: um regime de produção coletiva no qual o homem, trabalhando conscientemente não mais para os outros, mas para si e para os seus semelhantes, sinta como obra própria aquilo que faz e se torne capaz de integrar--se nela.

Mas por que Hegel confundira tão facilmente objetivação e alienação, como lhe censura Marx?

Hoje, esclarecidos pelo desenvolvimento histórico havido, invadidos pela realidade industrial, que aos tempos de Marx se encontrava em nível bem diferente, tendo aprofundado as reflexões sobre a própria noção de alienação, eis-nos propensos a uma revisão de todo problema.

Poder-se-ia talvez afirmar agora que Hegel não havia feito distinção entre as duas formas de alienação, pois, de fato, tão logo o homem se objetiva no mundo das obras que criou, da natureza que modificou, imediatamente se cria uma espécie de tensão não eliminável, cujos polos são, de um lado, o domínio *do* objeto e *sobre* o objeto, e do outro a perda total no objeto, a rendição a ele, dentro de um equilíbrio que pode ser somente dialético, isto é, feito de uma luta contínua, de negação daquilo que se afirma e de afirmação daquilo que se nega. Delineiam-se assim as análises da relação de alienação, considerada como constitutiva de qualquer relação nossa com os outros e com as coisas, no amor, na convivência social, na estrutura industrial[2]. E o problema da alienação tornar-se-ia, se quiséssemos aceitar uma linguagem de molde hegeliano (pelo menos a título de metáfora), "o problema da autoconsciência humana que, incapaz de pensar-se como 'cogito' separado, somente se encontra no mundo que constrói, nos outros em que reconhece, e que às vezes desconhece. Mas esse modo de reencontrar-se nos outros, essa objetivação, constitui sempre, em maior ou menor medida, uma alienação, *uma perda de si e ao mesmo tempo um reencontrar-se*"[3].

Ora, não há quem não perceba como nesse caso a lição hegeliana é interpretada em sentido bem mais concreto do que aquele em que se apresentava para Marx; interpretada agora por uma cultura que se tornou capaz de reler Hegel através de Marx.

A essa altura, porém, seria um engano, relido Hegel através de Marx, apearmos Marx num regresso a Hegel. Seria engano dizer: já que a alienação se apresenta como uma situação permanente, constitutiva de minhas relações com os objetos e com a natureza, é inútil planejar sua eliminação como é indiferente aceitar-lhe ou não o condicionamento. Isso porque a alienação aparece como uma "situação existencial" (locução que sabemos ser ambígua, por carregar consigo heranças segundo as quais, se uma situação pertence à estrutura da existência, certo existencialismo negativo nos ensina que é inútil procurar superá-la, pois cada tentativa nossa de eliminá-la nos reenviaria a ela).

2. Desse tipo é o estudo de André Gorz, Per una teoria della alienazione, *La morale della storia*, Milano: Il Saggiatore, 1960.

3. J. Hyppolyte, *Études sur Marx et Hegel*, Paris: Rivière, 1955. Como no estudo de Gorz, esse é um típico exemplo de ampliação da área do conceito de "alienação" (realizada graças a uma releitura hegeliana), pelo qual a possibilidade de alienação permanece como risco permanente em qualquer tipo de sociedade, mesmo depois de terem sido modificadas algumas condições objetivas que Marx havia identificado como causas de alienação.

Pelo contrário, a argumentação deve ser feita em outro sentido. O tipo de alienação de que fala Marx é, de um lado, aquele de que se ocupa a economia política, quer dizer, aquele que é consequência da utilização que uma sociedade de propriedade privada faz do objeto produzido pelo operário (através do qual o operário produz bens para outrem, e produzindo beleza enfeia-se, e produzindo máquinas, maquiniza-se); e, do outro lado, é a alienação existente na própria relação produtiva, que precede a utilização do produto, que o operário sofre ao não reconhecer nesse trabalho um fim, mas um simples meio a que é obrigado para sobreviver, agindo nele mortificado e sacrificado sem nele reconhecer-se (pois não somente o produto, mas o próprio trabalho produtivo não lhe pertence: é de outros).

Sendo esses dois tipos de alienação consequência da existência de uma determinada sociedade, é lícito supor, na linha da pesquisa marxista, que uma modificação das relações sociais possa eliminar tais espécies de alienação (e que sua eliminação constitua a finalidade de uma concepção política revolucionária rigorosa).

Ora, se uma modificação das relações sociais conduz a uma libertação do homem dessa espécie de sujeição (devolvendo-lhe não somente o objeto que produz, mas o próprio trabalho produtivo, realizado para si e para a coletividade, portanto, sentido como coisa e fim próprios), subsiste – e justamente nesse aspecto é que a referência a Hegel acresce algo ao nosso conhecimento, sem por isso eliminar conhecimentos subsequentes – a contínua tensão peculiar a uma alienação no objeto, pelo fato de que eu o produzi e ele ameaça constantemente *agir-me*. Essa espécie de alienação é que poderia ser indicada – se o termo não fosse ambíguo – como uma estrutura da existência, ou, querendo, como o problema que se coloca ao sujeito tão logo cria um objeto e se volta para ele com a intenção de usá-lo ou simplesmente de considerá-lo. É justamente dessa espécie de alienação – consequência de todo ato de objetivação – que desejamos tratar aqui, convencidos que estamos de que esse problema se diferencia em termos próprios e constitui o problema da relação de todo ser humano com o mundo das coisas que o cerca; apesar de estarmos autorizados a crer que, numa sociedade onde a alienação tradicional tenha sido eliminada, esse problema poderá ser enfrentado com maior liberdade e consciência, mais isento de equívocos, podendo constituir a finalidade única de um empenho ético, nem por isso menos dramático e comprometedor[4].

Entretanto, assim entendida, a alienação torna-se algo que pode ser resolvido, através de uma tomada de consciência e de uma ação, *mas nunca para sempre*. Se uma relação alienante é também a de duas pessoas que se amam, reduzindo-se cada uma delas à representação que o Outro lhe der, será impossível prever uma civilização em que a coletivização dos meios de produção elimine completamente da dialética da vida e das relações humanas o perigo da alienação.

Claro que nesse ponto a categoria da alienação não se limita mais a definir uma forma de relação entre indivíduos, baseada em determinada estrutura da sociedade, mas sim toda uma série de relações estabelecidas entre homem e homem, homem e objetos, homem e instituições, homem e convenções sociais, homem e universo mítico, homem e linguagem. Em conclusão, ela servirá para explicar não somente

4. Marx parece-nos vislumbrar a possibilidade deste permanecer de uma dialética, uma vez eliminada a alienação "econômica": para se chegar ao socialismo como autoconsciência positiva do homem e uma vida real como realidade positiva, o comunismo necessitou interpor nessa fase a abolição da religião e da propriedade privada; mas justamente por constituir uma negação da negação traduziu-se em afirmação, passando portanto a ser "o momento *real* e necessário para o desenvolvimento histórico subsequente, da emancipação e da reconquista do homem. O *comunismo é* a estrutura necessária e o princípio propulsor do futuro próximo; mas, como tal, o comunismo não *é* o alvo do desenvolvimento histórico, a estrutura da sociedade humana", (Propriedade Privada e Comunismo, *Manuscritos Econômicos e Filosóficos*). Parece-nos que estas páginas podem ser lidas justamente na chave sugerida acima: uma ação revolucionária que, modificando as estruturas sociais, elimine a alienação econômica, *é* possível e a esta altura ter-se-ão colocado as bases para um trabalho de libertação que deverá desenvolver-se também contra as demais formas contínuas de alienação ao objeto.

uma forma de relação objetiva com uma situação exterior, que pode em seguida influir a tal ponto em nosso comportamento que se tornará um fenômeno psicológico, mas deverá também ser encarada como uma forma de comportamento psicológico, frequentemente fisiológico, que influencia nossa personalidade a ponto de transformar-se mais tarde em relação objetiva externa, em relação social. A alienação deverá, portanto, ser encarada como um fenômeno que, em determinadas circunstâncias, vai da estrutura do grupo humano a que pertencemos até o mais íntimo e menos verificável de nossos comportamentos psíquicos, e em outras circunstâncias vai do mais íntimo e menos verificável de nossos comportamentos psíquicos até a estrutura do grupo humano a que pertencemos. Então por esse motivo, nós, pelo próprio fato de viver, trabalhando, produzindo coisas e entrando em relação com outros, estamos na alienação.

Irremediavelmente? Não, simplesmente sem a possibilidade de suprimirmos esse polo negativo: lançados ao centro de uma tensão a resolver. Por isso, toda vez que procuramos descrever uma situação alienante, no momento mesmo em que acreditamos tê-la identificado, descobrimos que ignoramos a forma de sair dela, e cada solução nada mais consegue senão voltar a propor o problema, embora em nível diferente. Essa situação – que num momento de pessimismo poderíamos definir como um paradoxo irremediável, inclinando-nos assim a reconhecer um certo "absurdo" fundamental da vida – é na realidade simplesmente *dialética*: isto é, não pode ser resolvida pela simples supressão de um de seus extremos. E o *absurdo* nada mais é que a situação dialética vista por um masoquista[5].

5. Em suma, reapresentar o problema com boa vontade, para tentar esclarecê-lo: esses os termos a que tentou reduzi-lo Gianni Scalia no n. 4 de *Menabò*, em "Dalla natura alta industria", ao perguntar: "será que nos damos conta de que uma interpretação restritiva e anacrônica do marxismo, com pressupostos de economicismo, de desvalorização determinista ou de supervalorização 'humanista' das superestruturas, de persistente prática de uma historiografia dos 'fatores' (de ascendência ao mesmo tempo positivista e idealista), de delimitação inaceitável de uma teoria da alienação em termos ▶

Nós produzimos a máquina; a máquina nos oprime com uma realidade inumana e pode tornar desagradável a relação que temos com ela e a relação com o mundo através dela. O *industrial design* parece resolver o problema: une a beleza à utilidade e nos devolve uma máquina humanizada, na medida do homem. Um liquidificador, uma faca, uma máquina de escrever que exprimem suas possibilidades de uso através de uma série de relações agradáveis, que convidam a mão a tocá-los, acariciá-los, usá-los: eis uma solução. O homem integra-se harmoniosamente em sua função e no instrumento que a possibilita. Mas, diante dessa solução otimista, levanta-se a consciência prevenida do moralista e do crítico de costumes: a realidade industrial disfarça a opressão que exerce sobre nós e nos convida a esquecer, camuflando nossas rendições à máquina que age sobre nós, fazendo-nos parecer agradável uma relação que na verdade nos diminui e nos escraviza. Procuremos, portanto, uma solução. Para lembrar aos meus semelhantes que manipulando a máquina de escrever realizam um trabalho que não lhes pertencerá, e que, portanto os tornará escravos, terei então que construir máquinas incômodas e desajeitadas, repulsivas, capazes de causar em quem as usa

▷ de alienação econômica etc., tem feito perder de vista o estender-se, o complicar-se, o 'totalizar-se' da noção de indústria como conjunto constitucionalmente estrutural e ideológico, econômico e existencial?" (p. 96) Parece-me entrever, no desenvolvimento do raciocínio de Scalia, uma convicção deste gênero: que para além das contradições entre uma sociedade capitalista e uma sociedade coletivista, apresenta-se hoje, em qualquer caso, a realidade de uma *sociedade industrial*, que coloca problemas novos (no plano da alienação); seja qual for a estrutura econômica dessa sociedade, ela – tecnicamente – é industrial. Não devemos esconder de nós mesmos o equívoco a que poderia levar uma distinção dessa natureza. Sociólogos como Raymond Aron a propõem justamente para esvaziar de significado, na medida do possível, a oposição entre capitalismo e coletivismo; mas é igualmente certo que a noção de sociedade industrial é plenamente válida e deve ser levada em consideração mesmo que se queira conservar como atual e vigorante a distinção clássica entre os dois tipos de economia. Por isso mesmo, os exemplos de alienação que examinaremos nas páginas que seguem são propositadamente relacionados com fenômenos que ocorrem numa sociedade industrial, e que terão lugar em qualquer tipo de sociedade industrial.

um sofrimento salutar? A ideia é quase doentia, é o sonho de um louco, não há dúvida.

Imaginemos que esses objetos sejam usados por pessoas que já não trabalham para uma potência estranha, mas para si mesmos e para o proveito comum. É razoável nesse caso que os objetos expressem uma integração harmoniosa entre forma e função? Também não. Nessa altura, essas pessoas seriam fatalmente levadas a trabalhar hipnoticamente, não tanto visando ao lucro coletivo quanto fascinadas pela sedução do objeto, por aquele encanto que as convida a esquecer-se, ao exercerem a função, no próprio instrumento em que a função se integra tão facilmente. O automóvel último tipo constitui hoje uma imagem mítica capaz de desviar todas as nossas energias morais e fazer com que nos percamos na satisfação de uma posse que é um *Ersatz*; programemos, porém, uma sociedade coletivista e planejada, na qual se trabalhe para dotar cada um dos cidadãos de um carro último tipo, e a solução final será a mesma, o consentimento a uma contemplação-uso de uma forma que, integrando nossa experiência de utilização, desvia e apazigua todas as nossas energias, desaconselhando-nos ambicionar metas mais avançadas.

Note-se bem: isso tudo é alienação, mas alienação ineliminável. Sem dúvida, o sonho de uma sociedade mais humana é o sonho de uma sociedade na qual todos trabalhem de comum acordo para que haja mais medicamentos, mais livros e mais carros último tipo; mas que isso seja sentido como sempre e irremediavelmente alienante em qualquer sociedade, comprovam-no as experiências paralelas dos *beatniks* da *west coast* e dos poetas que protestam em termos individualistas e crepusculares na praça Maiakovski.

Ora, muito embora o intelectual se sinta instintivamente sempre do lado de quem protesta sem restrições e sem compromissos, a suspeita mais razoável é que os *beatniks* estejam errados, e talvez também os Evtuschenko – errados do ponto de vista jurídico, mesmo se exercendo, historicamente, uma típica função dialética.

Com efeito, o protesto de muitos dentre eles reduz a salvação a uma espécie de contemplação do próprio vácuo, à qual, também entre nós, alguns já nos convidaram, porque o próprio ato de buscar uma solução constituiria uma manifestação de cumplicidade com a situação da qual jamais poderemos sair agindo. O que, pelo contrário, pode salvar-nos é uma inserção prática e ativa na situação: o homem trabalha, produz um mundo de coisas, aliena-se fatalmente nelas; liberta-se da alienação aceitando as coisas, empenhando-se nelas, negando-as no sentido da transformação e não da anulação, consciente de que a cada transformação voltará a defrontar-se, em outros termos, com a mesma situação dialética a ser resolvida, com o mesmo risco de rendição a uma nova e concreta realidade transformada. É possível conceber uma perspectiva mais humana e positiva do que essa?

Parafraseando Hegel, o homem não pode permanecer fechado em si mesmo, no templo de sua própria interioridade: ele deve exteriorizar-se na obra e, ao fazê-lo, aliena-se a ela. Mas, se o não fizesse, e ficasse a cultivar a própria pureza e absoluta independência espiritual, não conseguiria salvar-se, anular-se-ia. Portanto, não se vence a situação alienante ao se recusar o compromisso na situação objetiva configurada pela nossa obra, pois essa situação é a única condição de nossa humanidade. Há uma imagem da consciência que se recusa a admitir isso: é a da Bela Alma (*Schöne Seele*). Mas o que acontece à Bela Alma?

Levada a essa pureza, a consciência é sua imagem mais pobre [...] Falta-lhe a força da alienação, a força de fazer-se coisa e de suportar a existência. A consciência vive na angústia de manchar, com o agir e com o existir, a glória de seu interior; e para manter a pureza de seu coração foge do contato com a efetividade e obstina-se na pertinaz impotência de renunciar ao próprio Eu, apurado até a última abstração, e de adquirir substância, ou seja, mudar seu pensamento em ser e confiar-se à diferença absoluta. O objeto vazio que ela produz para si preenche-a com a consciência de sua vacuidade [...] na lúcida pureza de seus momentos, uma infeliz *bela alma*, como costuma ser chamada, queima, consumindo-se em si própria, e se desvanece, inútil, no ar [...] A bela alma desprovida de efetividade, na contradição da pureza de seu Eu com a necessidade que esse tem de alienar-se em Ser e de transformar-se em efetividade, na *instantaneidade* dessa oposição fixa [...] a bela alma, então, como consciência dessa contradição em sua instantaneidade não controlada, é transformada até a loucura e se consome em tísicas nostalgias[6].

2. Observamos que a alternativa dialética para a Bela Alma é justamente a perda total no objeto, e a alegria de perder-se nele. Existe alguma possibilidade de salvação entre essas duas formas de autodestruição? Se procurarmos, hoje, distinguir uma posição cultural que torne a propor o impasse da bela alma deveríamos apontar a crítica da sociedade das massas que nos propõe Elémire Zolla: a crítica, bem entendido, como ele a faz, levada sem indulgência às últimas consequências, até negar, com a situação, a própria busca de remédios – busca que por si só já pareceria um compromisso mistificador. Esse tipo de crítica apresenta-se verdadeiramente como recusa total da situação objetiva (do conjunto civilização moderna – realidade industrial – cultura de massa – cultura de elite que exprime a situação do homem na sociedade industrial) e um convite a subtrairmo-nos totalmente a ela, pois não permite qualquer forma de ação consciente mas apenas o retraimento, na contemplação da tábula rasa feita pelo crítico, dilatando universalmente sua rejeição.

Há uma página em que Zolla diz que "o pensamento não deve fornecer receitas, deve entender como estão as coisas" e "entender não é aceitar" (nem, e aqui ele está com a razão, apontar logo e concretamente o meio para sair da situação analisada), mas quanto à natureza desse "entender", Zolla está em equívoco constante. Seu "entender" parece-se justamente com o saber nulificante da Bela Alma, que para saber-se a si

---

6. G.W. Hegel, *Fenonenologia dello spirito*, VI, C (*Lo spirito coscenzoso o coscenzosità; l'anima bella, il male e il suo perdono*), trad. italiana De Negri, 2. ed., Firenze: La Nuova Italia, 1960, p. 182-193.

e não confundir-se com o objeto, destrói este último. Zolla julga ser necessário "entender" o objeto para não comprometer-se com Ele, enquanto a verdade é que, para entender o objeto, é preciso antes comprometer-se. Então o objeto será entendido não mais como algo a ser absolutamente negado, mas como algo que ainda traz vestígios do fim humano para o qual *nós* o produzimos – e uma vez entendido nesses termos, juntamente com os termos negativos também presentes na situação, então poderemos sentir-nos livres em relação a ele. Pelo menos a reflexão nos terá proporcionado as premissas de uma operação livre e libertadora. Mas é absolutamente necessário que, de início, o objeto não seja sentido como inimigo e estranho, porque o objeto somos nós, refletidos numa obra nossa, que leva a nossa marca, e conhecê-lo perfeitamente significa conhecer o homem que somos: qual a razão por que, dessa operação de compreensão, devem estar ausentes, custe o que custar, a *charitas* e a *esperança*?

Vamos dar um exemplo: numa das primeiras páginas do romance *Cecília*, Zolla descreve a relação física, quase erótica, que a protagonista mantém com o próprio automóvel, sofrendo cada vibração dele em seus próprios músculos, conhecendo-o como se conhece a um amante, participando com seu próprio corpo de sua elasticidade e do seu dinamismo. A intenção do autor – e a impressão que o leitor tira dessa página – é fornecer a imagem de uma situação de total alienação (aliás Cecília dirige descalça, de maneira que seu caso individual liga-se, no nível sociológico, aos casos-limite dos pontífices da juventude perdida, tornando-se perfeitamente típico): arrastados pelo arrazoado persuasivo de Zolla, somos levados justamente a condenar em Cecília a criatura humana possuída pelo objeto – e como consequência o objeto nos parece maléfico (algumas páginas mais adiante, os automóveis são definidos "baratas inchadas", "insetos desprovidos até mesmo do fúnebre encanto da couraça hirta e rígida, apenas tristíssimos e ridículos"). Ora, Cecília é, realmente, a amostra de uma humanidade alienada, mas em que medida é alienante a relação que Cecília mantém com o carro?

Na realidade, uma relação desse gênero é estabelecida inevitavelmente, ainda que em graus diferentes, por qualquer um de nós ao guiar um carro. Para dirigir bem é importante justamente que o pé não seja apenas o instrumento agente com que comandamos o mecanismo, mas também o instrumento sensível que nos possibilita um prolongamento no mecanismo, sentindo-o como parte de nosso corpo, somente assim percebemos quando chegou a hora de trocar a marcha, de diminuir a velocidade, de dar alento ao motor, sem necessidade da abstrata mediação do velocímetro. Somente assim, prolongando nosso corpo na máquina, dilatando, de certa forma, o raio de nossa sensibilidade, podemos usar a máquina humanamente, humanizar a máquina consentindo na nossa maquinização.

Zolla observaria que essa é justamente a conclusão a que pretendia chegar: ser uma forma de alienação já tão difundida que ninguém consegue escapar-lhe, nem mesmo um intelectual impregnado de cultura e de autoconhecimento, e que, portanto, a situação não é um epifenômeno que ocorre em algumas naturezas transviadas, mas o depauperamento geral e irrecuperável de nossa humanidade numa civilização moderna. Assim pensando, ele esquece que uma relação desse gênero (prolongamento de nós no objeto, humanização do objeto graças à nossa objetivação) se tem verificado desde o alvorecer da história, quando um de nossos antepassados inventou a pedra amigdaloide e a lapidou de forma que com suas facetas ela aderisse à palma da mão, e lhe comunicasse – durante o uso – suas vibrações, prolongando a sensibilidade da mão: tornando-se mão na medida em que a mão se tornava amígdala.

Ampliar a área da sua própria corporeidade (mas assim fazendo, modificar-lhe as dimensões originais e naturais) tem sido, desde o alvorecer dos tempos, a condição do *homo faber* e, portanto, do Homem. Considerar tal situação como uma degradação da natureza humana subentende uma metafísica muito conhecida, ou seja, que existe de um lado a natureza e, de outro, o homem; e significa não aceitar a ideia de que a natureza vive enquanto trabalhada pelo homem, definida pelo homem, prolongada e modificada pelo homem – e que o homem existe enquanto maneira especial de a natureza emergir, forma de emergência ativa e modificadora que, tão somente ao agir sobre o ambiente e ao defini-lo, dele se diferencia e adquire o direito de dizer "eu".

Entre Cecília e o inventor da amígdala há somente uma diferença de complexidade do ato, pois a estrutura do comportamento de ambos é análoga. Cecília corresponde ao homem da Idade da Pedra que, empunhada a amígdala, seja tomado pelo frenesi do uso, e bata o instrumento sobre as nozes que colheu, sobre a terra onde está ajoelhado, com um prazer selvagem, entregando-se inteiramente à ação de bater e esquecendo o motivo pelo qual tomou o objeto na mão (assim como em algumas manifestações orgíacas não é mais o músico que toca o tambor, mas sim o tambor que toca o músico).

Existe, portanto, um limite *ante quem*, até o qual deixar-se possuir pelo automóvel é índice de sanidade, e o único meio de realmente possuir o carro: não perceber que esse limite existe e é possível significa não compreender o objeto, e portanto destruí-lo. É o que faz a Bela Alma, mas nessa negação dissolve-se. Além, está o limite *post quem*, onde tem início a zona do mórbido. Há uma maneira de compreender o objeto, a experiência que temos nele, o uso que fazemos dele, que em seu puro otimismo se arrisca a nos fazer esquecer a presença do limite, o constante perigo da alienação. Caso devêssemos indicar (tomando como exemplo uma de suas manifestações mais respeitáveis) o polo oposto ao da rejeição pela bela alma, teríamos que citar o nome de Dewey.

A filosofia de Dewey é uma filosofia de integração entre o homem e a natureza, que coloca como alvo máximo da vida a realização de uma experiência, uma situação em que o indivíduo, a ação que exerce, o ambiente em que a exerce e o instrumento eventual através do qual a efetua, integram-se a tal ponto que transmitem, se a integração for sentida em toda a sua plenitude, uma sensação de harmonia e de complemento. Semelhante forma de integração possui todas as características de situação positiva (e, de fato, pode ser tomada como o típico modelo de fruição estética), mas pode também definir uma condição de alienação total, aceita, e aceita até com prazer, justamente por suas características negativas.

Toda experiência é o resultado da interação entre um ser vivo e alguns aspectos do mundo em que vive. Um homem faz alguma coisa: digamos que levanta uma pedra. Em consequência, ele se sujeita a algo, sente alguma coisa: o peso da pedra, o esforço despendido, a estrutura da superfície erguida. As propriedades assim experimentadas determinam uma ação ulterior. A pedra é pesada demais ou angulosa demais, não é bastante sólida; ou então as propriedades experimentadas demonstram que ela serve para o uso ao qual queríamos destiná-la. O processo continua até manifestar-se uma adaptação mútua do indivíduo e do objeto, e aquela experiência particular chega a uma conclusão [...] A interação entre ambos constitui toda a nova experiência e a conclusão que a completa é o estabelecer-se de uma profunda harmonia[7].

É facílimo perceber que (pelo menos nos termos em que está aqui formulada) a noção deweyana de experiência, válida para definir nossas relações com as coisas, é, contudo, dominada por um otimismo que não nos faz sequer suspeitar que o objeto deva ser negado e recusado; torna-se uma noção capaz de definir em termos de positividade absoluta a típica relação de alienação, a de Cecília com o automóvel. Em outros termos, não havendo em Dewey a trágica suspeita de que a relação com o objeto possa ser falha justamente por *dar certo demais*, a experiência, a seu ver, fracassa (permanece *não experiência)* somente quando entre mim e o objeto (ambiente, situação etc.) permanece uma polaridade não resolvida em integração; havendo integração, há experiência, e a experiência só pode ser positiva. Assim, a relação entre Cecília e o carro seria "boa" pelo simples fato de que, enquanto relação, chega a uma integração absoluta

7. J. Dewey, *L'arte come esperienza*, trad. italiana Maltese, Firenze: La Nuova Italia, 1951, p. 55.

e é gozada pela harmonia que manifesta e na qual se compõem todas as polaridades iniciais.

Identificamos, pois, duas posições, ambas extremas, diante da possibilidade, sempre presente e ineliminável, de alienação existente em todas as nossas relações com as coisas e com os outros: a posição pessimista que destrói o objeto (rejeitando-o como mau) por medo de comprometer-se, e a posição otimista, que considera a integração no objeto como o único resultado positivo da relação.

A disponibilidade para com o mundo, própria da segunda posição, é fundamental para que possamos empenhar-nos no mundo e agir nele; o arrepio de desconfiança a cada êxito alcançado em nossas relações com ele, a consciência de que nossa adaptação pode traduzir-se em trágica derrota, são igualmente essenciais à saúde da relação.

Zolla tem razão quando diz que não cabe ao pensamento propor as soluções, competindo-lhe apenas procurar entender a situação. Contanto, porém, respondemos nós, que a compreensão tenha a riqueza de uma definição dialética: porque é justamente ao iluminar os polos opostos do problema que ela se torna capaz de fornecer um subsídio de clareza para as decisões subsequentes.

No caso de minha relação com o automóvel, poderá ser suficiente que o volume dos meus projetos operativos seja tal e tão complexo que se sobreponha à fascinação que pode exercer em minha sensibilidade a harmonia biológica da relação de integração no carro. Na medida em que "sei" o que vou fazer com o carro, a razão pela qual procuro dirigi-lo bem e depressa, na medida em que me "interessa" o que vou fazer, estarei sempre livre para subtrair-me ao encantamento do carro, e o espaço de tempo em que ele "me guia" será inserido em razoável proporção dentro do equilíbrio do meu dia. Pois durante o período em que o automóvel, ao qual me abandono integrado, me conduz, a rotina mecânica dos sinais luminosos e dos cruzamentos não me absorverá completamente, mas constituirá uma espécie de acompanhamento rítmico – como a respiração e os movimentos reflexos da perna que caminha sozinha – ao desenvolvimento de minhas reflexões e de meus propósitos (sem considerar aqui que, também nesse caso, se introduziria uma situação dialética, porque em certa medida minha adesão mecânica ao automóvel sugerirá o desenvolvimento de meus pensamentos; mas também o curso de meus pensamentos influenciará minha atitude para com o carro, traduzindo-se o impulso de uma intuição em impulso muscular, em variação de pressão do pé sobre o acelerador, e portanto em variação do ritmo habitual e hipnótico que poderia tornar-se simples instrumento do carro. Mas, acerca da mútua influência do psíquico sobre o fisiológico, Joyce já disse muita coisa, descrevendo-nos a movimentação das alternativas fisiopsicológicas de Bloom, sentado na privada de sua casa, enquanto evacua e lê o jornal).

E mais: no plano da ação prática, uma vez consciente da polaridade, poderei elaborar vários outros subterfúgios "ascéticos" para garantir minha liberdade, mesmo que me comprometa com o objeto; um deles, e aparentemente o mais banal, poderia ser, em certa medida, maltratar o carro, mantê-lo sujo e descuidado, não respeitar por inteiro a exigência de seu motor, isso apenas para evitar que minha relação com ele venha a se integrar completamente. Isso seria evitar a *Entfremdung* graças à *Verfremdung*, esquivar-se à alienação através de uma técnica de estranhamento, como Brecht, que, para subtrair o espectador à eventual hipnose dos acontecimentos representados, exige que as luzes do teatro permaneçam acesas e que o público possa fumar.

Esclarecidos tais pressupostos, muitas operações mudam de sinal. Assim, os versos de Cendrars que pareciam a Zolla um trágico exemplo de inclinação macabra:

> Toutes les femmes que j'ai rencontrées se dressent aux horizons
> Avec les gestes piteux et les regards tristes des sémaphores sous la pluie

poderão aparecer como aquilo que talvez sejam: a tentativa poética de retomar, em termos humanos, um elemento da paisagem urbana que se estava tornando estranho para nós; o não reduzir o sinal luminoso a um simples mecanismo cotidiano que dirige nossos passos, sabendo, pelo contrário, olhá-lo até que assuma uma impregnação simbólica, e ainda, um aprender a falar do nosso mundo emocional não o exprimindo através de imagens já gastas pelo uso que tem feito delas a "maneira" poética, mas revestindo a emoção com uma nova imagem, procurando educar a imaginação para novos reflexos.

Em suma: uma tentativa de reconhecer o objeto, de compreendê-lo, de ver qual o espaço que poderá adquirir em nossa vida de homens, e uma vez compreendido, uma capacidade de submetê-lo a um uso nosso, o metafórico, em lugar de só nos submetermos a ele. O macabro que impressionava Zolla não está na lembrança do sinal luminoso, e sim no desesperado sentimento que Cendrars tem de seus amores esvaídos, que parecem nada ter-lhe deixado a não ser desolação e saudade. Mas esses são problemas dele. A poesia cumpriu sua operação de reconquista e ofereceu-nos a possibilidade de uma paisagem nova.

Poderíamos agora nos perguntar: por que a situação do automobilista é sentida como alienante e a do primitivo que maneja a amígdala, não? Por que parece inumano o uso poético do semáforo enquanto que nunca pareceu tal o uso poético do escudo de Aquiles (do qual até se chegou a descrever, horror!, o processo "industrial" de produção, com detalhes siderúrgicos que deviam ter escandalizado o intelectual dos tempos homéricos)? Por que, afinal, é considerada como alienante a relação de simbiose com o automóvel, e não é suspeita de alienação a simbiose do cavaleiro com seu cavalo, simbiose que tem as mesmas características de integração complexa, de prolongamento da corporalidade do homem na do animal?

Evidentemente, porque, numa civilização tecnológica, a supremacia e a complexidade do objeto – as suas capacidades de iniciativa autônoma, até mesmo perante o homem operador – ampliaram-se de tal forma que tornam evidente uma condição endêmica, que tornam perigoso o que antes era só perturbador; e mesmo porque os objetos, sempre tomando formas menos antropomórficas, nos ajudam a percebê-los como estranhos. Mas, evidentemente, há mais: para o primitivo que maneja a amígdala, o objeto se coloca numa relação imediata, na qual o risco de integração está entre o manejador e o manejado. Com um automóvel estabelece-se uma relação mais complexa: o automóvel não me aliena somente em si mesmo, mas em todo um conjunto de normas de circulação, numa inevitável competição de prestígio (a vontade de possuir o novo modelo, o acessório, o maior rendimento etc.), aliena-me num mercado, aliena-me num mundo de concorrência onde devo perder-me para tornar-me capaz de adquirir o automóvel. É evidente, portanto, que, se a alienação é uma possibilidade recorrente da existência humana em todos os seus níveis, ela adquiriu uma importância e uma configuração toda especial na moderna sociedade industrial, conforme havia entrevisto Marx, ao nível das relações econômicas.

De tudo quanto foi dito evidencia-se como igualmente verdadeiro o fato de que essa condição da sociedade moderna constitui de fato a nova condição na qual somos chamados a viver, seja qual for o tipo de sociedade que conseguirmos forjar com nossa ação modificadora. A alienação constitui, para o homem moderno, uma condição semelhante à falta de gravidade para o piloto espacial: uma condição na qual deve aprender a mover-se e a identificar as novas possibilidades de autonomia, as direções de liberdade possível. Por outro lado, viver na alienação não quer dizer viver aceitando a alienação, mas viver aceitando uma série de relações que, contudo, são constantemente focalizadas por uma *intentio secunda* que nos permite vê-las em transparência, denunciando suas possibilidades de paralisação; relações sobre as quais *agir*, desmascarando-as continuamente, sem que desmascará-las signifique anulá-las.

A constatação a que não podemos fugir é a de que não podemos viver – nem seria oportuno fazê-lo – sem o pedal

287

do acelerador, e talvez não fossemos capazes de amar sem pensar nos sinais luminosos. Há quem ache que ainda se pode falar de amor fugindo à alusão aos semáforos: é o autor das cançonetas melódicas de Claudio Villa. Esse senhor parece esquivar-se à realidade inumana da máquina: seu universo é definido pelos conceitos mais que humanos de "coração", "amor" e "mãe". Mas hoje o moralista prevenido sabe o que se esconde por trás desse *flatus vocis*: um mundo de valores empedernidos, usados com a função de mistificar. O letrista, aceitando determinadas expressões linguísticas, aliena-se e aliena seu público em algo que se reflete nas formas gastas da linguagem[8].

3. Com essa última observação, nosso discurso se afastou do plano das relações diretas, efetivas, com uma situação, transportando-se ao plano das formas através das quais organizamos nosso discurso sobre a situação. Em que termos se propõe uma problemática da alienação, no plano das formas da arte ou da pseudoarte?

Nesse plano, o discurso – já que decidimos adotar a noção de alienação em seu significado mais amplo – pode ser conduzido ao longo de duas linhas diversas, mas convergentes.

---

8. Gostaria de antecipar a objeção dos filólogos; é verdade, Claudio Villa escreveu uma canção intitulada "Trilhos" (em italiano: "Binario"). Mas a banalidade do produto (que contudo tenta novos empregos metafóricos fora do repertório costumeiro) indica justamente quão fácil é petrificar até mesmo as novas imagens e a consciência da nova realidade traduzida em imagens, tão logo sejam introduzidas num circuito de consumo. A metáfora do trem já está gasta há mais de um século. E afinal é sempre questão de gênio, é natural: a Transiberiana de Cendrars é algo mais do que o trilho da cançoneta, e Montale, ao escrever "Adeus, silvos no escuro, gestos, tosse" (em italiano: "Addio, fischi iet bulo, cenni, tosse"), nos devolve o trem como situação poética incontaminada. Quanto à cançoneta o uso de palavras "gastas", além de fatal, é intencional: e não posso deixar de aconselhar ao leitor a análise aguda que da canção como expressão de "má consciência" nos deram (num trabalho coletivo, que enfrenta o problema do ponto de vista musicológico, político, psicanalítico e histórico). Michele L. Straniero; Sergio Liberovici; Emilio Jona; Giorgio De Maria, *Le canzoni della cattiva coscienza*, Milano: Bompiani, 1964).

Pode-se, primeiramente, falar de uma alienação interior nos próprios sistemas formais, que mais oportunamente até poder-se-ia definir como uma dialética de invenção e maneira, de liberdade e necessidade das regras formativas. Vamos dar um exemplo: a invenção da rima.

Com a invenção da rima, estabelecem-se módulos e convenções estilísticas, não por automortificação, mas porque se reconhece que somente a disciplina estimula a criação, e porque se discerne uma forma de organização dos sons que parece mais agradável ao ouvido. A partir do momento em que a convenção é elaborada, o poeta não é mais prisioneiro de sua própria extroversão perigosa e de sua emotividade: as regras da rima, se por um lado o reprimem, por outro, libertam-no, tal como uma atadura elástica no tornozelo livra o atleta do perigo de uma luxação. Contudo, a partir do momento em que é estabelecida, a convenção nos aliena nela: o verso seguinte nos é sugerido pela natureza do verso anterior, em conformidade com as leis da rima. Quanto mais a prática se vai afirmando, mais me propõe exemplo de elevada liberdade criadora, e mais me vai aprisionando; o hábito da rima gera o primário, que começa como repertório do rimável para tornar-se aos poucos repertório do rimado. Ao fim de determinado período histórico, a rima revela-se-me cada vez mais alienante. Exemplo típico de alienação formal é o o do autor de letras para a canção de consumo, a respeito do qual se faz piada dizendo que, por reflexo condicionado, quando escreve "amor" tem que escrever logo depois "flor", ou, conforme o caso, "dor"*. Não é somente a rima, como sistema fonético das possíveis concordâncias, que o aliena; é também a rima como hábito de fruição, é o que uma sociedade de consumidores espera da rima,

---

* A canção de consumo – "canzonetta" – na Itália, à qual o autor faz referência, pode ser comparada, quanto ao nível, à produção da chamada "Jovem Guarda" de Roberto Carlos e cia., ficando muito aquém da qualidade da música popular brasileira do grupo de Chico Buarque de Holanda, Gilberto Gil, Caetano Veloso, Geraldo Vandré etc., para a qual não se encontram analogias na Itália. (N. da T.)

gosta de encontrar nela. Aliena-o o sistema linguístico, de um lado, e de outro, um sistema de reflexos condicionados transformados em sensibilidade pública, além de um sistema de relações comerciais (pois não se pode vender senão aquilo que satisfaz a sensibilidade pública). Mas também o grande poeta é condicionado por esse sistema: ainda que afirme propósitos de independência absoluta em relação às expectativas do público, as suas possibilidades estatísticas de encontrar uma nova rima partindo da premissa "amor" são extremamente reduzidas. Como consequência, ou reduzem-se suas possibilidades de fazer rima, ou reduz-se sua temática, desde que é restrito o âmbito de sua linguagem. A palavra "amor" no final do verso lhe é praticamente proibida: o êxito artístico exige uma compenetração tão impregnada de som e de sentido que lhe basta usar um som que se arrisque a consumir-se como não som, junto a uma audiência de sensibilidade entorpecida, para que a forma por ele usada perca toda a eficácia comunicativa. Contudo, nesse momento, o poeta tem a possibilidade de pesquisar uma linguagem incomum, uma rimabilidade inesperada, e esse uso determinará sua temática assim como a concatenação de suas ideias. Mais uma vez ele será, de certo modo, *agido* pela situação, porém tornando-se consciente de sua alienação ele poderá usá-la como um meio para libertar-se. Lembremos certas rimas inesperadas de Montale: o que era alienação, por meio de uma tensão dialética levada ao extremo, produziu um elevado exemplo de invenção e, portanto, de liberdade poética. Mas resolvendo a situação dessa maneira, o poeta criou condições para uma nova situação alienante; hoje, os "montaleggianti"* nos aparecem como são: imitadores de pouca imaginação, justamente por serem alienados a um costume que os age sem mais permitir-lhes um gesto sequer de originalidade e liberdade.

No entanto, esse exemplo é demasiado simples para ser esclarecedor, pois aqui a dialética de invenção e

---

* Seguidores e sequazes de Eugenio Montale. (N. da T.)

imitação é colocada somente ao nível de uma convenção literária, que pode tornar-se marginal deixando de atingir todas as estruturas de uma linguagem. Voltemos nossa atenção para um problema mais importante para a cultura contemporânea.

O sistema tonal regeu o desenvolvimento da música desde os fins da Idade Média até nossos dias: enquanto sistema, e sistema *convencionado* (ninguém mais acredita que a tonalidade seja um fato "natural"), tem desempenhado para o músico a mesma função da convenção operativa "rima". O músico tonal compôs obedecendo ao sistema e, ao mesmo tempo, combatendo-o. No momento em que a sinfonia se encerrava triunfalmente repetindo a tônica, o músico deixava que o sistema compusesse por sua conta, não podia subtrair-se à convenção em que o sistema se baseava: no interior da convenção, se era um grande músico, criava novas formas de voltar a propor o sistema.

Certo dia o músico sentiu a necessidade de sair do sistema – por exemplo, Debussy, quando aplica uma escala exatonal. Sai do sistema porque percebe que a gramática tonal, sem que ele queira, obriga-o a dizer coisas que não quer dizer. Schoenberg rompe definitivamente com o sistema e cria um novo. Stravínski, até certo ponto, e num determinado momento de sua produção, aceita-o, mas da única forma possível, parodiando-o, pondo-o em dúvida no momento mesmo em que o glorifica.

A revolta contra o sistema tonal, porém, não diz respeito somente a uma dialética de invenção e maneira; não se sai do sistema só pelo fato de que os costumes se enrijeceram, isto é, desde que esgotada a gama das possibilidades de invenção (no sentido puramente formal), não se recusa o sistema pela simples razão de se ter chegado, também na música, ao ponto em que a dupla "amor" e "dor" não somente se tornou expressão necessária, mas ainda só pode ser pronunciada de modo irônico, a tal ponto ficou estereotipada e vazia de qualquer capacidade de sugestão. O músico recusa o sistema tonal porque, agora, esse sistema transporta para o plano das relações estruturais *toda uma maneira de encarar o mundo e uma maneira de existir no mundo.*

Conhecem-se as interpretações da música tonal como um sistema em que, estabelecida a tonalidade inicial, a composição inteira se apresenta como um sistema de dilações e crises propositalmente ocasionadas com o fim único de se poder restabelecer, graças à reafirmação final da tônica, uma situação de harmonia e paz, tanto mais apreciada quanto mais protraída e articulada foi a crise. E é sabido que, nesse hábito formativo, reconheceu-se o produto típico de uma sociedade baseada no respeito a uma ordem imutável das coisas: portanto a prática da música tonal convergia na reafirmação de uma convicção fundamental, para a qual tendia toda uma educação, quer no plano teórico quer no plano das relações sociais[9]. Evidentemente uma relação de "espelhamento", colocada em termos tão fechados, entre a estrutura social e a estrutura da linguagem musical, pode parecer uma generalização fora do verificável; mas também é verdade que, não por acaso, a música tonal se afirma na época moderna como sendo a música de uma comunidade ocasional, cimentada pelo ritual do concerto, que exercita sua sensibilidade estética em horas predeterminadas, com roupas apropriadas, e que paga entrada para gozar crises e apaziguamento que a façam sair do templo com o espírito catartizado e as tensões resolvidas.

Quando o artista sente a crise do sistema tonal, o que é que observa – mais ou menos lucidamente – através dela? Que as relações entre os sons se identificaram durante tanto tempo com determinadas relações psicológicas, com determinadas maneiras de encarar a realidade, que agora, no

9 Uma defesa do sistema tonal que, contudo, se presta a fornecer elementos para o discurso que vimos conduzindo é a de Leonard Meyer, *Emotion and Meaning in Music*, Chicago: University of Chicago Press, 1959. Para uma interpretação histórica do significado de tonalidade (no sentido por nós apresentado) veja-se, por sua vez, o lúcido ensaio de Henri Pousseur, La nuova sensibilità musicale, *Incontri Musicali*, n. 2; veja-se também Niccolà Castiglioni, *Il linguaggio musicale*, Milano: Ricordi, 1959.

espírito do espectador, toda vez que se compõe um determinado conjunto de relações sonoras, verifica-se instantaneamente um retorno ao mundo moral, ideológico e social que esse sistema de relações lhe vem reafirmando há muito tempo. Quando o músico realiza uma operação de "vanguarda" – isto é, institui uma nova linguagem, um novo sistema de relações – organiza uma forma que, por enquanto, poucos estão dispostos a aceitar como tal, e se está, por isso, consagrando à incomunicabilidade e, portanto, a uma espécie de retiro aristocrático. Entretanto recusa um sistema comunicativo que pode transmitir determinadas coisas, que pode fundar uma sociabilidade de audição somente com a condição de que o sistema de valores no qual se baseia permaneça inalterado, o mesmo de ontem.

O músico nega-se a aceitar o sistema tonal não somente porque com ele se sente alienado numa estrutura convencional, como também em toda uma moral, uma ética social, uma visão teórica da maneira expressa por aquele sistema. No momento em que rompe com o sistema comunicativo, subtrai-se às condições normais de comunicação e parece agir em sentido anti-humano; mas somente agindo assim poderá evitar para seu público a mistificação e o engano. Portanto, o músico, mais ou menos conscientemente, ao recusar um sistema de relações sonoras que não aparece, de imediato, ligado a uma situação concreta, está na realidade recusando uma situação. Pode até desconhecer as implicações de sua escolha puramente musical, mas o fato é que tais implicações *existem*.

Ora, recusando, juntamente com um sistema musical, um sistema de relações humanas, o que é que recusa e o que é que institui? O sistema musical que recusa é, aparentemente, comunicativo, mas na realidade está *esgotado*: produz clichês, estimula modelos de reação estandardizados. A determinado circuito melódico não pode mais corresponder uma reação emotiva espontânea e maravilhada, pois aquele tipo de comunicação musical já deixou de pasmar quem quer que seja: sabia-se de antemão o que iria suceder.

Vejamos o que acontece na última trincheira atual da tonalidade, a cançoneta à San Remo*: o ritmo não nos traz surpresas, trata-se das costumeiras tercinas; quando o verso terminar em "amor" não ficaremos mais pasmos ao saber que esse amor alegrou-se com uma flor para depois converter-se em dor (é uma situação trágica, mas que não perturba mais, é superconhecida, canônica, pertence à ordem preestabelecida, já não se presta atenção ao verdadeiro significado da frase: saber que o amor se alimentou da flor e se precipitou na dor é um tipo de comunicação que nos reconfirma a convicção de que vivemos no melhor dos mundos possíveis); por outro lado, melodia e harmonia, seguindo os seguros trilhos da gramática tonal, não provocarão em nós nenhum choque. Aqui cabe a pergunta: esse universo de relações humanas que o universo tonal reafirma, esse universo tranquilo e ordenado que estávamos acostumados a considerar, é ainda o mesmo no qual vivemos? Não, aquele em que vivemos é o herdeiro deste, e é um Universo em crise. Está em crise porque à ordem das palavras não corresponde mais uma ordem das coisas (articulam-se ainda as palavras segundo a ordem tradicional, enquanto que a ciência nos incita a ver as coisas dispostas conforme outras ordens, ou até mesmo segundo a desordem e a descontinuidade); está em crise porque a definição dos sentimentos não corresponde à sua efetiva realidade, seja nas expressões estereotipadas em que se esclerosou, seja em suas próprias formulações éticas; porque a linguagem reproduz uma estrutura dos fenômenos que não é mais aquela com que os fenômenos se apresentam nas descrições operativas que fornecemos delas; porque as regras de convivência social são regidas por normas que não retratam de modo algum o real desequilíbrio de tais relações.

Então o mundo está muito longe de ser como desejaria reproduzi-lo o sistema de linguagem que, justamente, é

---

* O Festival de San Remo é, há muitos anos, a arena onde a "canzonetta" italiana vem testando as involuções músico-comerciais. (N. da T.)

recusado pelo artista de "vanguarda"; pois se acha cindido e deslocado, desapossado das coordenadas da velha ordem, tal como está despojado das coordenadas canônicas o sistema de linguagem que o artista adota.

Nesse sentido, o artista que protesta quanto às formas realizou uma dupla operação: recusou um sistema de formas, sem, contudo, anulá-lo nessa rejeição, mas agiu no interior dele (inclusive acompanhando algumas tendências à desagregação que já se vinham mostrando inevitáveis) e, portanto, para subtrair-se a tal sistema e modificá-lo, teve de aceitar uma alienação parcial nele, uma concordância com suas tendências internas; por outro lado, adotando uma nova gramática feita menos de módulos de ordem que de um projeto de desordem permanente, aceitou justamente o mundo em que vive nos termos de crise em que se encontra. Portanto, mais uma vez, ele se *comprometeu* com o mundo em que vive, ao usar uma linguagem que ele próprio – artista – crê ter inventado, mas que, na realidade, lhe foi sugerida pela situação na qual se encontra; e contudo essa era a única escolha que lhe restava, pois uma das tendências negativas da situação em que se encontra é justamente ignorar que a crise existe e tentar continuamente redefini-la conforme aqueles módulos de ordem, de cujo desgaste nasceu a crise. Se o artista procurasse dominar a desordem da situação presente, valendo-se dos módulos comprometidos com a situação que entrou em crise, então ele realmente seria um mistificador. Com efeito, no momento em que falasse da situação presente, permitiria a suposição de que, além desta, existe uma situação ideal, pela qual ele pode julgar a situação real; e então endossaria a confiança num mundo de ordem expresso por uma linguagem ordenada. Assim, paradoxalmente, enquanto se acredita que a vanguarda artística não está relacionada com a comunidade dos demais homens, em cujo seio vive, e com a qual se julga estar relacionada a arte tradicional, na realidade acontece justamente o contrário: entrincheirada no limite extremo da comunicabilidade, a vanguarda artística é a única a manter relações de real significado com o mundo em que vive[10].

4. Aqui chegados, poderia parecer clara a situação da arte contemporânea que realiza, ao nível das estruturas formais, uma contínua remanipulação da linguagem estabilizada e adquirida, bem como dos módulos de ordem consagrados pela tradição. Se na pintura informal como na poesia, no cinema como no teatro observamos o afirmar-se de *obras abertas*, cuja estrutura é ambígua, submetida a certa indeterminação

10. Vemos então que o problema é muito mais complexo do que dá a perceber a generalização aqui proposta – em linha teórica – por motivos práticos e para isolar um veio do discurso. O que definimos – e não é acidental a referência a Schoenberg, isto é, a um artista que se encontra na origem de determinada evolução, numa posição-chave, e cujo valor e boa fé estão fora de dúvida – é o ato de vanguarda "modelo" por excelência, a *Ur-vanguarda* (em que "Ur" indica não só uma ordem cronológica, mas também e sobretudo, uma ordem lógica). Em outras palavras, nosso discurso seria simples e incontestável se tivesse havido, em determinado momento do desenvolvimento da cultura, um único ato de vanguarda: na realidade, a cultura contemporânea é uma "cultura de vanguardas". Como justificar uma situação dessas? Já não há distinção entre tradição recusada e vanguarda que estabelece uma ordem nova; de fato, toda vanguarda nega outra vanguarda, cuja contemporaneidade a impede de constituir-se em tradição, em relação à vanguarda que a nega. Daí a suspeita de que um ato positivo de *Ur-vanguarda* tenha gerado uma maneira de vanguarda, e de que fazer vanguarda seja hoje o único modo de reingressar na tradição. É essa situação que fontes diversas suspeitam ser (para sintetizarmos a situação numa fórmula brutal) uma espécie de conversão neocapitalista das rebeliões artísticas: o artista se revolta porque o mercado assim o exige, e sua rebelião não tem mais valor por realizar-se dentro de uma ordem convencional. Suspeita desse gênero (com todas as cautelas críticas do caso) é lançada, por exemplo, por dois ensaios sobre a música contemporânea: a resenha musical de Paolo Castaldi, publicada no *Almanacco Bompiani* 1962, e a participação de Luigi Rognoni no exemplar de *La Biennale* dedicado à música eletrônica. Na realidade, para essas interrogações existe uma resposta dúplice (implícita, aliás, nos dois escritos citados): o que se denuncia é, antes de mais nada, a dialética natural entre invenção e maneira, que sempre existiu na história da arte, quando um artista "inventa" uma nova possibilidade formal que implica uma modificação de sensibilidades e de visão do mundo e, imediatamente, uma legião de imitadores emprega e desenvolve essa forma tomando-a como forma vazia, sem colher suas implicações. E justamente por ser este um fenômeno comum, verificável com muito mais frequência numa civilização ▸

de resultados, tal acontece porque as formas, desse modo, se adaptam a uma visão do universo físico e das relações psicológicas propostas pelas disciplinas científicas contemporâneas, e sentem a impossibilidade de se falar deste mundo nos mesmos termos formais com que era possível definir o Cosmo Ordenado que já não é nosso. Aqui, o crítico das poéticas contemporâneas pode suspeitar que, assim procedendo, deslocando sua atenção para problemas de estrutura, a arte contemporânea renuncia a fazer um discurso sobre o homem, perdendo-se então por trás de um discurso abstrato

▷ como a nossa (em que as possibilidades de desgaste e exaustão são naturalmente mais amplas e aceleradas), eis que um gesto de inovação (vanguarda) queima tão rapidamente suas possibilidades autênticas que se faz necessário, para que ele não degenere em maneira, recusá-lo imediatamente através de outra invenção. Essa segunda dialética se mistura com a primeira, entrelaçando-se assim as inovações aparentes, que nada mais são que variações maneirísticas sobre o tema, com as inovações reais, que negam justamente a variação sobre o tema. Veremos, portanto, que algumas formas já negadas sucessivamente por muitas vanguardas conservam uma força que falta às formas novas; mas isso se formos capazes de "reler" essas formas negadas na chave em que foram inventadas, afastando-nos nesse sentido das vanguardas posteriores que as negam por terem, sob outros aspectos, degenerado em maneira. Dito isso, faz-se necessário outro esclarecimento: tornar-se "vanguarda" é, decerto, o modo mais evidente para enfrentar uma situação constituída a fim de derrubá-la e "desordená-la", mas não é o único modo de combater essa situação. Existe outro, aparentemente "interno" à ordem que se nega, e é o do aproveitamento parodístico dessa ordem, de seu emprego irônico (vale aqui a contraposição, já feita, de Stravínski a Schoenberg). Em outras palavras podemos combater um lugar-comum expressivo, desgastado e alienante, dissociando as modalidades de comunicação em que se baseia; mas podemos também exorcizá-lo empregando-o ironicamente. Delineia-se pois, aqui, uma teoria da paródia e da ironia como operação clandestina que se contrapõe ao ímpeto revolucionário, "de rua", da vanguarda propriamente dita. Finalmente, terceira possibilidade perigosa, mas considerável – a adoção, seja como for, das modalidades de expressão relacionadas com uma ordem, usando-as, porém, para comunicar algo que possa promover atos de consciência capazes de, um dia, pôr essa ordem em crise. Trata-se da possibilidade, condenada por muitos, de utilizar em sentido crítico os *mass media* para estabelecer-se um começo de tomada de consciência, ali onde o subversor ato de vanguarda se arriscaria a permanecer incomunicável, e, se repetido, caracterizaria uma provocação aristocrática. Mas, obviamente, o problema supera os limites desse discurso e deve, portanto, constar aqui apenas à guisa de informação.

ao nível das formas. O equívoco, fácil de desmascarar, já foi mencionado acima: o que poderia parecer-nos um discurso sobre o homem, levaria hoje conformar-se com os módulos de ordem formativa que serviam para falar de um homem de ontem. Rompendo esses módulos de ordem, a arte fala do homem de hoje, através da maneira pela qual se estrutura. Mas, ao afirmar-se isto, faz-se a afirmação de um princípio estético do qual não mais nos deveremos afastar se quisermos prosseguir nessa linha de pesquisa: o discurso primeiro da arte, ela o faz através do *modo de formar*; a primeira afirmação que a arte faz do mundo e do homem, aquela que pode fazer por direito e a única de significado real, ela a faz dispondo suas formas de uma maneira determinada, e não pronunciando, através delas, um conjunto de juízos a respeito de determinado assunto. Fazer um *aparente* discurso sobre o mundo, narrando um "assunto" diretamente relacionado com nossa vida concreta, pode ser a maneira mais evidente e, contudo, imperceptível, de fuga ao problema que interessa, ou seja: reconduzir certa problemática atual, reduzida ao âmbito de um sistema comunicativo ligado a outra situação histórica, para fora dos limites do nosso tempo e assim, na realidade, nada dizer sobre nós. Há um exemplo concreto: num livrinho ridículo publicado anos atrás, também na Itália, um crítico inglês chamado Sidney Finkelstein propunha-se explicar "de que modo a música exprime as ideias": e com uma ingenuidade que foi compartilhada por alguns de nós, argumentava como e por que Brahms foi um músico "reacionário", pois se tinha voltado para o "setecentos", enquanto Tchaikóvski foi um músico "progressista" por ter composto melodramas que debatiam problemas populares. Não vale a pena pôr em movimento categorias estéticas para discutir uma posição dessas: basta pensar quão pouco modificaram o espírito das massas burguesas, frequentadoras de teatros, os problemas populares levantados por Tchaikóvski dentro de uma agradável harmonia pacificadora, e que importância teve o regresso de Brahms ao "setecentos", no impulsionar a música para novos caminhos. Mas, deixando Brahms de lado, cada músico é progressista na medida em que inicia, ao nível das formas, uma nova maneira de ver o mundo; quem, pelo contrário, tal como aquele infeliz André Chénier, constrói versos antigos sobre novas ideias, fornece esquemas formais bem apropriados para que a indústria do *hi-fi* possa comerciar pensamentos e formas obsoletas, habilitadas para o consumo, com a cumplicidade de Julie London, de luzes baixas e de um copo de uísque ao alcance da mão. Se, até certo ponto, Schoenberg consegue, em face dos acontecimentos históricos, exprimir toda a indignação de uma época e de uma cultura em confronto com a barbárie nazista, em seu *Sobrevivente de Varsóvia*, ele o consegue porque há muito tempo, sem saber como e por que falar dos problemas dos homens, iniciara, ao nível das formas, uma revolução das relações e instituirá um novo modo de ver musicalmente a realidade. Valendo-se do sistema tonal, já comprometido com toda uma civilização e toda uma sensibilidade, Schoenberg não nos teria dado o *Sobrevivente de Varsóvia*, e sim o *Concerto de Varsóvia*, que representa exatamente o discurso, em chave tonal, sobre um "tema" quase idêntico. Obviamente, Addinsel não era Schoenberg e mesmo dispondo de todas as séries dodecafônicas deste mundo, não teria conseguido dar-nos nada de positivo: há uma maneira de principiar que condiciona todo o resto do caminho, e o discurso tonal sobre os bombardeios de Varsóvia teria caído fatalmente nos laços de uma melosa dramaticidade, de uma dramaticidade de má-fé, como é de má-fé a fórmula de cortesia e a pergunta "Senhorita, quer ser minha esposa?", que somente pode ser dita ironicamente, pois jamais poderá expressar, hoje, uma verdadeira paixão amorosa, desde que está irremediavelmente comprometida com um cerimonial e com uma concepção de relações afetivas estritamente ligadas à sensibilidade romântica burguesa.

Com isso, chegamos mais perto do âmago do problema: não se pode julgar ou descrever uma situação qualquer, em termos de uma linguagem que não seja expressão dessa mesma situação, pois a linguagem reflete um conjunto de relações e coloca um sistema de implicações sucessivas. Não posso traduzir um texto filosófico francês que, suponhamos, seja de caráter positivista, traduzindo a expressão "esprit" por "spirito", pois na situação cultural italiana a palavra "spirito" está a tal ponto comprometida com a sistemática idealista que o sentido do texto seria inevitavelmente deformado*.

Tudo o que dissemos para as palavras isoladas vale também para as estruturas narrativas: começar uma narrativa descrevendo o meio geográfico da ação (o lago de Como) e, em seguida, a aparência exterior e o caráter dos protagonistas, pressupõe que eu acredite numa determinada ordem dos acontecimentos: na objetividade de um ambiente natural em que os personagens humanos se movem em perspectiva, na determinação dos dados de caráter e na definição que deles é dada segundo certa psicologia e certa ética, e, por fim, na existência de relações causais precisas que me permitem deduzir da natureza, do meio e do caráter, assim como de uma série de acontecimentos concomitantes, de fácil individuação, a sequência dos acontecimentos sucessivos, que deverá ser descrita como um decurso unívoco de fatos. Aqui está a maneira pela qual a aceitação de determinada estrutura narrativa pressupõe determinada concepção da ordem do mundo, refletida na linguagem que uso, nas modalidades segundo as quais a coordeno, e nas próprias relações de tempo expressas nela[11].

No momento em que o artista percebe que o sistema comunicativo é estranho à situação histórica de que quer

---

* Pois "spirito" foi justamente a palavra usada nas traduções dos filósofos idealistas alemães – mormente Hegel – assim como por Benedetto Croce em seu trabalho filosófico original. O mesmo não se dá em nossa língua, na qual a palavra correspondente – espírito – está absolutamente descompromissada em relação a uma ou a outra escola filosófica. (N. da T.)

11. Um exemplo: já terá provavelmente acontecido ao leitor encontrar-se numa situação das mais angustiantes, isto é, sozinho numa hora de *cafard*, talvez num lugar desconhecido, num país estrangeiro, bebendo num bar para matar o tempo, numa espera inconsciente e metodicamente frustrada de que algo intervenha para quebrar o curso da solidão. Não creio que haja situação menos suportável e, todavia, quem nela se encontrou, conseguiu suportá-la, julgando-a, no fundo, muito "literária". Por quê? Porque toda uma literatura nos acostumou à convençãode que, quando um sujeito se acha sozinho bebendo num bar, alguma coisa lhe ▶

falar, deve compenetrar-se de que é impossível expressar a situação através da exemplificação de um assunto histórico, e de que somente poderá expressá-la através da adoção e invenção de estruturas formais capazes de estabelecer-se como modelo dessa situação.

O verdadeiro *conteúdo* da obra torna-se seu *modo de ver o mundo* e de julgá-lo, traduzido em *modo de formar*, pois é nesse nível que deverá ser conduzido o discurso sobre as relações entre a arte e o mundo.

A arte conhece o mundo através das próprias estruturas formativas dela (que, portanto, não constituem seu momento formalista, mas seu verdadeiro momento de conteúdo): a literatura organiza palavras que significam aspectos do mundo, mas a obra literária significa o mundo em si através da maneira como essas palavras são organizadas, ainda que, tomadas isoladamente, signifique coisas sem sentido, ou então acontecimentos, relações entre acontecimentos que parecem nada ter em comum com o mundo[12].

5. Aceitas tais premissas, podemos agora iniciar um discurso sobre a situação de uma literatura que deseje corresponder à existência de uma sociedade industrial, que se

---

▷ acontece: no romance policial tratar-se-á da aparição duma loira platinada, em Hemingway um encontro menos berrante, um diálogo, uma revelação do "nada". Portanto, certa ordem narrativa prevê, quase institucionalmente, que, quando alguém bebe sozinho num bar, alguma coisa deve acontecer. Eis aí como um ato dos menos significativos, dos mais angustiantes, ato que deveria ser reconhecido como tal para que pudéssemos compenetrar-nos na angústia em que, ao menos naquele momento, nos encontramos, ordena-se e torna-se aceitável sem razão alguma; faz-se significativo graças à mistificação efetuada pela aplicação de estruturas narrativas que continuam exigindo a solução de uma premissa, a conclusão ordenada, o fim de um começo, e não permitem um começo sem fim (como, ao contrário, certo tipo de narrativa e certo tipo de cinema – lembremos Antonioni – resolveram finalmente fazer, pois é assim que realmente acontece, e portanto é justo que a arte o evidencie sem nos consolar presenteando-nos com um final, com um regresso à tônica, para cada discurso a que demos início).

12. Para a noção de modo de formar recomendo a *Estetica: Teoria della formatività*, de Luigi Pareyson.

proponha a exprimir essa realidade, suas possibilidades e seus bloqueios. O poeta que, entrevista condição de alienação sofrida pelo homem numa sociedade tecnológica, tenta um discurso para descrever e denunciar essa situação dentro das formas de uma linguagem "comum" ("comunicativa", compreensível para todos), pelas quais expõe seu "assunto" (por exemplo, o mundo operário), peca por generosidade, mas comete de boa fé um crime de mistificação. Procuremos analisar a situação comunicativa de um poeta puramente imaginário, no qual, obviamente, enfatizar-se--ão até o paroxismo defeitos e aporias. Esse homem pensa ter fixado uma situação concreta na qual se movem seus semelhantes e provavelmente, em parte, o conseguiu; mas ao mesmo tempo pensa poder descrevê-la e julgá-la através de uma linguagem desligada dessa situação. Aí, porém, ele já incorreu num duplo equívoco: na medida em que essa linguagem lhe permite apoderar-se da situação, ela própria *reflete* a situação, e portanto está afetada pela mesma crise. Na medida em que essa linguagem permanece alheia à situação, não pode apoderar-se dela.

Vejamos então como age o especialista em descrição de situações, quer dizer, o sociólogo ou, melhor ainda, o antropólogo. Se procura descrever e definir as relações éticas interpostas numa sociedade primitiva e o faz utilizando as categorias éticas das sociedades ocidentais, perde imediatamente a possibilidade de compreender e de fazer com que os outros compreendam a situação. Se define como "bárbaro" um ritual (tal como teriam feito os viajantes dos séculos passados) já não nos pode ajudar a compreender qual é o modelo de cultura em que esse ritual encontra sua razão de ser. Mas se adota sem reservas a noção de "modelo de cultura" (se resolve interpretar a sociedade que descreve como um absoluto, não relacionado com outras situações sociais), deveria então descrever o ritual nos mesmos termos em que é descrito pelos nativos; e assim procedendo não conseguiria explicá-lo para nós. Deve, portanto, aceitar que, em tese, as nossas categorias são inadequadas, mas mesmo assim traduzir as categorias dos indígenas através de uma série de mediações, usando categorias análogas às nossas, esclarecendo continuamente que se trata de paráfrases e não de tradução literal.

Sua ação descritiva, portanto, faz-se continuamente acompanhar da criação de uma espécie de metalinguagem, no uso da qual arrisca-se constantemente a cair em dois erros antagônicos: de um lado, julgar a situação em termos ocidentais e, do outro, alienar-se completamente na mentalidade indígena, invalidando, assim, o próprio trabalho de esclarecimento. Portanto, temos de um lado a posição aristocrática do viajante no velho estilo, que passa entre os povos "selvagens" sem entendê-los e, consequentemente, tentando "civilizá-los" na pior das formas, isto é, "colonizando-os"; do outro, temos o ceticismo relativista de certa antropologia – que atualmente está revendo a sua própria metodologia – para a qual, aceito cada modelo de cultura como entidade que se autoexplica e se autojustifica, passa ele a fornecer uma coleção de medalhões descritivos, baseado nos quais o homem comprometido com a realização de relações concretas jamais poderá resolver o problema dos "contatos das culturas". O ponto de equilíbrio acha-se naturalmente com o antropólogo de sensibilidade que, no momento de elaborar sua linguagem descritiva, percebe, continuamente, tratar-se de uma situação dialética e, ao mesmo tempo em que se arma de instrumentos para compreender e aceitar a situação que descreve, procura possibilitar um discurso *nosso* sobre ela.

Voltemos agora ao nosso "modelo" de poeta. No momento em que ele resolve não agir como antropólogo e sociólogo, mas sim como poeta, renuncia à elaboração de uma linguagem técnica especial, apropriada ao caso, e tenta tornar "poético" o discurso sobre a situação industrial, voltando-se para uma tradição de discurso poético, como, por exemplo, a do intimismo crepuscular e da confissão subjetiva, do relato de "memória": seu discurso, na melhor das hipóteses, expressará apenas a reação de sua sensibilidade

303

subjetiva ante o horror de uma situação dramática que não consegue captar. Mas a situação escapa-lhe, visto que a linguagem que emprega está ligada à tradição da confissão interior, impedindo-o de apoderar-se de um conjunto de relações concretas e objetivas; contudo, na realidade, também sua linguagem provém dessa situação, é a linguagem de uma situação que, ao tentar eludir seus problemas, estimulou o refúgio na confissão interior e na busca da memória, transpondo para o plano da modificação interior o projeto de uma modificação vindo do exterior.

Suponhamos então que certo romancista procure reproduzir a situação a ser descrita apelando para uma linguagem aparentemente ligada a essa situação: terminologia técnica, expressões usadas em política, gíria difundida no âmbito da situação a ser descrita. Se fosse um antropólogo, começaria por enumerar todos os usos comunicativos, e só posteriormente pesquisaria neles os modos pelos quais se relacionam entre si e se submetem às regras de uso. Mas se quiser dar à situação, expressa através de sua linguagem típica, uma forma literária, será obrigado a unir esses elementos de linguagem segundo uma ordem, uma sequência narrativa, que é a da narrativa tradicional. Escolhido, então, certo tipo de linguagem, que lhe parece típico de uma situação na qual as relações humanas estejam destorcidas, postas em crise, traídas, ele coordena essa linguagem obedecendo às convenções narrativas, segundo a direção de uma ordem que, imediatamente, disfarça esses fragmentos de dissociação sob uma pátina de sociabilidade, e ao transmitir a imagem de uma situação de desordem e perturbação ele nos comunica uma impressão de ordem. Ordem que, obviamente, é fictícia, é a ordem das estruturas narrativas que exprimiam um universo ordenado, constitui uma forma de julgamento colocado em termos de uma linguagem estranha à situação. Aparentemente o narrador empenhou-se em compreender uma situação em que prepondera uma espécie de alienação, sem alienar-se nela: mas a compreensão lhe escapou por usar estruturas narrativas que lhe dão a impressão de fugir ao seu objeto[13]. A estrutura da narrativa tradicional é – em seu limite – a estrutura "tonal" do romance policial: existe uma ordem preestabelecida, uma série de relações éticas paradigmáticas, e uma potência, a Lei, que as administra segundo a razão; surge um acontecimento que altera essa ordem, o crime; dispara a mola do inquérito, que é conduzido por um cérebro, o detetive, que não está comprometido com a desordem de onde nasceu o crime, pois se inspira na ordem paradigmática. O detetive reconhece entre os comportamentos dos indiciados quais são baseados no paradigma e quais dele se afastam; separa os afastamentos aparentes dos reais, isto é, liquida os falsos indícios, cuja única função é manter viva a atenção do leitor; isola as causas verdadeiras que, de acordo com as leis da ordem (as leis de uma psicologia e as leis do *cui prodest*), provocaram o ato criminoso; individua quem, caracterológica e situacionalmente, estava submetido à ação de tais causas: e descobre o culpado, que terá seu castigo. A ordem volta a reinar.

Suponhamos agora que o narrador do romance policial (e um narrador confiante nas estruturas tradicionais, que no romance policial encontram sua expressão mais elementar, mas que são as mesmas estruturas que funcionam, digamos, em Balzac) queira descrever a situação de um indivíduo que atua no ambiente da Bolsa. Os gestos desse indivíduo não são, de modo algum, inspirados por uma única ordem de parâmetros: às vezes ele se inspira nos parâmetros éticos da sociedade em que vive; às vezes nos parâmetros muito numerosos de uma economia de mercado livre; enfim – com maior frequência – não age baseado em parâmetros,

---

13. Parece-me que Vittorini individuou muito bem tudo o que estamos procurando analisar agora, ao lembrar no *Menabò* anterior que "a narrativa que concentra no plano da linguagem o peso integral das próprias responsabilidades para com as coisas revela-se hoje, por sua vez, mais próxima de assumir uma significação historicamente ativa do que qualquer literatura que examine as coisas na generalidade de um pressuposto conteúdo pré-linguístico que elas teriam, manuseando-as na qualidade de temas, disputas etc." (p. 18)

305

mas impelido pelos movimentos irracionais do mercado, que podem depender de uma situação industrial efetiva ou proceder de oscilações de caráter exclusivamente financeiro, cuja dinâmica não mais está subordinada a decisões individuais, pois as determina e supera, alienando – realmente alienando – quem está aprisionado pelo andamento autônomo de um conjunto de fatores interagentes. A linguagem desse indivíduo, seu modo de avaliação das coisas, não pode ser reconduzida a uma ordem, nem mesmo a uma psicologia; em dadas fases de suas relações ele irá proceder segundo os fatores de certa psicologia (se tiver um complexo de Édipo, terá determinado comportamento para com as moças), mas em outras fases será movido pela configuração objetiva da situação financeira, que o leva a tomar decisões, nas quais ele é *agido*, e que não têm nenhuma espécie de relação causa-efeito com suas perturbações inconscientes. Aqui o narrador ver-se-á descrevendo um aspecto típico da dissociação do nosso tempo, dissociação que abrange os sentimentos, a linguagem em que se expressam, as ações. Ele sabe que uma decisão desse personagem poderá não trazer o resultado previsto pelas regras tradicionais de causalidade, pois a situação em que é tomada poderá atribuir a esse gesto um valor totalmente diverso. Portanto, se introduzir esse material na sequência de uma narrativa que respeita as relações causais tradicionais, o personagem escapar-lhe-á. Se tentar descrevê-lo com relação a toda a situação, considerada em suas implicações sociológicas e econômicas, estará fazendo o papel do antropólogo: terá que amontoar descrições, fichas descritivas, deixando, entretanto, a interpretação final para uma fase bem mais avançada da pesquisa, e portanto deverá fornecer contribuições descritivas ao "modelo" a configurar, mas não poderá configurar um modelo completo, tal como é ambição do narrador, que visa a encerrar, dentro do círculo de organização formal fruível, determinada convicção acerca da realidade.

O narrador terá, nesse caso, uma única solução: expor seu personagem assim como ele se manifesta na situação,

306

narrá-lo nas formas sugeridas pela situação, descrever a complexidade e imprecisão de suas relações, a inexistência de seus parâmetros de comportamento provocando, para isso, a crise dos parâmetros narrativos.

O que faz Joyce quando nos quer falar do jornalismo contemporâneo? Não pode julgar a situação "moderna comunicação jornalística" do alto de uma linguagem incontaminada que não sofra essa situação. Organiza, portanto, um capítulo inteiro do *Ulisses*, denominado "Éolo", escolhendo como "assunto" narrativo não uma situação "típica" do jornalismo moderno, mas uma de suas manifestações, absolutamente secundária: as conversas quase casuais e perfeitamente insignificantes de um grupo de jornalistas numa redação. Mas tais conversas estão unificadas em várias tabelas pequenas, cada uma com um título, segundo o uso jornalístico e numa progressão estilística tal que, inicialmente, nos oferece as manchetes vitorianas, para chegar, aos poucos, ao título sensacionalista, sintaticamente incorreto, linguisticamente reduzido à pura gíria do escandaloso jornal popular; e faz com que, nas diversas conversas dos que lá estão, se apresentem quase todas as figuras retóricas em uso. Por meio desse artifício Joyce desenvolve um discurso sobre os *mass media*, e um juízo implícito de vacuidade. Mas não pode pronunciar esse juízo colocando-se fora da situação: portanto dispõe a situação de tal forma que a reduz a uma estrutura formal, de maneira que esta se manifeste por si mesma. Aliena-se na situação, absorvendo-lhe os modos, mas ao evidenciar tais modos, ao tomar consciência deles como modos formativos, liberta-se da situação e domina-a. Liberta-se da alienação *estranhando* na estrutura narrativa a situação em que se havia alienado. Se, em face desse exemplo clássico, quisermos encontrar um exemplo muito recente, procuremos não mais no romance, e sim no cinema, e pensemos em *O Eclipse* de Antonioni. Antonioni, aparentemente, não tece nenhum comentário sobre o nosso mundo e seus problemas, sobre aquela realidade social que poderia interessar a um diretor desejoso de julgar a realidade da indústria através da arte. Narra a história de um casal que se separa sem motivos, apenas por aridez sentimental: a história dela, que encontra outro, e de seu amor sem paixão, dominado também por uma total aridez, ou, seja como for, por uma imprecisão afetiva, por uma ausência de motivos e estímulos; acerca da relação, acerca de ambas as relações, preponderam as coisas, olhadas até à exasperação, duras, presentes, objetivas, inumanas. No centro do enredo, a atividade caótica da Bolsa, onde se joga com os destinos individuais, mas sem que se saiba por que uma sorte é marcada ou por que aquilo tudo é feito (aonde vão parar os bilhões hoje perdidos, pergunta a moça ao jovem corretor da Bolsa, e ele responde que não sabe: ele age como se fosse dono da situação, mas na verdade é *agido*, é um modelo de alienação dos mais perfeitos). Nenhum parâmetro psicológico serve para explicar a situação: ela é assim justamente porque não há possibilidade de se conseguir o funcionamento de parâmetros unitários, cada personagem é despedaçado por forças exteriores que *o agem*. Tudo isso não pode ser expresso pelo artista sob a forma de um juízo, pois seriam necessários ao juízo, além de um parâmetro ético, uma sintaxe, e uma gramática em que se exprimir segundo módulos racionais; e essa gramática seria a do filme tradicional dirigido por relações causais que refletem a convicção da existência de relações racionalizáveis entre os acontecimentos. Então o diretor torna patente essa situação de indeterminação moral e psicológica através de uma indeterminação de montagem; uma cena segue a outra sem razão de ser, o olhar cai num objeto sem que causa alguma o determine e sem uma finalidade para justificar esse olhar. Antonioni aceita nas formas a mesma situação de alienação de que quer falar: mas, ao torná-la manifesta através da estrutura de seu discurso, domina-a e torna o espectador consciente dela. Esse filme, que fala de um amor improvável e inútil entre personagens inúteis e improváveis, é capaz, em seu todo, de nos dizer mais coisas sobre o homem e sobre o mundo em que vive, do que um grande painel de estrutura melodramática, no qual trabalhadores de macacão se defrontam num jogo de sentimentos que se desenvolve conforme as regras do drama de 1800, e se resolvem, de tal forma que levam a crer que, acima dessas contradições, existe uma ordem que os julga[14]. Ora, a única ordem que o homem pode impor a qualquer situação em que se encontre é justamente a ordem de uma organização estrutural que, por sua desordem, possibilita

14. Compreende-se agora de que natureza era a ambiguidade primordial de *Rocco e i suoi fratelli* (Rocco e Seus Irmãos), filme que, por outro lado, tinha muitos méritos: um problema atualíssimo apresentado do centro de suas contradições (a penetração dos meridionais na civilização industrial do Norte; a adaptação de seus esquemas éticos aos de uma civilização industrial urbana) foi praticamente exorcizado pelo tratamento "melodramático", que reconduzia toda a temática do filme ao esquema de uma narrativa de 1800. Início, crise e peripécias, final com catarse: o espectador deixa o cinema pacificado e feliz. Mas, na verdade, havia alguma razão para que o diretor lhe pedisse para ficar feliz? Acho que não. Portanto, a estrutura narrativa se havia apoderado do autor levando-o a fazer um filme de consumo e de pacificação psicológica, disfarçado de filme compromissado. Vejamos agora um exemplo oposto: *Salvatore Giuliano*, de Francesco Rosi. Aparentemente trata-se de um exemplo da boa escola realista, mas o espectador percebe logo que nessa sequência de "fotos" da realidade há alguma coisa que o incomoda, e trata-se do uso contínuo do *flashblack*; em certo momento, não se sabe mais em que fase do assunto estamos, tendo-se a sensação de que, para entender bem o filme, seria necessário conhecer desde já todos os fatos, e com mais detalhes. A verdade, porém, é que, sobre a história de Giuliano, sobre a verdadeira natureza de suas relações com a Máfia ou com a polícia, ou da polícia com os *carabinieri*, ou de Giuliano com Pisciotta, e assim por diante, os fatos não são conhecidos exatamente por ninguém. Percebemos, então, a intervenção de uma técnica narrativa especial, que constitui o verdadeiro "conteúdo" do filme, tornando-se sua afirmação mais importante: ao espectador, é contada uma história obscura por um autor que é vítima da mesma obscuridade e que não quer enganar o espectador esclarecendo-lhe acontecimentos que não são claros, mas pretende deixar cada uma de suas dúvidas intactas. O diretor parece, portanto, deixar que seu filme seja construído *pela situação*, ao invés de *construir a situação* através do filme. Realiza em profundidade o que já havia sido feito, de maneira experimental, por Godard em *A Bout de souffle* (Acossado), filme em que a montagem parecia feita pelo protagonista, pois se caracterizava pela mesma dissociação psíquica, pela mesma gratuidade de gestos, pela mesma loucura estranha. Falamos desse filme porque é aquele que, até hoje, soube dar-nos os exemplos mais claros e flagrantes dessa utilização expressiva da estrutura técnica. Mas, para voltarmos à narrativa, considere-se um romance como *Congetture su Jacob*, de Johnson, em que a cisão interior do autor, que por si só exprime a cisão moral, territorial e política das duas Alemanhas, traduz-se na própria técnica narrativa.

uma tomada de consciência da situação. A esta altura, está claro que o artista não indica soluções. Mas aqui Zolla está com a razão: o pensamento deve *compreender* não *propor soluções*; pelo menos, não por enquanto.

É então que assume significado definitivo a função de uma "vanguarda", e suas possibilidades ante uma situação a ser descrita. É a arte que, para dominar o mundo, nele penetra a fim de absorver, em seu interior, as condições de crise, usando para descrevê-lo a mesma linguagem alienada com que esse mundo se exprime: levando-o porém a uma condição de clareza, *ostentando-o* como forma de discurso, ela o despoja de sua qualidade de condição alienante, e nos torna capazes de desmistificá-lo. Daqui pode ter início uma operação subsequente.

6. Outra função pedagógica dessas poéticas poderá ser a seguinte: a operação prática que terá origem no ato de consciência impulsionado pela arte, estimulada pela arte a procurar uma nova forma de sentir as coisas e de coordená-las em relações, terá adquirido, quase como reflexo condicionado, a ideia de que pôr ordem numa situação não significa sobrepor-lhe uma ordem unívoca estritamente ligada a uma concepção historicamente determinada, mas sim, elaborar modelos operativos multicomplementares, à semelhança do que já conseguiu a ciência ao propor modelos que, por si sós, parecem permitir-nos certo domínio sobre a realidade tal como nos tem sido configurada pela nossa cultura. Nesse sentido, algumas operações da arte, que parecem estar muito distantes de nosso mundo concreto, na realidade trabalham para fornecer-nos categorias de imaginação com que possamos nos orientar nesse mundo.

Mas, nesse caso, essa operação, cujo primeiro momento é a concordância com a situação existente, o penetrar nela para fazê-la sua, não terá como resultado final a capitulação objetiva dessa situação, a adesão passiva ao "fluxo ininterrupto do que existe"? Chegamos ao problema levantado, tempos atrás, por Calvino, ao denunciar a presença,

310

submersa e inquietante, de um *mar da objetividade*; e sem dúvida, sob certo aspecto, a denúncia de Calvino era justa e indicava o lado negativo de uma situação. Toda uma literatura poderia acabar sendo apenas o registro do não gesto, a fotografia da relação dissociada, uma espécie de visão beatífica (em termos zen) do que acontece, sem se preocupar em saber se o que acontece ainda está na medida do homem, sem aliás perguntar-se qual seria a medida humana.

Porém, já observamos que não é possível erguermo-nos à frente do fluxo do que existe opondo-lhe uma medida humana ideal. O que existe não é um dado metafísico que se apresenta diante de nós obtuso e irracional: é o mundo da natureza modificada, das obras construídas, das relações que havíamos assentado e que reencontramos agora fora de nós – que frequentemente tomaram outros caminhos, elaborando leis próprias de desenvolvimento, como um cérebro eletrônico de uma novela de ficção científica que continua a desenvolver sozinho uma série de equações cujos termos e consequências escapam ao nosso entendimento. Ora, esse mundo que criamos contém em si, além do risco de reduzir-nos a seus instrumentos, os elementos com base nos quais é possível estabelecer os parâmetros de uma nova medida humana. O fluxo do que existe permaneceria inalterado e hostil a nós, na medida em que vivêssemos nele *sem falarmos dele*. No momento em que falamos dele, ainda que o façamos apenas para assinalar suas conexões destorcidas, nós o julgamos, processamos um *estranhamento* dele talvez para tornar a possuí-lo. Portanto, falar em termos aparentemente objetivos do *mar da objetividade* significa reduzir "a objetividade" a um universo humano. Aqui Calvino parece aceitar como boa uma ideia que nos foi apresentada pelo próprio Robbe-Grillet ao filosofar sobre si mesmo. É em seus ensaios de poética que ele, movendo-se num clima ambiguamente fenomenológico (diria eu: falsamente fenomenológico), indica querer alcançar, através da técnica narrativa, uma visão descomprometida das coisas, uma aceitação delas como são, fora de nós e sem nós:

O mundo não é significativo nem absurdo. Ele simplesmente é [...] Ao nosso redor, desafiando todos os nossos adjetivos animistas ou classificadores, as coisas *aí estão*. Suas superfícies são polidas e nítidas, intactas, mas sem brilhos ou transparências ambíguas. Toda a nossa literatura ainda não conseguiu suavizar-lhes a menor aresta, modificar-lhes a mínima curva [...] Convém que tais objetos e gestos se imponham em primeiro lugar por sua presença, e que em seguida essa presença continue a dominar, acima de qualquer teoria explicativa que tente encerrá-los em algum sistema de referência sentimental, sociológico, freudiano, metafísico, ou outro[15].

São essas e outras páginas da poética de Robbe-Grillet que justificam brados de alarma como o de Calvino. Mas uma poética serve para entendermos o que um artista pretendia fazer, e não necessariamente o que ele fez; quer dizer que, além da *poética explícita* pela qual o artista nos comunica como gostaria de construir sua obra, existe uma *poética implícita*, que se manifesta através do modo como a obra foi efetivamente construída; e talvez esse *modo* possa ser definido em termos que não coincidam de todo com os apresentados pelo autor. Uma obra de arte, tomada como exemplo bem-sucedido de uma maneira de formar, pode remeter-nos a algumas tendências formativas presentes em toda uma cultura e um período, tendências que refletem direções operativas análogas, presentes na ciência, na filosofia, no próprio costume. É esta a ideia de um *Kunstwollen* que nos parece especialmente apropriada para orientar um discurso sobre o moderno significado cultural das tendências formativas. Ora, eis que à luz dessas decisões metodológicas, o comportamento operativo de Robbe-Grillet, pelo menos em alguns de seus momentos, parece revelar uma tendência completamente diferente: o narrador não define as coisas como entidades metafísicas estranhas, desprovidas de relações conosco; define mesmo um tipo peculiar de relação entre o homem e as coisas, um nosso modo de "intencionar" as coisas, e ao invés de separar-se das coisas eleva-as ao âmbito de

15. A. Robbe-Grillet, *Una via per il romanzo futuro*, Milano: Rusconi e Paolazzi, 1961.

uma operação formativa que é um julgamento delas, redução delas a um mundo humano, discussão sobre elas e sobre o homem que as vê e não consegue mais estabelecer com elas as relações de outrora, mas vislumbra, talvez, o caminho para uma nova relação. A situação de *Dans le labyrinthe*, em que parece dissolver-se o próprio princípio de individualidade do personagem – e o próprio princípio de individualidade das coisas –, na realidade nos apresenta simplesmente uma imagem das relações temporais que encontra sua definição nas hipóteses operacionais de certa terminologia científica; introduz, portanto, uma nova visão do tempo e da reversibilidade. Como tivemos oportunidade de notar, a estrutura temporal do *Labirinto* já se encontra configurada em Reichenbach[16]. Ora, acontece que – ainda que na ordem das relações macroscópicas a visão do tempo aproveitável continue sendo a mesma da física clássica, refletida pelas estruturas narrativas tradicionais, baseada na aceitação de relações unívocas e irreversíveis de causa e efeito – certo dia o artista, completando uma operação que não possui valor algum no plano científico, mas que é típica das maneiras pelas quais uma cultura reage em seu todo a solicitações específicas, enxerga a possibilidade de que uma dada noção operativa e hipotética das relações temporais não permaneça limitada ao papel de instrumento que usamos para descrever acontecimentos, mantendo-nos estranhos a ele, mas possa tornar--se um jogo que nos prende e nos encerra em seu interior; em outros termos, que o instrumento passe a agir sobre nós determinando todo o nosso viver.

É apenas uma chave de leitura; mas a parábola do labirinto poderia até tornar-se a metáfora da situação "Bolsa" vista por Antonioni, o lugar onde cada um se torna continuamente outro que não ele mesmo e não é mais possível acompanhar o percurso do dinheiro que nela entra, não é mais possível interpretar os acontecimentos de acordo com uma cadeia unidirecional de causas e efeitos.

16. Veja-se o nosso "Il tempo di 'Sylvie'", *Poesia e Critica*, n. 2.

Note-se bem, ninguém está dizendo que Robbe-Grillet pensava tudo isso. Ele apresentou uma situação estrutural, e admite que possamos lê-la em chaves diferentes, mas deixa bem claro que quaisquer que sejam as leituras pessoais, a situação sempre conserva intacta toda a ambiguidade inicial:

> Quanto aos personagens do romance, eles também poderão ser ricos de interpretações múltiplas, poderão, consoante as interpretações de cada um, dar lugar a todo tipo de comentários: psicológicos, psiquiátricos, religiosos ou políticos. Cedo nos aperceberemos de sua indiferença em relação a essas pretensas riquezas [...] O herói futuro [...] ficará ali. Mas os comentários, esses ficarão alhures; face à sua presença irrefutável, parecerão inúteis, supérfluos, até desonestos.

Robbe-Grillet está certo ao pensar que a estrutura narrativa deve ficar *debaixo* das diversas interpretações que dela serão dadas, mas engana-se ao crer que essa estrutura a elas escape por ser-lhes *estranha*. Ela não é estranha, é a *função proposicional* de uma série de situações nossas, que preenchemos diferentemente, conforme o ângulo visual que usamos para enxergá-la, mas que se presta a ser preenchida porque é o campo de possibilidades de uma série de relações que realmente são colocáveis, assim como a constelação de sons que substitui uma série musical é o campo das possibilidades de uma série de relações que podemos estabelecer entre tais sons. E a estrutura narrativa torna-se campo de possibilidades justamente porque, no momento em que penetramos uma situação contraditória para entendê-la, as tendências dessa situação, atualmente, não podem mais adotar uma linha única de desenvolvimento determinável *a priori*, mas todas elas se oferecem como possíveis, umas positivas e outras negativas, algumas, linhas de liberdade, outras de alienação na própria crise.

A obra propõe-se como estrutura *aberta*, que reproduz a ambiguidade do nosso próprio ser-no-mundo: pelo menos, tal como no-lo descrevem a ciência, a filosofia, a psicologia, a sociologia; assim como é ambígua, dilacerada

314

em oposições, nossa relação com o automóvel, tensão dialética de domínio e alienação, centro de possibilidades complementares.

O discurso supera, obviamente, o caso Robbe-Grillet, que vale como abertura e não como exemplificação exaustiva do problema. Mas o caso Robbe-Grillet (que é um caso-limite, podendo ser julgado como equívoco) ajuda-nos a compreender a razão pela qual os romancistas do *nouveau roman* se colocavam ao lado de Sartre na assinatura de manifestos de compromisso político – fato que deixava Sartre perplexo, levando-o a afirmar que não entendia a razão de literatos que se desinteressavam – ao escrever – de problemas da história, se juntarem a ele num compromisso pessoal com a história. A resposta está no fato de que (alguns mais e outros menos, uns de boa, outros de má-fé, mas, pelo menos, todos em linha teórica) esses romancistas sentiam que seu jogo com as estruturas narrativas constituía a única forma de que dispunham para falar do mundo, e que os problemas que no plano da psicologia individual e da biografia podem ser problemas de consciência, no plano da literatura poderiam tornar-se apenas problemas de estruturas narrativas tomadas como reflexo de uma situação, ou como campo de reflexos de várias situações em níveis diferentes.

Subtraindo-se, na arte, ao discurso sobre o projeto, e refugiando-se no olhar dirigido para os objetos, *eles faziam do olhar um projeto*. Essa decisão pode parecer pouco "humana", mas talvez seja essa a forma que nosso *humanismo* deverá começar a adotar.

O humanismo de que falava Merleau-Ponty:

Se hoje há um humanismo, ele se desvincula da ilusão para a qual apontava Valéry, ao falar deste "homenzinho que está dentro do homem e que estamos sempre supondo" [...] O "homenzinho que está dentro do homem" nada mais é que o fantasma de nossas operações importantes realizadas com êxito e o homem que é admirável, não é esse fantasma, é ele que, instalado em seu corpo frágil, numa linguagem que já falou tanto numa história titubeante, se identifica e começa a ver, a compreender e a significar. O humanismo de hoje nada mais tem de decorativo ou de circunspecto. Não aceita mais o homem contra seu corpo, o espírito contra sua linguagem, os valores contra os fatos. Não fala mais do homem e do espírito a não ser sobriamente, com pudor; o espírito e o homem não são jamais, eles transparecem no movimento em que o corpo se faz gesto, a linguagem obra, a coexistência verdade[17].

7. *Instalados numa linguagem que já falou tanto*: eis o problema. O artista compreende que a linguagem, à força de tanto falar, alienou-se na situação da qual nasceu para servir-lhe como meio de expressão; compreende que, se aceitar essa linguagem, alienar-se-á a si próprio na situação; então tenta romper e deslocar tal linguagem, colocando-se para isso em seu interior, a fim de que possa subtrair-se à situação e assim julgá-la; mas as linhas ao longo das quais a linguagem se rompe e desloca são, no fundo, sugeridas por uma dialética de desenvolvimento que pertence à própria evolução da linguagem, de maneira que a linguagem desagregada passa a refletir imediatamente a mesma situação histórica, também gerada pela crise da situação anterior. Dissocio a linguagem por recusar-me a expressar com ela uma integridade falsa, que não é mais nossa, mas ao mesmo tempo arrisco-me a expressar e aceitar a desagregação efetiva nascida dessa crise de integridade, da qual eu procurara falar para dominá-la. Mas não há solução possível fora dessa dialética; repetimos que a única saída está em esclarecer a alienação estranhando-a, objetivando-a numa forma que a reproduza.

É a posição esboçada por Sanguineti no ensaio "Poesia informale": sim, determinada poesia pode parecer poesia de esgotamento nervoso, mas esse esgotamento nervoso é, antes de mais nada, um esgotamento histórico; trata-se de assumir uma linguagem comprometida para poder colocá-la diante de nós e tornarmo-nos assim conscientes dela; trata-se de exasperar as contradições da vanguarda contemporânea, pois somente de dentro de um decurso cultural podem ser encontrados os caminhos de libertação; trata-se justamente

17. *Signes*, Paris: Gallimard, 1960.

de sofrer em doses maciças a crise que se deseja resolver; atravessar toda a Palus Putredinis; e isso porque "não é possível existirem inocentes" e a "forma não se apresenta em caso algum, senão a partir, para nós, do informe, e nesse informe horizonte que é o nosso, quer gostemos dele quer não"[18].

Mas é evidente que essa posição poderá facilmente englobar todos os riscos possíveis; e a última citação lembra a posição tomada por alguns gnósticos, por exemplo, Carpócrates, que afirmavam que, para libertarmo-nos da tirania dos anjos, senhores do Cosmo, precisamos passar totalmente pela experiência do mal, conhecer todas as baixezas, e isso para finalmente sairmos purificados. As consequências históricas de tais crenças foram os ritos secretos dos templários, as perversões elevadas ao nível litúrgico pelas igrejas subterrâneas, que contam Gilles de Rais entre seus santos.

De fato, é suficiente que, em antagonismo com o artista que inventa esse modo de aproximar-se da realidade através da adoção de uma linguagem em crise, surja um só seguidor de modas que aceite o método sem ser capaz de *ver-lhe através*, e a operação de vanguarda se torna moda, exercício complacente, uma das muitas formas de alienar--se na situação existente desviando-se o anseio de rebelião ou o rigor da crítica no exercício formal de uma revolução manejada ao nível das estruturas.

18. "Poesia informale", *I Novissimi*, Milano, 1961. Enquanto Sanguineti atravessa um pântano da cultura adotando todas as palavras e frases fatalmente comprometidas com tradições e civilizações, Nami Balestrini demonstra passar através do pântano quotidiano dos jornais e dos anúncios publicitários, assim como dos trechos de conversa comum. Acredito que se possa dizer que quem vê nos exercícios de Balestrini uma manifestação de dadaísmo (trata-se aqui das poesias escritas à mão e não das eletrônicas, para as quais o problema torna-se outro), não leva em consideração que o dada, quando decompõe as palavras e as cola em qualquer lugar, o faz para provocar o leitor, alterando a ordem de seus raciocínios concretos e estimulando-o através de uma desordem inesperada e fecunda. Balestrini, ainda que afirme o desejo de estimular um conjunto de interpretação livre e desarticulada, conserva, todavia, a consciência básica de que a desordem não foi criada por ele ao abalar a ordem, mas foi por ele descoberta *em lugar* da ordem.

Tanto isso é verdade que essa arte pode imediatamente tornar-se objeto de comércio lucrativo para aquela mesma sociedade que se propunha a colocar em crise; e certo público visita as galerias com o mesmo estado de espírito das senhoras da alta sociedade que vão aos restaurantes de Trastevere onde um taberneiro grosseiro e descarado as tratará a noite inteira como prostitutas, impondo os pratos e apresentando no fim uma conta de *night-club*.

Mas, chegados aqui, se podemos afirmar que só é possível discorrer sobre uma situação penetrando nela e adotando seus instrumentos de expressão – estabelecendo assim a legitimidade de uma dialética – não podemos, contudo, definir os limites nos quais a operação deve ser conduzida, e os termos de comparação que estabeleçam realmente até que ponto o artista fez de sua excursão uma exploração reveladora ou até que ponto a transformou em temporada passiva e agradável. Estabelecer tais limites é a função de um discurso crítico orientado para cada obra isoladamente, e não de um estudo ao nível das categorias filosóficas, que pretende apenas estabelecer as condições de possibilidade de determinada atitude das poéticas contemporâneas. Poderemos no máximo, no plano estético, aventurar uma hipótese: cada vez que essa operação dá origem a uma obra orgânica, apta para expressar-se a si mesma em todas as suas conexões estruturais, essa condição de perspicuidade só poderá ser uma condição de autocontrolar a ciência, seja para quem a realizou, seja para quem a fruiu. A maneira pela qual ela se formou não pode deixar de remeter-nos ao mundo cultural que nela transparece, exemplificado na medida mais completa e orgânica possível. Onde quer que se realize uma forma, temos uma operação consciente sobre material amorfo reduzido ao domínio humano. Para dominar essa matéria foi preciso que o artista a "compreendesse": compreendendo-a, não pode ter-se deixado aprisionar por ela, qualquer que seja o juízo sobre ela expresso. Mesmo que a tenha aceito sem reservas, fê-lo depois de tê-la visto em toda a riqueza de suas implicações, de modo a distinguir as direções que nos podem parecer negativas, mesmo sem condená-las. É a situação que Marx e Engels reconheciam ter atuado sobre Balzac, legitimista e reacionário, que soube esboçar e organizar com tanta profundidade de visão a rica matéria do mundo sobre o qual discorria, que sua obra (a obra de um Balzac, desinteressado de certos problemas e fundamentalmente consciente com o mundo em que vivia – não a obra de um Sue ou de outros que haviam procurado comprometer-se num. juízo político da finalidade progressista sobre os acontecimentos) constituiu para ele o documento de maior valia para a compreensão e o julgamento da sociedade burguesa, e mais ainda, o documento no qual essa sociedade, explicada, era por isso mesmo julgada. Em outras palavras, Balzac havia aceito a situação em que vivia, mas tornando-lhe tão lucidamente manifestas as conexões a ponto de não ficar prisioneiro dela, pelo menos em sua obra.

Balzac conduziu sua análise através do modo pelo qual dispunha um *assunto* (isto é, narrando uma ocorrência de acontecimentos e personagens, na qual se esclarecia o conteúdo de sua pesquisa); a literatura contemporânea parece ter condições para analisar o mundo, não mais dessa maneira, mas através da disposição de uma certa *articulação* estrutural do assunto – erigindo a articulação em assunto e nela resolvendo o verdadeiro *conteúdo* da obra.

Por esse caminho a literatura – assim como a nova música, a pintura, o cinema – pode expressar o mal-estar de uma situação humana; nem sempre, porém, podemos pedir-lhe isso, nem sempre deverá ela ser literatura social. Poderá ser ocasionalmente uma literatura que realiza, através de suas estruturas, uma imagem do cosmo tal como o sugere a ciência, a última barreira de um anseio metafísico que, não mais conseguindo conferir uma forma unitária ao mundo no âmbito dos conceitos, tenta elaborar um seu *Ersatz* na forma estética; *Finnegans Wake* seria talvez um exemplo dessa segunda vocação da literatura.

Mas também nesse caso seria muito perigoso acreditar, como fazem alguns, que interessar-se pelas relações cósmicas signifique ignorar as relações na escala humana e aludir um problema. Uma literatura que expressa em suas formas abertas e indeterminadas os universos vertiginosos e hipotéticos aventados pela imaginação científica, luta ainda em terreno humano, pois está sempre definindo um universo que adotou essa nova configuração, justamente em virtude de uma operação humana – entendendo-se por operação a aplicação de um modelo descritivo com base no qual trabalhar sobre a realidade. Mais uma vez a literatura estaria exprimindo nossa relação com o objeto de nosso conhecimento, nossa inquietude diante da forma que demos ao mundo, ou da forma que não podemos dar-lhe; e estaria trabalhando para fornecer à nossa imaginação esquemas sem cuja mediação talvez nos escapasse toda uma zona da atividade técnica e científica, tornando-se então realmente algo diferente de nós, pelo qual, no máximo, nos poderíamos deixar conduzir[19].

19. Caberia aqui perguntar: por que razão uma literatura que fala de nossa situação social não pode deixar de ser negativa, isto é, de adotar uma linguagem em crise para colher através dela a crise de determinadas relações; enquanto que todas as vezes que essa mesma linguagem, apresentada com a mesma indeterminação e ambiguidade de estruturas, é vista como a imagem de uma situação epistemológica (imagem possível de um universo possível, ou de uma nossa possível posição no universo), eis que sua conotação se torna positiva (de tal forma que pareceria um escândalo não poder falar do homem a não ser em termos dramáticos, e do universo em termos quase otimistas). Na verdade, acontece justamente que a direção em cujo rumo a cultura contemporânea trabalha mais positivamente é a da definição científica do mundo em que vivemos; a indeterminação que nos pregam as metodologias científicas, embora coloque uma metafísica em crise, não nos põe em crise enquanto homens operadores do mundo, precisamente porque nos permite operar sobre o mundo e no mundo. Quando a arte exprime essa situação, exprime, no fundo, um momento positivo de nossa cultura. Conceitos como indeterminação, probabilidade, complementaridade, que permitem operar no mundo nuclear, nos possibilitam a realização de algumas operações, como, por exemplo, a fusão do átomo que por si só representa um sucesso. O insucesso, o xeque, a hesitação, surgem quando tentamos aproveitar a fissão nuclear no nível dos fatos morais e políticos. Aqui, nossos objetivos são indefinidos, aqui as ideias ultrapassadas de potência e *Realpolitik* chocam-se com novas perspectivas de convivência entre os povos: aqui existe realmente algo que não funciona, aqui se volta a falar de alienação; e que o façamos com razão ou não, não deixa de ficar patente um mal-estar, do qual a linguagem que usamos deve tornar-se o espelho estranhante.

De qualquer forma, contudo, a operação da arte que procura conferir uma forma àquilo que pode parecer desordem, amorfia, dissociação, ausência de qualquer relação, é ainda o exercício de uma razão que tenta reduzir as coisas à clareza discursiva; e quando seu discurso parece obscuro, é porque as próprias coisas, e nossas relações com elas, são ainda muito obscuras. De modo que seria arriscada demais a pretensão de defini-las do alto da impoluta tribuna da oratória: o que se tornaria uma maneira de aludir à realidade, para deixá-la tal como se encontra. Não seria essa a derradeira e mais perfeita figura da alienação?

GERAÇÃO DE MENSAGENS ESTÉTICAS
NUMA LÍNGUA EDÊNICA

Premissa

Características do uso estético de uma língua são a *ambigui-dade* e a *autorreflexividade* das mensagens[1]. A ambiguidade permite que a mensagem se torne inventiva em relação às possibilidades comumente reconhecidas ao código, e é uma característica comum também ao uso metafórico (mas não necessariamente estético) da linguagem. Para que se tenha mensagem estética, não basta que ocorra uma ambiguidade no nível da forma do conteúdo – em que, no jogo de trocas metonímicas, produzem-se as substituições metafóricas que obrigam a ver o sistema semântico de modo diverso, e de modo diverso o mundo por ele coordenado. É mister também que ocorram alterações na ordem da forma da

---

1. Roman Jakobson, Closing Statements: Linguistics and Poetics em Thomas Albert Sebeok (ed.), *Style in Language*, Cambridge: MIT Press, 1960.

323

expressão, e alterações tais que o destinatário, no momento em que adverte uma mutação na forma do conteúdo, seja também obrigado a voltar à própria mensagem, como entidade física, para observar as alterações da forma da expressão, reconhecendo uma espécie de solidariedade entre a alteração verificada no conteúdo e a verificada na expressão. Desse modo, a mensagem estética torna-se autorreflexiva, comunica igualmente sua organização física, e assim é possível asseverar que, na arte, forma e conteúdo são inseparáveis: isso não deve significar que não seja possível distinguir os dois planos e tudo quanto de específico ocorre no nível de cada um, mas, ao contrário, quer dizer que as mutações, nos dois níveis, são sempre uma função da outra.

Em toda discussão estética, sempre se corre o risco de manter tais afirmações em um nível puramente teórico. Quando queremos descer à verificação prática, fazemo-lo sobre mensagens estéticas já elaboradas e particularmente complexas, em que as distinções de plano, as alterações de código e de sistemas, os mecanismos de inovação afiguram-se difíceis de analisar com exatidão. É, portanto, útil construir-se em laboratório um modelo reduzido de mensagem estética, propondo urna língua-código extremamente simples e mostrando quais as regras capazes de gerar mensagens estéticas. Estas deveriam ser regras internas do próprio código, porém suscetíveis de gerar uma alteração desse código, tanto no nível da forma da expressão quanto no nível da forma do conteúdo. Consequentemente, o modelo deveria mostrar as possibilidades que uma língua tem de gerar sua própria contradição, e de que maneira o uso estético dessa língua é um dos modos mais apropriados para gerar contradições. O modelo deveria igualmente mostrar que as contradições que o uso estético de uma língua gera no nível da forma da expressão coenvolvem contradições no nível da forma do conteúdo e implicam, por conseguinte, uma reestruturação do modo de organizar o mundo.

Para tanto, procuremos imaginar uma situação primordial, a vida no Éden, onde seja usada uma língua edênica.

Nosso modelo de língua edênica nos é sugerido pelo Projeto Grammarama, de George Miller[2], só que Miller não pensara nesse modelo de língua como numa língua edênica, nem dele tentara um uso estético. Interessava-lhe apenas controlar a maneira pela qual um indivíduo, gerando sequências casuais mediante dois símbolos-bases (D e R) e obtendo respostas de controle que lhe indicassem quais dessas sequências seriam gramaticais, estaria apto para descobrir a regra gerativa das sequências corretas. O dele era, portanto, um modelo de aprendizado da linguagem. No nosso exemplo, ao contrário, Adão e Eva já sabem quais as sequências corretas e as empregam, embora tendo ideias imprecisas (como é justo) sobre a regra gerativa que as subtende.

Unidades Semânticas e Sequências Significantes no Éden

Circundados, embora, por uma natureza luxuriante, Adão e Eva, no Éden, elaboraram uma série restrita de unidades semânticas que privilegiam valores e atitudes em relação aos fenômenos, em detrimento de uma nomeação e classificação exata de cada um desses fenômenos. Essas unidades semânticas estruturam-se em seis eixos:

— Sim *vs.* não

— comível *vs* não comível	(onde comível está por "para ser comido", "comestível", "quero comer" etc.)
— bem *vs* mal	(a oposição diz respeito tanto a experiências morais quanto físicas)
— belo *vs* feio	(a oposição cobre todos os graus do aprazível, divertido, desejável etc.)

2   *The Psychology of Communication*, New York: Basic Books, 1967.

— vermelho *vs* azul

(a oposição cobre toda a gama das experiências cromáticas, a terra é percebida como vermelha e o céu como azul, a carne é vermelha e a pedra é azul etc.)

— serpente *vs* maçã

(a última oposição é a única que designa objetos em vez de qualidades de objetos ou reações a objetos; mas é mister considerarmos que, enquanto os demais objetos estão ao alcance da mão, estes dois emergem entre todos por uma característica, sua, de estranheza; pode-se admitir que as duas unidades culturais só tenham sido acrescentadas ao código depois do juízo fatual emitido por Deus sobre a intangibilidade da maçã, como veremos em seguida. Nesse caso, a serpente, surgindo na mesma árvore em que está a maçã, é considerada como complementar a ela, e torna-se unidade cultural precisa. Os outros animais, ao contrário, são percebidos como "comíveis" ou "mal", ou "azuis", ou então "vermelhos", sem que intervenham outras pertinenciações do *continuum* perceptivo global).

Naturalmente uma unidade cultural torna-se o interpretante de outra, podendo-se verificar cadeias conotativas do tipo:

1. vermelho = comível = bem = belo
   azul   = não com. = mal = feio

Todavia, Adão e Eva não podem designar (e, portanto, conceber) essas unidades culturais senão veiculando-as através de formas significantes. Para tanto lhes é dada (ou serão eles que a adquirem lentamente?, não interessa) uma língua muito simples e suficiente para exprimir tais conceitos.

A língua compõe-se de um repertório de sons, A e B, combináveis entre si em sequências obedecendo à regra (x, nY, x). Isto é, toda sequência deve começar com um primeiro elemento, seguir com n repetições do outro elemento e terminar com uma só ocorrência do primeiro elemento. Com uma regra desse tipo é possível gerar uma série infinita de sequências sintaticamente corretas; mas Adão e Eva delas conhecem um repertório limitado e correspondente às unidades culturais. Seu código é, portanto, do tipo:

2. ABA   = COMÍVEL
   BAB   = NÃO COMÍVEL
   ABBA   = BEM
   BAAB   = MAL
   ABBBA   = SERPENTE
   BAAAB   = MAÇÃ
   ABBBBA   = BELO
   BAAAAB   = FEIO
   ABBBBBA   = VERMELHO
   BAAAAAB   = AZUL

Além disso, o código contém dois operadores:

   AA   = SIM
   BB   = não

que podem significar permissão/interdição, ou então existência/inexistência, ou ainda, aprovação/desaprovação etc.

Não há outras regras sintáticas, exceto que a união de duas sequências coloca as unidades culturais conexas em situação de predicação recíproca (BAAB. ABBBBBA significa, por conseguinte, "a maçã é vermelha", mas também "maçã vermelha").

Adão e Eva sabem manejar muito bem a língua edênica. Uma coisa não compreendem senão confusamente: a regra gerativa das sequências. Podem intuí-la vagamente, mas, no caso, entendem as sequências AA e BB como anômalas. Além do mais, não sabem que se poderia gerar outras sequências corretas, mesmo porque não sentem necessidade disso, já que não têm outra coisa para nomear. Vivem num mundo pleno, harmônico, que os satisfaz totalmente. Não divisam nem crises nem necessidades.

As cadeias conotativas indicadas em (1) estruturam-se, portanto, para eles, neste sentido:

3. ABA = ABBA = ABBBBA = ABBBBBA = BAAAB = AA
   (com. bem belo vermelho maçã sim)

   BAB = BAAB = BAAAAB = BAAAAAB = ABBBA = BB
   (não com. mal feio azul serpente não)

As palavras são as coisas (ou melhor, as experiências que eles conhecem) e as coisas são as palavras. Daí serem naturais, para eles, certas associações conotativas do tipo:

4. ABA = "VERMELHO".

Trata-se já, como vemos, de um embrional uso da metáfora, baseado na possibilidade de extrapolar por cadeias metonímicas do tipo (3), e trata-se, por conseguinte, de um embrional uso inventivo da linguagem. A inventividade, com a informação que dela deriva, é, contudo, mínima, porque todas as cadeias estão dadas e todas já foram suficientemente percorridas, em virtude da exiguidade desse universo semiótico, tanto no que diz respeito à forma do conteúdo quanto à forma da expressão.

Todos os juízos que Adão e Eva podem pronunciar sobre o universo já são juízos semióticos, isto é, estão dentro do círculo convencionado da semiose. É verdade que eles também pronunciam juízos fatuais do tipo / . . . . . *vermelho*/ quando se acham na presença de uma cereja. Mas o juízo fatual se consome no momento, dado que, não existindo um termo para /. . . . . / não se trata de inserir no código o protocolo dessa experiência. De fato, juízos desse tipo não podem gerar senão tautologias, no sentido de que cereja, percebida e nomeada como / *vermelho* / dá lugar a juízos do tipo /*vermelho é vermelho*/ ou então /*vermelho é bom*/, que, como vemos em (3), já estão homologados pelo código. Pode-se, é fato, supor que eles possuam signos de tipo indicial, isto é, gestos com os quais, indicando um objeto, pressupõem o índice /*este*/ (assim como através de gestos indiciais de função pronominal se acrescenta o *shifter* /*eu*/ ou /*tu*/ ou /*ele*/ a toda e qualquer proposição); portanto, a proposição /ABBBBBA.ABA/ acompanhada de dois gestos indiciais significa aproximadamente "eu comer este vermelho". Mas, indubitavelmente, Adão e Eva veem os índices como artifícios não linguísticos, ou melhor, metalinguísticos, indicadores de circunstância que permitem conferir um sentido existencial às suas proposições.

A Formulação do Primeiro Juízo Fatual
Com Consequências Semióticas

Tão logo Adão e Eva se habituaram ao Éden, e aprenderam a mover-se com a ajuda da linguagem, eis que chega Deus e pronuncia um primeiro juízo fatual. O sentido daquilo que Deus lhes quer dizer é: "vocês pensam que a maçã pertence à categoria das coisas boas e comestíveis, porque é vermelha; mas eu lhes digo que ela não deve ser considerada comestível porque é má". Deus não tem necessidade de explicar por que a maçã é má, visto que tem para si, como não poderia deixar de ser, que ele é o parâmetro dos valores: para Adão e Eva a coisa funciona um pouco diferente, porque se habituaram a associar o bem ao comestível, e ao vermelho; não podem, contudo, subtrair-se à ordem de Deus, que é por eles conhecido como um AA, isto é, o "sim", o positivo. Na verdade, enquanto para todas as outras experiências, a sequência AA é usada apenas para conotar um emparelhamento qualquer de outras sequências, no caso de Deus (eu sou aquele que é), AA é o seu nome e não um simples predicado. Uma consciência teológica mais ampla avisaria Adão e Eva de que a serpente deveria, por conseguinte, ser nomeada como BB, mas eles não sabem disso. E depois, a serpente é azul e não comestível, e após a ordem de Deus, desenha-se como presença pertinenciada no *mare magnum* da substância do conteúdo edênico.

Deus, portanto, fala e diz: /BAAAB.BAB - BAA A B. BAAB/ (maçã não comível, maçã má). O juízo dele é fatal porque comunica uma noção não conhecida pelos destinatários (Deus é o referente e a nascente do referente, aquilo que diz tem consistência referencial, é como se para nós falasse um perito, prêmio Nobel em fruticultura). Todavia, é também um juízo semiótico, enquanto coloca um novo tipo de emparelhamento conotativo entre unidades semânticas até então diferentemente emparelhadas. (Como veremos em seguida, Deus comete um grave erro ao fornecer os elementos para subverter o código. Por querer elaborar um interdito que ponha à prova suas criaturas, fornece o primeiro exemplo de subversão da suposta ordem natural das coisas. Por que uma maçã, que é vermelha, não deve ser comível, como se fora azul? Mas Deus quer criar cultura, e a cultura nasce, ao que parece, com a instauração de um tabu universal. Poder-se-ia observar que, tudo somado, do momento em que já existia linguagem, também existia cultura, e que o que Deus criava era a organização, o princípio de autoridade, a lei. Mas quem sabe lá o que, de fato, aconteceu naqueles momentos? E se a formação da linguagem tivesse

330

sido subsequente à formulação do interdito? Estamos aqui apenas manobrando um modelo fictício que não quer resolver o problema das origens da linguagem. Em todo caso, insistamos. Deus cometeu uma imprudência, mas é cedo demais para dizermos qual. Veremos depois.)

Logo após a interdição divina, Adão e Eva se veem, em todo o caso, na condição de alterar as cadeias conotativas estabelecidas em (3) e devem produzir cadeias do tipo:

5. VERMELHO = COMÍVEL = BEM = BELO = SIM
   serpente e maçã = não comível = mal = feio = não

com o que chegamos facilmente à conotação

SERPENTE = MAÇÃ

Como se vê, o universo semântico apresenta certo desequilíbrio em relação à situação inicial, mas o universo semântico onde vivemos parece ser mais semelhante à situação (5) do que à situação (3).

Esse desequilíbrio gera, entrementes, as primeiras contradições.

Desenha-se a Contradição no Universo Semântico Edênico

Existem, de fato, hábitos perceptivos segundo os quais a maçã continua a ser nomeada como /...vermelho/ e, todavia, ela tornou-se equivalente conotativamente ao que é mal e não comestível e, portanto, ao azul. A proposição

6. BAAAB.ABBBBBA (a maça é vermelha)

é contraditada pela outra

7. BAAAB.BAAAAAB (a maçã é azul).

331

Adão e Eva percebem que estão diante de um caso curioso, em que a denotação entra em contraste com as conotações que gera, contradição que não pode ser expressa na linguagem denotativa normal. Eles não podem indicar a maçã dizendo /isto é vermelho/ porque sabem também que /isto é azul/. Hesitam em formular a proposição contraditória "a maçã é vermelha, é azul" e devem limitar-se a indicar aquela entidade singular que é a maçã como uma espécie de metáfora, /aquilo que é vermelho e azul/, ou melhor, /aquilo que se chama vermelho-azul/. Em lugar da proposição /BAAAB.ABBBBBA.BAAAAAB/ (a maçã é vermelha, é azul), preferem recorrer a uma metáfora, a um nome substitutivo composto, que os subtrai ao risco de uma contradição lógica e permite uma tomada intuitiva e ambígua do conceito (mediante um emprego bastante ambíguo do código); dizem eles, a propósito da maçã:

8. ABBBBBABAAAAAB (o vermelhoazul).

O novo termo exprime um fato contraditório sem obrigar a formulá-lo segundo as regras lógicas consuetas que não o suportariam. Mas provoca em Adão e Eva uma experiência jamais provada. Eles estão fascinados pelo som inusitado, pela forma inédita da sequência que compuseram. A mensagem (8) é ambígua sob o ponto de vista da forma do conteúdo, é óbvio, mas também o é sob o ponto de vista da forma da expressão. Como tal, torna-se embrionalmente autorreflexiva. Adão diz /vermelhoazul/ e depois, em vez de olhar a maçã, repete de si para consigo, um pouco enternecido e com ar pueril, aquele grumo de sons curiosos. Contempla, talvez pela primeira vez, as palavras e não as coisas.

Geração de Mensagens Estéticas

Reexaminando a expressão (8), Adão faz uma descoberta: ABBBBBABAAAAAB contém em seu interior, quase no centro, a sequência BAB (não comível). Curioso: a maçã como vermelhoazul contém formalmente a indicação daquela sua incomibilidade que parecia ser apenas uma das suas conotações na ordem da forma do conteúdo; e, em vez disso, eis que a maçã se torna "não comível" também no que diz respeito à forma da expressão. Adão e Eva descobriram o uso estético da linguagem. Mas ainda não estão certos disso. Deve crescer o desejo pela maçã, a experiência-maçã deve assumir um fascínio sempre mais intenso para gerar um impulso estético. Já o sabiam os românticos, só se faz arte movido por grandes paixões (embora estas não sejam mais que a paixão da linguagem). Adão já tem a paixão da linguagem. Essa história desperta-lhe a curiosidade. Mas tem também a paixão da maçã: um fruto proibido, especialmente se o único de todo o Éden tem um certo *appeal*. Pelo menos induz a perguntar "por quê?" Por outro lado, é um fruto proibido que estimulou o nascimento de uma palavra inédita (proibida?). Há uma interação entre paixão pela maçã e pela linguagem: situação de excitação física e mental que parece espelhar bastante bem, em escala mínima, o que entendemos, de hábito, por motivação criativo-estética.

A fase subsequente da experiência de Adão favorece nitidamente a *substância da expressão*. Escreve ele num rochedo:

9. ABBBBBA, que quer dizer "vermelho":
   mas escreve com o suco de certas bagas azuis.

10. BAAAAAB, que quer dizer "azul":
    mas escreve com o suco de bagas vermelhas.

Observa agora o seu trabalho, satisfeito. Não serão as duas expressões (9) e (10) duas metáforas da maçã? Sua metaforicidade, contudo, é aumentada pela presença de elementos físicos, isto é, pelo particular realce que assume a substância da expressão. No entanto, através daquela operação, a substância da expressão (aquele modo particular de

tratar a substância da expressão), de pura variante faculta-
tiva que era, torna-se elemento pertinente, torna-se *forma
da expressão*, só que é a forma da expressão de uma língua das cores e não da língua verbal que Adão conhecia. E
mais, algo de estranho ocorreu: até então as coisas verme-
lhas eram referentes imprecisos aos quais se aplicava o significante ABBBBBA (significado = "vermelho"). Mas agora uma
coisa vermelha, o vermelho do sumo, torna-se, ela mesma,
o significante de algo que tem entre os seus significados a
mesma palavra ABBBBBA que antes o significava. No processo de semiose ilimitada, todo o significado pode tornar-
-se o significante de outro significado, até mesmo de seu
próprio significante de outrora, chegando mesmo a acontecer que um objeto (um referente) seja semiotizado e se torne
signo. À parte o fato de que aquela cor vermelha não significa unicamente "vermelho" nem apenas "ABBBBBA", mas
também "comestível" e "belo", e assim por diante. E tudo
isso enquanto no nível verbal o que está escrito no rochedo
quereria dizer "azul" e, portanto, "mal" e, portanto, "não
comestível". Não é um achado maravilhoso? Não reproduz a
carga de ambiguidade da maçã? Adão e Eva observam horas
e horas, admirados, aqueles signos traçados no rochedo,
extasiados. "Muito barroco", gostaria Eva de dizer, mas não
pode. Não possui uma metalinguagem crítica.

Agora salta Adão. Escreve:

11. ABBBBBBA

Ali estão seis B. A sequência não existe em seu vocabulário. Mas existe ABBBBBA (vermelho), que é a que mais se
lhe assemelha. Adão escreveu "vermelho", mas com ênfase
gráfica. Essa ênfase da forma da expressão poderá ter correspondência no nível da forma do conteúdo? Não se tra-
tara de um vermelho enfático? Mais vermelho do que os
outros vermelhos? Como, por exemplo, o sangue? É curioso:
naquele momento, na tentativa de encontrar uma colocação
para sua palavra nova, Adão atenta pela primeira vez para a

334

diferença entre os vários vermelhos que o rodeiam. A inovação no nível da forma da expressão leva-o a pertinenciar no nível da forma do conteúdo. Se chegar a isso, então o B a mais não será uma variante da forma da expressão, mas um novo decurso dela. Adão põe de parte o problema. Por ora, interessa-lhe continuar a experiência da linguagem que fala da maçã, e este último achado o arrastou para fora da estrada. Agora, experimenta escrever (ou dizer) algo mais complexo. Quer dizer que "não comível é o mal, que é maçã feia e azul", e ocorre-lhe escrevê-lo assim:

12.   BAB
        BAAB
        BAAAB
        BAAAAB
        BAAAAAB

Assim, em coluna. E daí resultam duas curiosas características formais da mensagem: há um crescimento progressivo do comprimento das palavras (instaura-se um ritmo) e todas as sequências terminam com a mesma letra (delineia-se um princípio de rima). Aqui o doce encanto da linguagem (*l'epodé*) arrasta Adão. Então era justa a ordem de Deus! A malvadez da maçã é sublinhada por uma espécie de necessidade formal que *impõe* (também no plano do conteúdo) que a maçã seja feia e azul. Adão está de tal maneira convencido dessa inseparabilidade de forma e conteúdo que começa a pensar que *nomina sint numina*. E resolve até mesmo reforçar o ritmo e a rima, inserindo elementos de repetição calculada em sua afirmação (já agora claramente "poética"):

13. BAB   BAB
    BAAAB   BAB
     BAAB   BAB
      BAB   BAAAAAB

A ideia de que *nomina sint numina* já agora tomou conta de Adão. Com um gosto heideggeriano pela falsa etimologia começa ele a observar que "maçã" (BAAAB) termina por B, como todas as palavras que se referem a coisas BB (a coisas ruins: o mal, o feio, o azul). O primeiro efeito que o uso poético da linguagem nele provoca é convencê-lo (se é que ainda não está convencido) de que a linguagem é um fato natural, é icônica, analógica, nasce de obscuras onomatopeias do espírito, é a voz de Deus. Adão tem tendência a usar a experiência poética em chave reacionária, reativa: através da linguagem nomeiam-se os deuses. Além de tudo, a coisa tem o seu quê de divertido, porque do momento em que começou a manipular a linguagem, sente-se um pouco do lado de Deus, das leis eternas. Está começando a suspeitar ter obtido um ponto de vantagem sobre Eva. Pensa que essa é a diferença.

Mas Eva não é estranha à paixão linguística de seu companheiro. A ela se achega, porém, com outras motivações. Aconteceu o encontro com a serpente, e aquele pouco que esta pôde ter-lhe dito, com base na pobre linguagem edênica, sustentou-se provavelmente sobre uma carga e uma tensão de simpatia, da qual nada podemos falar — visto que tais fatores pré-linguísticos não são do domínio da semiótica.

Eva, portanto, intervém no jogo: e mostra a Adão que, se os nomes são numes, consequentemente é curioso que a serpente (ABBBA) tenha a mesma desinência das palavras que significam belo, bom, vermelho. Eva demonstra, portanto, a Adão que a poesia permite muitos jogos com a linguagem:

14. ABBA
    ABBBBA
    ABBBBBA
    ABBBA

"Bom, belo, vermelho – é a serpente", diz a poesia de Eva, tão "necessária", em sua correspondência entre expressão e conteúdo, quanto aquela de Adão; melhor ainda: a sensibilidade formal de Eva permitiu-lhe evidenciar, além da rima final, a anafórica homogeneidade inicial.

O discurso de Eva reabre o problema da contradição que a poesia de Adão parecia haver sanado: como pode ser a serpente, por direito de forma, tudo aquilo que o código não lhe reconhece?

Eva gostaria de inferir. Tem como que a ideia de um novo modo de criar homologias subterrâneas entre forma e conteúdo, das quais se irão gerar novas contradições. Poderia, por exemplo, compor uma sequência em que toda letra fosse composta, como numa rede microscópica, por uma sequência semanticamente oposta. Para realizar, no entanto, esse exemplo de "poesia concreta", faz-se mister um refinamento gráfico que Eva não tem. Adão toma a dianteira e imagina uma sequência ainda mais ambígua:

15. BAA-B

O que significa aquele espaço vazio? Se se trata de um vazio, então ele disse "mal", com uma hesitação; mas se o vazio é um cheio (cancelado por um ruído qualquer) que não podia conter senão outro A, então ele sugeriu "maçã". Eva, a essa altura, inventa um "recitar cantando" todo dela, ou mesmo o teatro musicado, ou um *Sprachgesang* edênico.

E emite:

16. ABBBA

em que a voz se detém longamente, elevando o tom, no último B, de tal modo que não se sabe se ela cantou ABBBA (serpente) ou dobrou o último B, dando "belo". Adão, agora confundido ante esta possibilidade que demonstra a linguagem de gerar ambiguidades e enganos, tenta reportar sua inquietude não para a linguagem e suas armadilhas, mas para os significados que a ordem divina pôs em jogo. O seu "ser ou não ser" só pode concretizar-se numa oscilação de "comível/não comível", mas ao cantá-la, é arrebatado pelo ritmo, a linguagem se lhe desfaz por entre as mãos, e ele a deixa correr em liberdade:

17. ABA BAB
    ABA BAB
    ABA BAB BAB BB B A
    BBBBBBAAAAAABBBBBB
    BAAAA
    AA

O poema de Adão explodiu numa ciranda de palavras em liberdade. Mas no momento em que reconhece ter inventado palavras incorretas, Adão também consegue compreender melhor as razões pelas quais as outras eram corretas. A lei gerativa que preside ao seu código (x, ny, x), surge-lhe agora em toda a sua clareza. Só no momento em que viola o código é que lhe capta a estrutura. E nesse instante, enquanto pergunta se o último verso é o extremo da liberdade agramatical, tem que dar-se conta de que a sequência AA existe, e pergunta como o código a permite. Volta então mentalmente ao exemplo (15) e ao problema, que então se lhe propunha, do lugar vazio. Percebe que mesmo um vazio, em seu código, pode ser um cheio, e que a sequência AA (como a BB), que lhe pareciam anômalas, são de fato corretas porque a regra (x, ny, x) não exclui que o valor de *n* possa ser *zero*.

Adão compreende a estrutura do código no momento em que o está pondo em questão, e portanto, em que o está destruindo. Mas no momento em que compreende plenamente a férrea lei gerativa do código a que estava submetido, também compreende que poderia propor outra (do tipo, por exemplo, [nx, ny, nx]: com o que se tornariam corretas sequências do tipo BBBBBBAAAAAABBBBBB, como no quarto verso da composição [17]). À medida que destrói o código, compreende-o em todas as suas possibilidades e descobre que dele é senhor. Ainda há pouco acreditava que através da poesia falassem os deuses: agora descobre a *arbitrariedade do signo*.

A princípio não mais consegue controlar-se: desmonta e remonta o "aparelho maluco" de que se descobriu agora senhor, compondo as sequências mais inverossímeis e deleitando-se em admirá-las e recantá-las de si para consigo durante horas e horas: inventa a cor das vogais, regula a forma e o movimento de cada consoante, acalenta a esperança de descobrir um verbo poético acessível, qualquer dia desses, a todos os sentidos, pensa em compor um livro que seja a explicação órfica da terra, diz "uma maçã", e do olvido para onde relega a sua voz, salva um certo perfil, enquanto algo diferente, dos cálices descobertos, musicalmente se ergue, ideia idêntica e suave, a ausente de todas as árvores de maçãs – *le suggérer, voilà le rêve* –, e para melhor consegui-lo, e fazer-se vidente, pratica a desordem de todos os sentidos, enquanto a obra, pouco a pouco, substitui seu autor, o qual, uma vez realizada a desaparição elocutória do poeta, permanece aquém da própria obra, como o deus da criação, ocupado em cuidar das unhas.

A Reformulação do Conteúdo

Depois Adão se acalma. Em seu louco experimentar, pelo menos assentou que a ordem da linguagem não é absoluta. Daí a dúvida legítima de tampouco ser absoluta a junção das sequências significantes com o universo cultural dos significados, que em (2) fora apresentado (a ele como a nós) como O Código. Enfim, põe em questão o próprio universo das unidades culturais que já do código vinham emparelhadas com o sistema das sequências recém-destruídas.

Agora Adão submete a interrogatório a forma do conteúdo. Quem foi que disse que o azul não é comível? Passa do universo dos significados culturalizados ao da experiência, e volta a encontrar-se com os referentes. Colhe uma baga azul e come, descobrindo que é boa. Afeito até então a receber sua ração de água dos frutos (vermelhos) descobre que a água (azul) é potável, e dela se enamora. Retorna à suspeita que lhe fora incutida pela experiência (11): existem diferentes gradações de vermelho, há a do sangue, a do sol, a da maçã, a da giesta: Adão ressegmenta o conteúdo, e descobre novas categorias culturais (e, portanto, novas realidades perceptivas) às quais é obviamente obrigado a atribuir nomes novos (facilmente inventáveis). Compõe sequências complexas para denotar as novas categorias, e formula enunciados para exprimir em juízos fatuais a descoberta de experiências que depois, através de juízos semióticos, adscreve ao código em expansão. Avoluma-se para ele a linguagem, e para ele o mundo se amplia. Obviamente nem a língua nem o mundo são tão harmônicos e unívocos quanto no tempo da situação (1), mas já agora não teme a série de contradições que se ocultam no código, porque de um lado elas o impelem a rever a forma que ele dá ao mundo, e do outro o induzem a desfrutá-las para delas extrair efeitos poéticos.

Como conclusão dessa experiência, Adão descobre que a Ordem não existe: ela é apenas um entre os muitos estados de possível quietação que a desordem de tempos em tempos alcança.

É inútil dizer que, convidado por Eva, come também a maçã, para emitir em seguida um juízo do tipo "a maçã é boa", restabelecendo ao menos num ponto o equilíbrio que o código possuía antes do interdito. Mas o fato, na fase por nós atingida, é irrelevante. Adão saiu do Éden quando manipulou, pela vez primeira, timidamente, a linguagem. Nesse sentido, dizíamos que Deus cometera um erro perturbando a harmonia unívoca do código de origem com a ambiguidade de um interdito que, como todos os interditos, deve proibir algo desejável. Daquele momento em diante (não a partir do momento em que Adão realmente comeu a maçã), iniciava-se a história da terra.

A menos que Deus não tivesse consciência do fato e houvesse baixado o interdito exatamente para fazer nascer a ocorrência histórica. Ou a menos que Deus não existisse e o interdito tivesse sido inventado por Adão e Eva justamente para introduzirem no código uma contradição e começarem a falar de modo inventivo. Ou, ainda, que o código tivesse essa contradição desde as origens e o mito do interdito tivesse sido inventado pelos progenitores para explicar um fato tão escandaloso.

Como se vê, todas essas observações nos levam para fora do nosso campo de investigações, que se limita à criatividade da linguagem, ao seu uso poético, e à interação entre forma do mundo e formas significantes. É inútil dizer que a linguagem, assim livre da hipoteca da ordem e da univocidade, é entregue por Adão a seus descendentes como uma forma bem mais rica, mas novamente com pretensões de completude e definitividade. Daí por que Caim e Abel, quando descobrem, justamente através do exercício da linguagem, que existem outras ordens, matam Adão. Esta última particularidade nos afasta ainda mais da tradição exegética consueta e nos coloca a igual distância entre o mito de Saturno e o mito de Sigmund. Mas existe método nessa loucura, e Adão nos ensinou que, para reestruturarmos os códigos, é preciso, antes de mais nada, experimentarmos reescrever as mensagens.

ENTREVISTA COM UMBERTO ECO*

AC *Nos seus livros se fala frequentemente de uma dialética entre vanguarda e cultura de massa. Como se apresenta, em síntese, essa dialética?*

UE Simplificando ao máximo o problema, eu o apresentaria como uma oposição entre discurso "aberto" e discurso "persuasivo".

AC *O que significa discurso aberto?*

UE O discurso aberto, que é típico da arte, e da arte de vanguarda em particular, tem duas características. Acima de tudo é ambíguo: não tende a nos definir a realidade de modo unívoco, definitivo, já confeccionado. Como diziam os formalistas da década de 1920 (com os quais a moderna teoria da

---

* Esta entrevista, publicada originalmente no Suplemento Literário de *O Estado de S. Paulo* de 17 de setembro de 1966, foi concedida por Umberto Eco ao poeta Augusto de Campos, quando da estada de Eco em São Paulo, em agosto daquele ano. (N. da E.)

343

comunicação está aprendendo muitas coisas), o discurso artístico nos coloca numa condição de "estranhamento", de "despaisamento"; apresenta-nos as coisas de um modo novo, para além dos hábitos conquistados, infringindo as normas da linguagem, às quais havíamos sido habituados. As coisas de que nos fala nos aparecem sob uma luz estranha, como se as víssemos agora pela primeira vez; precisamos fazer um esforço para compreendê-las, para torná-las familiares, precisamos intervir com atos de escolha, construir-nos a realidade sob o impulso da mensagem estética, sem que esta nos obrigue a vê-la de um modo predeterminado. Assim, a minha compreensão difere da sua, e o discurso aberto se torna a possibilidade de discursos diversos, e para cada um de nós é uma contínua descoberta do mundo. A segunda característica do discurso aberto é que ele me reenvia antes de tudo não às coisas de que ele fala, mas ao modo pelo qual ele as diz. O discurso aberto tem como primeiro significado a própria estrutura. Assim, a mensagem não se consuma jamais, permanece sempre como fonte de informações possíveis e responde de modo diverso a diversos tipos de sensibilidade e de cultura. O discurso aberto é um apelo à responsabilidade, à escolha individual, um desafio e um estímulo para o gosto, para a imaginação, para a inteligência. Por isso a grande arte é sempre difícil e sempre imprevista, não quer agradar e consolar, quer colocar problemas, renovar a nossa percepção e o nosso modo de compreender as coisas.

AC *E o discurso persuasivo?*

UE O discurso persuasivo, ao contrário, quer levar-nos a conclusões definitivas; prescreve-nos o que devemos desejar, compreender, temer, querer e não querer. Para dar um exemplo, se o discurso aberto quer nos apresentar de um modo novo o problema da dor, o discurso persuasivo tende a nos fazer chorar, a estimular as nossas lágrimas, como pode acontecer com uma fotonovela.

AC *Seria então o discurso persuasivo manifestação típica das comunicações de massa?*

344

UE Sim, mas não somente destas. Persuasivos são o discurso judiciário, o discurso político e o discurso da propaganda. O primeiro grande teórico do discurso persuasivo foi Aristóteles na sua *Retórica*. Ele examinou os modos do discurso deliberativo (político), judiciário e epifítico (isto é, o discurso em louvor ou em reprovação de qualquer coisa: diríamos hoje, "o discurso publicitário"); e prescreveu as regras de um discurso que, partindo de "opiniões comuns", leve o ouvinte a assentir, a concordar com aquele que fala. Nesse sentido, o discurso persuasivo quer convencer o ouvinte com base naquilo que ele já sabe, já deseja, quer ou teme. O discurso persuasivo tende a confirmar o ouvinte nas suas opiniões e convenções. Não lhe propõe nada de novo, não o provoca, mas o consola; assim, hoje a publicidade me induz a comprar aquilo que eu já desejo, e a desejar aquilo que não desejo, mas responde às minhas tendências secretas; fotonovelas e histórias em quadrinhos me fazem rir, chorar ou estremecer com os problemas de sempre; os sinais de tráfego me levam a parar ou a passar, referindo-se a necessidades elementares de segurança, ao medo do acidente, ao temor de uma multa...

AC *O discurso persuasivo será, portanto, sempre discurso de domínio, de coerção, uma espécie de engodo?*

UE Nem sempre e não necessariamente. Um ditador, um tirano não tem necessidade de discursos para me persuadir. Basta-lhes um bastão ou um chicote. Não foi por acaso que a técnica do discurso persuasivo nasceu numa sociedade democrática, como a grega. Tenho necessidade de discursos persuasivos somente quando preciso convencer pessoas a quem peço o livre consentimento. A maior parte dos discursos que fazemos nas relações com os nossos semelhantes são discursos de persuasão. Temos necessidade de persuadir e de ser persuadidos. O discurso persuasivo, em si mesmo, não é um mal; só o é quando se torna o único trâmite da cultura, quando prevarica, quando se torna o único discurso possível, quando não é integrado por discursos abertos e criativos.

AC *O estudo das comunicações de massa não correria o risco de tornar-se apenas uma contribuição técnica para uma política da persuasão? Não se limitaria, em outras palavras, a prover os autores de discursos persuasivos de conhecimentos para tornar os seus discursos sempre mais eficazes?*

UE Não. A grandeza da civilização grega consistia nisto: reconhecia a necessidade da persuasão, mas tornava públicas as suas técnicas. A *Retórica* de Aristóteles consistia em duas coisas: num manual da persuasão e na denúncia científica e pública das técnicas de persuasão; é normal que o cidadão seja persuadido, mas deve saber de que modo o persuadimos. Só assim ele se torna mais livre em relação às técnicas de persuasão. O homem contemporâneo não pode fugir aos discursos convincentes e paternalísticos da comunicação de massa. Direi até que em certos casos tem necessidade dela, como eu tenho necessidade algumas vezes de experimentar comoções, calafrios, hilaridade, e vou ver um filme divertido para me distrair depois de uma longa tensão, ou leio um romance policial para dormir à noite. O importante é que eu o saiba, que todos possivelmente saibam como agem esses mecanismos. O estudo das comunicações de massa e da sua técnica, levado ao conhecimento de muitos, pode-se tornar uma educação para a liberdade, uma entre as mais realistas possíveis.

AC *Qual é, a seu ver, a função da literatura de vanguarda em nosso tempo?*

UE As mensagens de massa são mensagens inspiradas numa ampla redundância: repetem para o público aquilo que ele já sabe e aquilo que deseja saber. Mesmo quando utiliza soluções estilísticas difundidas pela vanguarda, a cultura de massa o faz quando esses modos comunicativos já foram assimilados pelo grande público. Daí que ela difunde, por assim dizer, sobre o universo uma confortável cortina de obviedade. A tarefa da literatura de vanguarda é precisamente a de romper essa barreira de obviedade. Diante do já conhecido ("noto") a vanguarda propõe o desconhecido ("l'ignoto"). Nesse sentido se enquadra no discurso informativo e aberto. Já se disse que a tarefa da literatura é a de manter eficiente a linguagem. Se por "manter eficiente a linguagem" se entende "renovar continuamente as modalidades de uso do código linguístico comum", esse é exatamente o objetivo da vanguarda. Com uma particularidade: desde que um modo de falar reflete um modo de ver a realidade e de afrontar o mundo, renovar a linguagem significa renovar a nossa relação com o mundo.

AC *Que possibilidades vê na chamada literatura participante ou "engagée"?*

UE O final da resposta precedente responde também a esta indagação. A tarefa da vanguarda é intrinsecamente revolucionária. Há um modo de conceber o engajamento que consiste em falar de problemas sociais ou políticos usando os termos do discurso persuasivo e pacificador da pior cultura de massa. Nesse sentido, três quartos da chamada literatura "engagée" não passam de bem comportados exercícios sentimentais de uma mentalidade pequeno-burguesa que, sob formas consolatórias e pacificantes, introduziu temas dramáticos no mercado miúdo dos bons sentimentos. Essa literatura "engagée" – que fique bem claro – está "à direita".

AC *O estudo da comunicação de massa e da teoria da informação preocupa uma série de críticos em todo o mundo. Ao mesmo tempo, Barthes e Moles na França; Bense na Alemanha; McLuhan no Canadá e nos Estados Unidos – sem falar de um pioneiro como Jakobson – interessam-se profundamente pelas obras de vanguarda. Bense, por exemplo, é um propugnador da poesia concreta. McLuhan considera o* Finnegans Wake *a obra máxima de nossa época (em* The Guttenberg Galaxy*). Que relação há entre esses críticos e o seu trabalho pessoal? Poder-se-ia dizer que esse tipo de crítica, com os seus novos instrumentos seriam também uma crítica "aberta", no sentido de ser mais apta a compreender as manifestações, as mais ousadas, da vanguarda artística do nosso tempo?*

347

UE Se entre os nomes dos críticos citados eu devesse indicar quais os que mais contribuíram para a minha formação, eu mencionaria Moles, Jakobson e Barthes. Deles tomei emprestados muitos instrumentos que me permitiram compreender os problemas da arte contemporânea; estou, portanto, de acordo com a sua definição de crítica "aberta"; basta ler o último e belíssimo livro de Barthes, *Crítica e Verdade**, para encontrar uma teorização dessa atitude. Os estudiosos acima mencionados foram os primeiros a compreender que uma obra é uma mensagem plurivalente, que a História preenche de diversos significados possíveis; e foram os primeiros a produzir instrumentos conceituais aptos a explicar tal fenômeno. A esse respeito, eu não falaria propriamente de uma crítica de vanguarda, mas de uma vanguarda crítica.

---

* Trad. bras., São Paulo: Perspectiva, 1971. (N. da E.)

UMBERTO ECO NA PERSPECTIVA

Obra Aberta [D004]
Apocalípticos e Integrados [D019]
O Super-Homem de Massa [D238]
A Estrutura Ausente [E006]
As Formas do Conteúdo [E025]
Tratado Geral de Semiótica [E073]
Como se Faz uma Tese [E085]
Lector in Fabula [E089]
O Signo de Três [E121]
Os Limites da Interpretação [E135]

ESTÉTICA NA PERSPECTIVA

Obra Aberta
Umberto Eco [D004]

Apocalípticos e Integrados
Umberto Eco [D019]

Pequena Estética
Max Bense [D030]

Estética e História
Bernard Berenson [D062]

O Kitsch
Abraham Moles [D068]

A Estética do Objetivo
Aldo Tagliaferri [D143]

A Ironia e o Irônico
D. C. Muecke [D250]

A Estrutura Ausente
Umberto Eco [E006]

As Formas do Conteúdo
Umberto Eco [E025]

Filosofia da Nova Música
Theodor Adorno [E026]

Sentimento e Forma
Susanne K. Langer [E044]

A Visão Existenciadora
Evaldo Coutinho [E051]

O Convívio Alegórico
Evaldo Coutinho [E070]

Ser e Estar em Nós
Evaldo Coutinho [E074]

A Subordinação ao Nosso Existir
Evaldo Coutinho [E078]

A Testemunha Participante
Evaldo Coutinho [E084]

A Procura da Lucidez em Artaud
Vera Lúcia Gonçalves Felício [E148]

O Fragmento e a Síntese
Jorge Anthonio e Silva [E195]

Monstrutivismo: Reta e Curva das Vanguardas
Lucio Agra [E281]

Estética da Contradição
João Ricardo C. Moderno [E313]

A Arte Poética
Nicolas Boileau-Despréaux [EL34]

Este livro foi impresso em Cotia,
nas oficinas da Meta Brasil,
para a Editora Perspectiva.